Das Beste von

Astrid Lindgren

Mit Bildern von Jutta Bauer,
Björn Berg, Katrin Engelking
und Ilon Wikland

Verlag Friedrich Oetinger · Hamburg

✶ Inhalt ✶

Pippi Langstrumpf   9
Pippi zieht in die Villa Kunterbunt ein   11
Pippi wird Sachensucher und
gerät in eine Prügelei   26
Pippi spielt Fangen mit Polizisten   41

Michel aus Lönneberga   53
Michel aus Lönneberga   55
Sonntag, der 10. Juni, als Michel die kleine Ida
an der Fahnenstange hochzog   61

Die Kinder aus Bullerbü   87
Unser letzter Schultag   89
Wir verziehen Rüben und bekommen
drei junge Katzen   95
Die Jungen können kein Geheimnis haben   103
Wir schlafen auf dem Heuboden   111
Wir bauen uns eine Hütte   116
Ich habe es ja gesagt: Jungen können
kein Geheimnis haben   119

Karlsson vom Dach — 127
Karlsson vom Dach — 129
Karlsson baut einen Turm — 142

Nils Karlsson-Däumling — 157

Madita — 183
Ein Sommertag auf Birkenlund — 185
Lisabet steckt sich eine Erbse in die Nase — 207

Ferien auf Saltkrokan — 231
Rudern, rudern zur Fischerinsel — 233
Verirrt im Nebel — 262

Die Kinder aus der Krachmacherstraße — 295
Lotta ist noch klein und dumm — 297
Wir spielen ganze Tage lang — 303
Lotta ist eigensinnig wie eine alte Ziege — 311
Tante Berg ist die Beste, die es gibt — 319
Wir machen einen Ausflug — 328

Im Wald sind keine Räuber — 341

Kalle Blomquist Meisterdetektiv — 361

PIPPI LANGSTRUMPF

PIPPI ZIEHT IN DIE VILLA KUNTERBUNT EIN

Am Rand der kleinen, kleinen Stadt lag ein alter verwahrloster Garten. In dem Garten stand ein altes Haus, und in dem Haus wohnte Pippi Langstrumpf. Sie war neun Jahre alt, und sie wohnte ganz allein dort. Sie hatte keine Mama und keinen Papa, und eigentlich war das sehr schön, denn so gab es niemanden, der ihr sagen konnte, dass sie schlafen gehen

sollte, wenn sie gerade mitten im schönsten Spiel war, und niemanden, der sie zwingen konnte, Lebertran zu nehmen, wenn sie lieber Bonbons essen wollte.

Früher hatte Pippi mal einen Papa gehabt, den sie schrecklich lieb hatte. Ja, sie hatte natürlich auch eine Mama gehabt, aber das war so lange her, dass sie sich gar nicht mehr daran erinnern konnte. Die Mama war gestorben, als Pippi noch ein ganz kleines Ding war, das in der Wiege lag und so furchtbar schrie, dass es niemand in ihrer Nähe aushalten konnte. Pippi glaubte, dass ihre Mama nun oben im Himmel war und durch ein kleines Loch auf ihr Mädchen runterguckte, und Pippi winkte oft zu ihr hinauf und sagte: »Hab keine Angst! Ich komm immer zurecht!«

Ihren Papa hatte Pippi nicht vergessen. Er war Kapitän und segelte über die großen Meere, und Pippi war mit ihm auf seinem Schiff gesegelt, bis er einmal bei einem Sturm ins Meer geweht worden und verschwunden war. Aber Pippi war ganz sicher, dass er eines Tages zurückkommen würde. Sie glaubte überhaupt nicht, dass er ertrunken sein könnte. Sie glaubte, dass er auf einer Insel an Land geschwemmt worden war, wo viele Eingeborene wohnten, und dass ihr Papa König über alle Eingeborene geworden war und jeden Tag eine goldene Krone auf dem Kopf trug.

»Meine Mama ist ein Engel, und mein Papa ist ein Südseekönig. Es gibt wahrhaftig nicht viele Kinder, die so feine Eltern haben!«, pflegte Pippi sehr stolz zu sagen. »Und wenn mein Papa sich nur ein Schiff bauen kann, dann kommt er und holt mich, und dann werde ich eine Südseeprinzessin. Hei hopp, was wird das für ein Leben!«

Ihr Papa hatte dieses alte Haus, das in dem Garten stand, vor vielen Jahren gekauft. Er hatte gedacht, dass er dort mit Pippi wohnen würde, wenn er alt war und nicht mehr über die Meere segeln konnte. Aber dann passierte ja das Schreckliche, dass er ins Meer geweht wurde, und während Pippi darauf wartete, dass er zurückkam, begab sie sich geradewegs nach Hause in die Villa Kunterbunt. So hieß dieses Haus. Es stand möbliert und fertig da und wartete auf sie. An einem schönen Sommerabend hatte sie allen Matrosen auf dem Schiff ihres Papas Lebewohl gesagt. Sie hatten Pippi sehr gern, und Pippi hatte sie auch gern.

»Lebt wohl, Jungs«, sagte Pippi und gab allen der Reihe nach einen Kuss auf die Stirn. »Habt keine Angst um mich. Ich komm immer zurecht.«

Zwei Dinge nahm sie vom Schiff mit. Einen kleinen Affen, der Herr Nilsson hieß, und einen großen Handkoffer, voll mit Goldstücken, den hatte sie von ihrem Papa bekommen.

Die Matrosen standen an der Reling und schauten Pippi nach, solange sie sie sehen konnten. Sie ging mit festen Schritten davon, ohne sich umzudrehen, mit Herrn Nilsson auf der Schulter und dem Koffer in der Hand. »Ein merkwürdiges Kind«, sagte einer der Matrosen und wischte sich eine Träne aus dem Auge, als Pippi in der Ferne verschwunden war.

Er hatte recht. Pippi war ein sehr merkwürdiges Kind. Das Allermerkwürdigste an ihr war, dass sie so stark war. Sie war so furchtbar stark, dass es auf der ganzen Welt keinen Polizisten gab, der so stark war wie sie. Sie konnte ein ganzes Pferd hochheben, wenn sie wollte. Und das wollte sie. Sie hatte ein eigenes Pferd, das sie für eines ihrer vielen Goldstücke gekauft hatte, an demselben Tag, an dem sie heimgekommen war in die Villa Kunterbunt. Sie hatte sich immer nach einem eigenen Pferd gesehnt. Und jetzt wohnte es auf der Veranda. Aber wenn Pippi ihren Nachmittagskaffee dort trinken wollte, hob sie es ohne Weiteres in den Garten hinaus.

Neben der Villa war ein anderer Garten

und darin ein anderes Haus. In dem Haus wohnten ein Papa und eine Mama mit ihren beiden netten kleinen Kindern, einem Jungen und einem Mädchen. Der Junge hieß Tommy und das Mädchen Annika. Das waren zwei sehr liebe, wohlerzogene und artige Kinder. Niemals kaute Tommy an seinen Nägeln, immer tat er das, was ihm seine Mama sagte. Annika murrte niemals, wenn sie nicht ihren Willen bekam. Sie sah immer ordentlich aus in ihren gebügelten Baumwollkleidern, und sie nahm sich sehr in Acht, dass sie sich nicht schmutzig machte. Tommy und Annika spielten brav zusammen in ihrem Garten, aber sie hatten sich oft einen Spielkameraden gewünscht, und zu der Zeit, als Pippi noch mit ihrem Papa auf den Meeren herumsegelte, standen sie manchmal am Gartenzaun und sagten: »Zu dumm, dass niemand in dieses Haus zieht. Da sollte jemand wohnen, jemand, der Kinder hat.«
An dem schönen Sommerabend, als Pippi zum ersten Mal über die Schwelle der Villa Kunterbunt schritt, waren Tommy und Annika nicht zu Hause. Sie waren für eine Woche zu Besuch zu ihrer Großmutter gereist. Sie hatten daher keine Ahnung, dass jemand in die Nachbarvilla eingezogen war, und als sie am ersten Tag nach ihrer Rückkehr an der Gartentür standen und auf die Straße schauten, wussten sie immer noch nicht, dass ganz in ihrer Nähe ein Spielkamerad war.

Als sie gerade überlegten, was sie anfangen sollten und ob vielleicht heute etwas Interessantes passieren würde oder ob es so ein langweiliger Tag werden würde, wo einem nichts einfiel, gerade da wurde die Gartentür zur Villa Kunterbunt geöffnet, und ein kleines Mädchen kam heraus. Das war das merkwürdigste Mädchen, das Tommy und Annika je gesehen hatten, und es war Pippi Langstrumpf, die zu ihrem Morgenspaziergang herauskam. Sie sah so aus: Ihr Haar hatte dieselbe Farbe wie eine Möhre und war in zwei feste Zöpfe geflochten, die gerade vom Kopf abstanden. Ihre Nase hatte dieselbe Form wie eine ganz kleine Kartoffel und war völlig von Sommersprossen übersät. Unter der Nase saß ein wirklich riesig breiter Mund mit gesunden weißen Zähnen. Ihr Kleid war auch ziemlich merkwürdig. Pippi hatte es selbst genäht. Es war wunderschön gelb; aber weil der Stoff nicht gereicht hatte, war es zu

kurz, und so guckte eine blaue Hose mit weißen Punkten darunter hervor. An ihren langen, dünnen Beinen hatte sie ein Paar lange Strümpfe, einen geringelten und einen schwarzen. Und dann trug sie ein Paar schwarze Schuhe, die genau doppelt so groß waren wie ihre Füße. Die Schuhe hatte ihr Papa in Südamerika gekauft, damit sie etwas hätte, in das sie hineinwachsen könnte, und Pippi wollte niemals andere haben.
Tommy und Annika rissen erst recht die Augen auf, als sie den Affen sahen, der auf der Schulter des fremden Mädchens saß. Es war eine kleine Meerkatze mit blauen Hosen, gelber Jacke und einem weißen Strohhut.
Pippi ging die Straße entlang. Sie ging mit dem einen Bein auf dem Bürgersteig und mit dem anderen im Rinnstein. Tommy und Annika schauten ihr nach, solange sie sie sehen konnten. Nach einer Weile kam sie zurück. Aber jetzt ging sie rückwärts. Das tat sie, damit sie sich nicht umzudrehen brauchte, wenn sie nach Hause ging. Als sie vor Tommys und Annikas Gartentür angekommen war, blieb sie stehen. Die Kinder sahen sich schweigend an. Schließlich fragte Tommy:
»Warum bist du rückwärtsgegangen?«
»Warum ich rückwärtsgegangen bin?«, sagte Pippi. »Leben wir etwa nicht in einem freien Land? Darf man nicht gehen, wie man möchte? Übrigens will ich

dir sagen, dass in Ägypten alle Menschen so gehen, und niemand findet das auch nur im Geringsten merkwürdig.«

»Woher weißt du das?«, fragte Tommy. »Du bist doch wohl nicht in Ägypten gewesen?«

»Ob ich in Ägypten war? Ja, da kannst du Gift drauf

nehmen! Ich war überall auf dem ganzen Erdball und hab noch viel komischere Sachen gesehen als Leute, die rückwärtsgehen. Ich möchte wissen, was du gesagt hättest, wenn ich auf den Händen gegangen wäre wie die Leute in Hinterindien.«

»Jetzt lügst du«, sagte Tommy.

Pippi überlegte einen Augenblick.

»Ja, du hast recht, ich lüge«, sagte sie traurig.

»Lügen ist hässlich«, sagte Annika, die endlich wagte, den Mund aufzumachen.

»Ja, Lügen ist *sehr* hässlich«, sagte Pippi noch trauriger. »Aber ich vergesse es hin und wieder, weißt du. Und wie kannst du überhaupt verlangen, dass ein kleines Kind, das eine Mama hat, die ein Engel ist, und einen Papa, der Südseekönig ist, und das sein ganzes Leben lang auf dem Meer gesegelt ist, immer die Wahrheit sagen soll? Und übrigens«, fuhr sie fort, und sie strahlte über ihr ganzes sommersprossiges Gesicht, »will ich euch sagen, dass es im Kongo keinen einzigen Menschen gibt, der die Wahrheit sagt. Sie lügen den ganzen Tag. Sie fangen früh um sieben an und hören nicht eher auf, als bis die Sonne untergegangen ist. Wenn es also passieren sollte, dass ich mal lüge, so müsst ihr versuchen, mir zu verzeihen und daran zu denken, dass es nur daran liegt, weil ich etwas zu lange im Kongo war. Wir können doch trotzdem Freunde sein, nicht wahr?«

»Ja, klar«, sagte Tommy, und er wusste plötzlich, dass der Tag heute sicher keiner der langweiligen werden würde.

»Warum könnt ihr übrigens nicht bei mir frühstücken?«, fragte Pippi.

»Ja, richtig«, sagte Tommy, »warum können wir das nicht? Kommt, wir gehen!«

»Ja«, sagte Annika, »jetzt sofort.«

»Aber erst muss ich euch Herrn Nilsson vorstellen«, sagte Pippi.

Und da nahm der kleine Affe den Hut ab und grüßte höflich.

Und nun gingen sie durch die verfallene Gartentür der Villa Kunterbunt den Kiesweg entlang, an dessen Rändern alte moosbewachsene Bäume standen, richtig prima Kletterbäume, und hinauf zur Villa und auf die Veranda.

Da stand das Pferd und fraß Hafer aus einer Suppenschüssel.

»Warum in aller Welt hast du ein Pferd auf der Veranda?«, fragte Tommy.

Alle Pferde, die er kannte, wohnten in einem Stall.

»Tja«, sagte Pippi nachdenklich, »in der Küche würde es nur im Weg stehen. Und im Salon gefällt es ihm nicht.«

Tommy und Annika streichelten das Pferd und gingen dann ins Haus. Da gab es eine Küche, einen Salon und ein Schlafzimmer. Aber es sah so aus, als ob Pippi vergessen hätte, am Wochenende sauber zu machen.

Tommy und Annika sahen sich vorsichtig um, ob der Südseekönig in einer Ecke säße. Sie hatten in ihrem ganzen Leben noch keinen Südseekönig gesehen. Aber kein Papa war zu sehen und auch keine Mama, und Annika fragte ängstlich:
»Wohnst du hier ganz allein?«
»Aber nein, Herr Nilsson und das Pferd wohnen ja auch hier.«
»Ja aber, ich meine, hast du keine Mama und keinen Papa hier?«
»Nein, gar nicht«, sagte Pippi vergnügt.
»Aber wer sagt dir, wenn du abends ins Bett gehen sollst und all so was?«
»Das mach ich selbst«, sagte Pippi. »Erst sag ich es ganz freundlich, und wenn ich nicht gehorche, dann sag ich es noch mal streng, und wenn ich dann immer noch nicht hören will, dann gibt es Haue.«
Genau verstanden Tommy und Annika das nicht, aber sie dachten, dass es vielleicht ganz praktisch wäre. Inzwischen waren sie in die Küche gekommen, und Pippi schrie:

>»Jetzt woll'n wir braten Pfannekraten
>Jetzt woll'n wir essen Pfannekessen
>Jetzt woll'n wir futtern Pfannekuttern.«

Und nun holte sie drei Eier und warf sie in die Luft. Eins fiel ihr auf den Kopf und ging kaputt, sodass ihr das Eigelb in die Augen lief. Aber die anderen fing sie geschickt in einem Topf auf, und dort gingen sie dann kaputt.
»Ich hab immer gehört, dass Eigelb gut für die Haare sein soll«, sagte Pippi und wischte sich die Augen aus. »Ihr sollt mal sehen: Es wächst, dass es kracht. In Brasilien laufen übrigens alle Leute mit Ei im Haar herum. Aber da gibt's auch keine Kahlköpfe. Nur einmal war da ein Alter, der war so verrückt, dass er die Eier aufaß, anstatt sie ins Haar zu schmieren. Er bekam auch ganz richtig einen Kahlkopf, und wenn er sich

auf der Straße zeigte, gab es einen solchen Auflauf, dass die Polizei anrücken musste.«

Während Pippi redete, hatte sie geschickt die Eierschalen mit den Fingern aus dem Topf gefischt. Jetzt nahm sie eine Badebürste, die an der Wand hing, und fing an, den Pfannkuchenteig zu schlagen, sodass die Wände ringsherum vollgespritzt wurden. Schließlich goss sie das, was übrig war, in eine Pfanne, die auf dem Herd stand.

Als der Pfannkuchen auf der einen Seite gebacken war, warf sie ihn hoch, sodass er sich in der Luft umdrehte, und fing ihn dann wieder in der Pfanne auf. Und als er fertig war, warf sie ihn quer durch die Küche direkt auf einen Teller, der auf dem Tisch stand.

»Esst«, rief sie, »esst, bevor er kalt wird!«

Und Tommy und Annika aßen und fanden, dass es ein sehr guter Pfannkuchen war.

Danach bat Pippi sie in den Salon. Dort stand nur ein Möbelstück. Das war eine große, große Kommode mit vielen kleinen, kleinen Schubladen. Pippi öffnete die Schubladen und zeigte Tommy und Annika all die Schätze, die sie dort verwahrt hatte. Da waren seltsame Vogeleier und merkwürdige Schneckengehäuse und Steine, kleine hübsche Schachteln, schöne silberne Spiegel und Perlenketten und vieles andere, was Pippi und ihr Papa während ihrer Reisen um die Erde gekauft hatten.

Pippi gab jedem ihrer neuen Freunde ein kleines Geschenk zum Andenken. Tommy bekam einen Dolch mit schimmerndem Perlmuttgriff und Annika ein Kästchen, dessen Deckel mit rosa Muscheln besetzt war. In dem Kästchen lag ein Ring mit einem grünen Stein.

»Am besten, ihr geht jetzt nach Hause«, sagte Pippi, »damit ihr morgen wiederkommen könnt. Denn wenn ihr nicht nach Hause geht, könnt ihr ja nicht wiederkommen. Und das wäre schade.«

Das fanden Tommy und Annika auch. Und so gingen sie nach Hause, am Pferd vorbei, das den ganzen Hafer aufgefressen hatte, und durch die Gartentür der Villa Kunterbunt. Herr Nilsson schwenkte den Hut, als sie gingen.

PIPPI WIRD SACHEN-SUCHER UND GERÄT IN EINE PRÜGELEI

Annika erwachte zeitig am nächsten Morgen. Sie sprang schnell aus dem Bett und schlich zu Tommy. »Wach auf, Tommy«, sagte sie und rüttelte ihn am Arm. »Wach auf, wir wollen zu dem ulkigen Mädchen mit den großen Schuhen gehen.«
Tommy war sofort hellwach.
»Ich wusste, als ich schlief, dass heute was Lustiges kommt, ich konnte mich nur nicht daran erinnern, was es ist«, sagte er und zog seine Pyjamajacke aus. Dann gingen beide ins Badezimmer. Sie wuschen sich und putzten die Zähne viel schneller als sonst, sie zogen sich schnell und vergnügt an, und eine ganze Stunde früher, als ihre Mama gedacht hatte, kamen sie von oben auf dem Geländer heruntergerutscht und landeten genau am Frühstückstisch, wo sie sich hinsetzten und riefen, dass sie jetzt sofort ihren Kakao haben wollten.

»Was habt ihr denn vor?«, fragte ihre Mama. »Ihr habt es ja so eilig!«

»Wir wollen zu dem neuen Mädchen ins Haus nebenan gehen«, sagte Tommy.

»Wir bleiben vielleicht den ganzen Tag da«, sagte Annika.

An diesem Morgen war Pippi dabei, Pfefferkuchen zu backen.

Sie hatte eine riesengroße Menge Teig gemacht und auf dem Küchenfußboden ausgerollt.

»Denn weißt du«, sagte Pippi zu ihrem kleinen Affen, »wie weit reicht eigentlich ein Backblech, wenn man mindestens fünfhundert Pfefferkuchen backen will?«

Und da lag sie nun auf dem Fußboden und stach mit Hingabe Pfefferkuchen aus.

»Tritt nicht immer in den Teig, Herr Nilsson«, sagte sie gerade, als es klingelte.

Pippi lief zur Tür und öffnete. Sie war von oben bis unten weiß wie ein Müller, und als sie Tommy und Annika herzlich die Hände schüttelte, wurden sie von einer Mehlwolke eingehüllt.

»Wie nett, dass ihr hereinschaut«, sagte sie und schüttelte ihre Schürze, sodass eine neue Mehlwolke aufstob.

Tommy und Annika bekamen so viel Mehl in den Hals, dass sie husten mussten.

»Was tust du da?«, fragte Tommy.
»Ja, wenn ich sage, dass ich gerade dabei bin, den Schornstein zu fegen, glaubst du mir doch nicht, so schlau, wie du bist«, sagte Pippi. »Tatsache ist, dass ich backe. Aber ich bin bald fertig. Setzt euch solange auf die Brennholzkiste.«
Pippi konnte schnell arbeiten, weiß Gott! Tommy und Annika saßen auf der Holzkiste und sahen zu, wie sie auf den Pfefferkuchenteig losging und wie sie die Kuchen auf das Blech warf und wie sie die Bleche in den Ofen schleuderte. Sie fanden, dass es beinahe wie im Kino war.
»Fertig«, sagte Pippi und schlug mit einem Krach die Ofentür zu, nachdem sie das letzte Blech herausgezogen hatte.
»Was wollen wir jetzt machen?«, fragte Tommy.
»Was ihr machen wollt, weiß ich nicht«, sagte

Pippi. »Ich werde jedenfalls nicht auf der faulen Haut liegen. Ich bin nämlich ein Sachensucher, und da hat man niemals eine freie Stunde.«

»Was hast du gesagt, was du bist?«, fragte Annika.

»Ein Sachensucher.«

»Was ist das?«, fragte Tommy.

»Jemand, der Sachen findet, wisst ihr. Was soll es anderes sein?«, sagte Pippi, während sie die Mehlreste zu einem kleinen Haufen zusammenfegte. »Die ganze Welt ist voll von Sachen, und es ist wirklich nötig, dass jemand sie findet. Und das gerade, das tun die Sachensucher.«

»Was sind das denn für Sachen?«, fragte Annika.

»Ach, alles Mögliche«, sagte Pippi. »Goldklumpen und Straußenfedern und tote Ratten und Knallbonbons und ganz kleine Schraubenmuttern und all so was.«

Tommy und Annika fanden, dass es ganz nett klang, und wollten auch gern Sachensucher werden, aber Tommy sagte, er hoffe, dass er einen Goldklumpen und nicht nur eine kleine Schraubenmutter finden würde.

»Wir werden ja sehen«, sagte Pippi. »Etwas findet man immer. Aber jetzt müssen wir uns beeilen, damit nicht andere Sachensucher kommen, die alle Goldklumpen, die es hier in der Gegend gibt, aufheben.«

Alle drei Sachensucher machten sich nun auf den Weg. Sie meinten, dass es am besten wäre, in der Nähe um die Villen herum anzufangen. Denn Pippi sagte, es könne zwar leicht passieren, dass man eine Schraubenmutter tief drinnen im Wald finde, aber die besten Sachen finde man fast immer da, wo Menschen in der Nähe wohnen.

»Aber immerhin«, sagte sie, »ich habe auch schon Beispiele vom Gegenteil erlebt. Ich erinnere mich an ein Mal, als ich in den Dschungeln von Borneo nach Sachen suchte. Genau mittendrin im Urwald, wo niemals ein Mensch seinen Fuß hingesetzt hatte, was glaubt ihr, was ich da gefunden habe? Ein prima Holzbein. Ich hab es später einem alten Mann geschenkt, der nur ein Bein hatte, und er sagte, dass man so ein Holzbein nicht für Geld kaufen könnte.«

Tommy und Annika beobachteten Pippi, um zu sehen, wie ein Sachensucher sich zu verhalten hat. Und Pippi lief von einem Straßenrand zum anderen, legte

die Hand über die Augen und suchte und suchte. Manchmal kroch sie auf den Knien und steckte die Hand zwischen die Latten eines Zaunes und sagte enttäuscht:
»Merkwürdig! Ich dachte bestimmt, ich hätte einen Goldklumpen gesehen!«
»Darf man wirklich alles nehmen, was man findet?«, fragte Annika.
»Ja, alles, was auf der Erde liegt«, sagte Pippi.
Ein Stück weiter lag ein alter Herr auf dem Rasen vor seiner Villa und schlief.
»Der da liegt auf der Erde«, sagte Pippi, »und wir haben ihn gefunden. Wir nehmen ihn!«

Tommy und Annika erschraken furchtbar.
»Nein, nein, Pippi, einen Mann können wir nicht nehmen, das geht nicht«, sagte Tommy. »Was sollten wir übrigens auch mit ihm?«

»Was wir mit ihm sollten? Den könnte man zu vielerlei gebrauchen. Wir könnten ihn anstelle eines Kaninchens in einen kleinen Kaninchenkäfig stecken und ihn mit Löwenzahnblättern füttern. Aber wenn ihr nicht wollt, lassen wir's bleiben, meinetwegen. Obwohl es mich ärgert, dass vielleicht ein anderer Sachensucher kommt und ihn klaut.«
Sie gingen weiter. Plötzlich stieß Pippi ein lautes Geheul aus.
»Nein, so was hab ich noch nie gesehen!«, schrie sie und hob eine alte rostige Blechbüchse vom Boden auf. »So ein Fund, so ein Fund! Büchsen kann man nie genug haben.«
Tommy sah die Büchse etwas misstrauisch an und sagte:
»Wozu kann man die gebrauchen?«
»Oh, die kann man zu vielem gebrauchen«, sagte Pippi. »Wenn man Kekse reinlegt, dann ist es eine prima ›Büchse Mit Keksen‹. Wenn man *keine* Kekse reinlegt, dann ist es eine ›Büchse Ohne Kekse‹, und das ist natürlich nicht ganz so schön, aber so kann man sie auch gut gebrauchen.«
Sie musterte die Büchse, die wirklich sehr rostig war und außerdem ein Loch im Boden hatte.
»Es sieht beinah so aus, als ob es eine ›Büchse Ohne Kekse‹ werden wird«, sagte sie nachdenklich. »Aber

man kann sie auch übern Kopf stülpen und spielen, dass es mitten in der Nacht ist.«

Und das tat sie. Mit der Büchse auf dem Kopf wanderte sie durch das Villenviertel wie ein kleiner Blechturm, und sie blieb nicht eher stehen, bis sie über einen Drahtzaun stolperte und auf den Bauch fiel. Es machte einen furchtbaren Krach, als die Blechbüchse auf der Erde aufschlug.

»Da könnt ihr mal sehen«, sagte Pippi und nahm die Büchse vom Kopf. »Wenn ich die nicht aufgehabt hätte, wäre ich direkt auf dem Gesicht gelandet und hätte es mir blau geschlagen.«

»Ja, aber«, sagte Annika, »wenn du nicht die Büchse aufgehabt hättest, wärst du auch nicht über den Stacheldrahtzaun gestolpert.«

Aber ehe sie zu Ende sprechen konnte, ertönte ein neues Geheul von Pippi, die triumphierend eine leere Garnrolle hochhielt.

»Heute scheint mein Glückstag zu sein«, sagte sie. »So eine kleine, süße Garnrolle, mit der man Seifenblasen machen oder die man an einer Schnur um den Hals als Kette tragen kann. Ich will nach Hause und das sofort ausprobieren.«

In dem Augenblick wurde eine Gartentür geöffnet, und ein Junge kam herausgestürmt. Er sah ängstlich aus, und das war kein Wunder, denn dicht auf den Fersen folgten ihm fünf Jungen. Sie hatten ihn bald und drängten ihn gegen einen Zaun, wo sie alle auf ihn losgingen. Alle fünf auf einmal fingen an, ihn zu boxen und zu schlagen. Er weinte und hielt die Arme vors Gesicht, um sich zu schützen.

»Gebt's ihm, Jungs!«, schrie der größte und kräftigste der Jungen. »Dass er nie mehr wagt, sich in dieser Straße hier zu zeigen.«

»Oh«, sagte Annika, »das ist Ville, den sie da verhauen. Wie können die nur so gemein sein!«

»Das ist dieser schreckliche Bengt. Immer muss er sich prügeln«, sagte Tommy. »Und fünf gegen einen, solche Feiglinge!«

Pippi ging zu den Jungen hin und tippte Bengt mit dem Zeigefinger auf den Rücken.

»Heda«, sagte sie. »Wollt ihr etwa Mus aus dem kleinen Ville machen, weil ihr alle fünf auf einmal auf ihn losgeht?«

Bengt drehte sich um und sah ein Mädchen, das er niemals vorher gesehen hatte, ein wildfremdes Mädchen, das es wagte, ihn anzutippen. Zuerst gaffte er nur eine Weile vor lauter Verwunderung, und dann zog ein breites Grinsen über sein Gesicht.
»Jungs«, rief er, »Jungs! Lasst Ville los und schaut euch das Mädchen hier an. So was habt ihr in eurem ganzen Leben noch nicht gesehen!«
Er schlug sich auf die Knie und lachte. Und im Nu hatten sie Pippi umringt, alle außer Ville, der seine Tränen trocknete und sich vorsichtig neben Tommy stellte.
»Habt ihr gesehen, was für Haare die hat? Das reine Feuer! Und solche Schuhe! Kann ich nicht einen davon leihen? Ich möchte so gern mal rudern, aber ich hab keinen Kahn.«
Dann griff er einen von Pippis Zöpfen, ließ ihn aber schnell wieder los und schrie:
»Au, ich hab mich verbrannt!«

Und dann umringten alle fünf Jungen Pippi und sprangen herum und schrien:
»Rotkäppchen! Rotkäppchen!«
Pippi stand mitten im Kreis und lachte ganz freundlich. Bengt hatte gehofft, dass sie böse werden oder anfangen würde zu weinen.

Wenigstens ängstlich aussehen müsste sie. Als nichts half, gab er ihr einen Schubs.

»Ich finde, dass du kein besonders feines Benehmen Damen gegenüber hast«, sagte Pippi.

Und nun hob sie ihn mit ihren starken Armen hoch in die Luft und trug ihn zu einer Birke, die da stand, und hängte ihn quer über einen Ast. Dann nahm sie den nächsten Jungen und hängte ihn auf einen anderen Ast. Und dann nahm sie den dritten und setzte ihn auf einen Torpfosten vor einer Villa, und dann nahm sie

den vierten und warf ihn über einen Zaun, dass er mitten in einem Blumenbeet landete. Und den letzten der Raufbolde setzte sie in eine ganz kleine Spielzeugkarre, die am Weg stand. Dann standen Pippi und Tommy und Annika und Ville da und sahen die Jungen eine Weile an, und die Jungen waren vollkommen stumm vor Staunen. Pippi sagte:
»Ihr seid feige. Ihr geht zu fünft auf einen einzigen Jungen los. Das ist feige. Und dann fangt ihr auch noch an, ein kleines wehrloses Mädchen zu puffen. Pfui, wie hässlich! Kommt jetzt, wir gehn nach Hause«, sagte sie zu Tommy und Annika. Und zu Ville sagte sie:
»Wenn sie noch mal versuchen, dich zu hauen, dann sag es mir.« Und zu Bengt, der oben im Baum saß und sich nicht zu rühren wagte, sagte sie:
»Wenn du noch mehr über meine Haare oder meine Schuhe zu sagen hast, dann sag es am besten gleich, bevor ich nach Hause geh.«
Aber Bengt hatte nichts mehr über Pippis Schuhe zu sagen und auch nicht über ihre Haare. Und so nahm Pippi ihre Blechbüchse in die eine Hand und die Garnrolle in die andere und ging davon, und Tommy und Annika folgten ihr.
Als sie in Pippis Garten kamen, sagte Pippi:
»Ach, meine Lieben, wie schade! Ich hab zwei so tolle Sachen gefunden, und ihr habt nichts bekommen. Ihr

müsst noch ein bisschen weitersuchen. Tommy, warum guckst du nicht in diesen alten Baum da? Alte Bäume sind gewöhnlich die allerbesten Stellen für einen Sachensucher.«

Tommy sagte, er glaube nicht, dass er und Annika jemals etwas finden würden, aber um Pippi den Gefallen zu tun, steckte er die Hand in eine Vertiefung des Baumstammes.

»Na, so was!«, sagte er ganz erstaunt und zog die Hand heraus. Und darin hielt er ein feines Notizbuch mit einem Lederdeckel. In einer Hülse steckte ein kleiner silberner Bleistift.

»Das ist ja komisch«, sagte Tommy.

»Da kannst du mal sehen!«, sagte Pippi. »Es gibt nichts Schöneres, als Sachensucher zu sein. Und man muss sich nur wundern, dass nicht mehr Leute sich auf diesen Beruf werfen. Tischler und Schuhmacher und Schornsteinfeger und all so was – das können sie werden, aber Sachensucher, ach wo, das ist nichts für sie.« Und dann sagte sie zu Annika: »Warum gehst du nicht zu dem alten Baumstumpf und fasst dahinein? Man findet wirklich fast immer Sachen in alten Baumstümpfen.«

Annika griff hinein und hatte beinahe sofort eine rote Korallenkette in der Hand. Tommy und sie standen bloß da und gafften eine Weile, so erstaunt waren sie.

Und sie dachten, dass sie jetzt jeden Tag Sachensucher sein wollten.

Pippi war die halbe Nacht auf gewesen und hatte Ball gespielt, und nun wurde sie plötzlich müde.

»Ich glaube, ich muss mich mal hinlegen«, sagte sie. »Könnt ihr nicht mit reinkommen und mich zudecken?«

Als Pippi auf dem Bettrand saß und ihre Schuhe auszog, schaute sie sie nachdenklich an und sagte:

»Er wollte Kahn fahren, hat er gesagt, dieser Bengt. Puh!« Sie schnaubte verächtlich. »Ich werd ihn schon Kahn fahren lehren – ein anderes Mal!«

»Sag mal, Pippi«, fragte Tommy ehrfürchtig, »warum hast du eigentlich so große Schuhe?«

»Damit ich mit den Zehen wackeln kann, weißt du«, antwortete sie. Dann legte sie sich zum Schlafen hin. Sie schlief immer mit den Füßen auf dem Kopfkissen und mit dem Kopf tief unter der Decke.

»So schlafen sie in Guatemala«, versicherte sie. »Das ist die einzig richtige Art zu schlafen. Und so kann ich auch mit den Zehen wackeln, wenn ich schlafe. Könnt ihr ohne Wiegenlied einschlafen?«, fuhr sie fort. »Ich muss mir immer erst eine Weile was vorsingen, sonst krieg ich kein Auge zu.«

Tommy und Annika hörten es unter der Decke brummen. Das war Pippi, die sich in den Schlaf sang. Leise und vorsichtig schlichen sie hinaus, um sie nicht zu stören. An der Tür drehten sie sich um und warfen einen letzten Blick auf das Bett. Sie sahen nichts anderes als Pippis Füße auf dem Kopfkissen.

So lag sie da und wackelte nachdrücklich mit den Zehen.

Und Tommy und Annika hüpften nach Hause. Annika hielt ihre Korallenkette fest in der Hand.

»Komisch ist es aber doch«, sagte sie. »Tommy, du glaubst doch wohl nicht – meinst du, dass Pippi die Sachen vorher hineingelegt hat?«

»Das weiß man nicht«, sagte Tommy. »Bei Pippi weiß man eigentlich nie was.«

PIPPI SPIELT FANGEN MIT POLIZISTEN

In der kleinen Stadt wurde es bald allgemein bekannt, dass ein neunjähriges Mädchen allein in der Villa Kunterbunt wohnte. Die Tanten und Onkel der Stadt fanden, dass das durchaus nicht ginge. Alle Kinder müssten doch jemanden haben, der sie ermahnt, und alle Kinder müssten in die Schule gehen und rechnen lernen. Und darum bestimmten alle Mütter und Väter, dass das kleine Mädchen in der Villa Kunterbunt sofort in ein Kinderheim solle.
Eines schönen Nachmittags hatte Pippi Tommy und Annika zu Kaffee und Pfefferkuchen eingeladen. Sie deckte zum Kaffee auf der Verandatreppe. Da war es so sonnig und schön, und alle Blumen in Pippis Garten dufteten. Herr Nilsson kletterte am Verandageländer rauf und runter. Und hin und wieder reckte das Pferd sein Maul vor, um einen Pfefferkuchen zu kriegen.
»Wie schön ist es doch zu leben«, sagte Pippi und streckte ihre Beine weit von sich.

In dem Augenblick kamen zwei Polizisten in voller Uniform durch die Gartentür.

»Oh«, sagte Pippi, »ich muss heute wieder einen Glückstag haben. Polizisten sind das Beste, was ich kenne – gleich nach Rhabarbergrütze.« Sie ging den Polizisten entgegen und strahlte vor Entzücken über das ganze Gesicht.

»Bist du das Mädchen, das in die Villa Kunterbunt eingezogen ist?«, fragte einer der Polizisten.

»Im Gegenteil«, sagte Pippi. »Ich bin eine ganz kleine Tante, die in der dritten Etage am anderen Ende der Stadt wohnt.«

Pippi sagte das nur, weil sie einen Spaß machen wollte. Aber die Polizisten fanden das durchaus nicht lustig. Sie sagten, Pippi solle nicht versuchen, Witze zu machen. Und dann erzählten sie, gute

Menschen in der Stadt hätten dafür gesorgt, dass Pippi einen Platz in einem Kinderheim bekäme.

»Ich hab schon einen Platz in einem Kinderheim«, sagte Pippi.

»Was sagst du, ist das schon geregelt?«, fragte der eine Polizist. »Wo ist das Kinderheim?«

»Hier«, sagte Pippi stolz. »Ich bin ein Kind, und das hier ist mein Heim, also ist es ein Kinderheim. Und Platz habe ich hier. Reichlich Platz.«

»Liebes Kind«, sagte der Polizist und lachte, »das verstehst du nicht. Du musst in ein richtiges Kinderheim und brauchst jemanden, der sich um dich kümmert.«

»Kann man in eurem Kinderheim Pferde haben?«, fragte Pippi.

»Nein, natürlich nicht«, sagte der Polizist.

»Das hab ich mir gedacht«, sagte Pippi düster. »Na, aber Affen?«

»Natürlich nicht, das musst du doch verstehen.«

»Ja«, sagte Pippi, »dann müsst ihr euch von anderswoher Kinder für euer Kinderheim besorgen. Ich habe nicht die Absicht, dahin zu gehen.«

»Aber begreifst du nicht, dass du in die Schule gehen musst?«, sagte der Polizist.

»Wozu muss man in die Schule gehen?«

»Um alles Mögliche zu lernen natürlich.«

»Was alles?«, fragte Pippi.

»Vieles«, sagte der Polizist, »eine ganze Menge nützlicher Sachen, zum Beispiel Multiplikation, weißt du, das Einmaleins.«
»Ich bin gut neun Jahre ohne Plutimikation zurechtgekommen«, sagte Pippi, »da wird es auch weiter so gehen.«
»Ja, aber stell dir vor, wie unangenehm es für dich sein wird, so wenig zu wissen, wenn du mal groß bist. Vielleicht fragt dich dann jemand, wie die Hauptstadt von Portugal heißt, und du kannst keine Antwort geben.«
»Doch kann ich eine Antwort geben«, sagte Pippi. »Ich antworte nur: Wenn es so verzweifelt wichtig für dich ist zu wissen, wie die Hauptstadt von Portugal heißt, dann schreib doch direkt nach Portugal und frage!«
»Ja, aber glaubst du nicht, dass es dir unangenehm sein würde, dass du es nicht selbst weißt?«
»Kann schon sein«, sagte Pippi. »Vielleicht würde ich manchmal abends wach liegen und fragen und fragen: Wie in aller Welt heißt die Hauptstadt von Portugal? Na ja, man kann nicht immer nur Spaß haben«, sagte Pippi und stellte sich ein bisschen auf die Hände.
»Übrigens war ich mit meinem Papa in Lissabon«, fuhr sie fort, während sie noch auf den Händen stand, denn auch so konnte sie reden.
Aber jetzt sagte einer der Polizisten, Pippi solle nicht glauben, dass sie machen könne, was sie wolle. Sie

habe mit ins Kinderheim zu kommen, und das augenblicklich! Er ging auf sie zu und griff sie am Arm. Aber Pippi machte sich schnell los, tippte ihn ein bisschen an und sagte: »Fang mich!«

Und ehe er sich's versah, hatte sie einen Sprung auf das Verandageländer gemacht. Mit ein paar Sätzen war sie oben auf dem Balkon, der über der Veranda war. Die Polizisten hatten keine Lust, ihr auf dem gleichen Weg nachzuklettern. Sie liefen ins Haus und in das obere Stockwerk hinauf. Aber als sie auf den Balkon kamen, war Pippi schon halb auf dem Dach. Sie kletterte ungefähr so, als ob sie ein Affe wäre. Im Nu stand sie auf dem Dachfirst und sprang schnell auf den Schornstein. Unten auf dem Balkon standen die beiden Polizisten und rauften sich die Haare, und auf dem Rasen standen Tommy und Annika und schauten zu Pippi hinauf.

»Ist *das* lustig, Fangen zu spielen!«, schrie Pippi. »Und wie nett von euch herzukommen. Auch heute hab ich meinen Glückstag, das ist klar.«

Nachdem die Polizisten eine Weile überlegt hatten, gingen sie eine Leiter holen, die sie gegen den Hausgiebel lehnten. Und nun kletterten sie hinauf, zuerst der eine und dann der andere, um Pippi runterzuholen. Doch sie sahen etwas ängstlich aus, als sie auf dem Dachfirst ankamen und auf Pippi zubalancierten.

»Habt keine Angst«, rief Pippi, »es ist nicht gefährlich! Nur lustig!«

Als die Polizisten noch zwei Schritte von Pippi entfernt waren, sprang sie schnell vom Schornstein runter, und unter Geschrei und Gelächter lief sie den Dachfirst entlang zum anderen Giebel. Ein paar Meter vom Haus entfernt stand ein Baum.

»Jetzt tauche ich!«, schrie Pippi, und dann sprang sie direkt in die grüne Baumkrone hinunter, hängte sich an einen Ast, schaukelte ein bisschen hin und her und ließ sich schließlich auf die Erde fallen. Und dann schoss sie zum anderen Giebel und nahm die Leiter weg.

Die Polizisten hatten etwas verdutzt ausgesehen, als Pippi sprang, aber noch verdutzter, als sie auf dem Dachfirst entlang zurückbalanciert waren und die

Leiter wieder runterklettern wollten. Jetzt wurden sie furchtbar böse und riefen Pippi, die unten stand und sie anschaute, zu, sie solle sofort die Leiter wieder hinstellen, sonst würde sie etwas erleben.
»Warum seid ihr so böse?«, fragte Pippi vorwurfsvoll.
»Wir spielen ja bloß Fangen, und da soll man sich doch vertragen, finde ich.«
Die Polizisten überlegten eine Weile, und schließlich sagte der eine mit verlegener Stimme:

»Also hör mal, willst du nicht so nett sein und die Leiter hinstellen, dass wir runterkommen können?«
»Klar will ich das«, sagte Pippi und stellte die Leiter sofort hin. »Und dann können wir wohl Kaffee trinken und es uns ein bisschen gemütlich machen.«

Aber die Polizisten waren wirklich hinterlistig, denn sobald sie unten waren, stürzten sie sich auf Pippi und schrien:
»Jetzt kriegst du's aber, du abscheuliches Ding!«
Aber Pippi sagte:
»Nein, jetzt hab ich keine Zeit mehr weiterzuspielen. Obwohl es ja ganz lustig ist, das geb ich zu.«
Und sie packte die beiden Polizisten am Gürtel und trug sie den Gartenweg entlang durch die Gartentür auf die Straße hinaus. Da setzte sie sie ab, und es dauerte eine ganze Weile, ehe sie so weit waren, dass sie sich bewegen konnten.
»Wartet mal!«, rief Pippi und lief in die Küche. Sie kam mit ein paar Pfefferkuchenherzen zurück.
»Wollt ihr probieren?«, fragte sie freundlich. »Es macht wohl nichts, dass sie ein bisschen verbrannt sind?«
Dann ging sie zurück zu Tommy und Annika, die mit aufgerissenen Augen dastanden und nur staunten. Und die Polizisten beeilten sich, dass sie in die Stadt zurückkamen, und erzählten allen Müttern und Vätern,

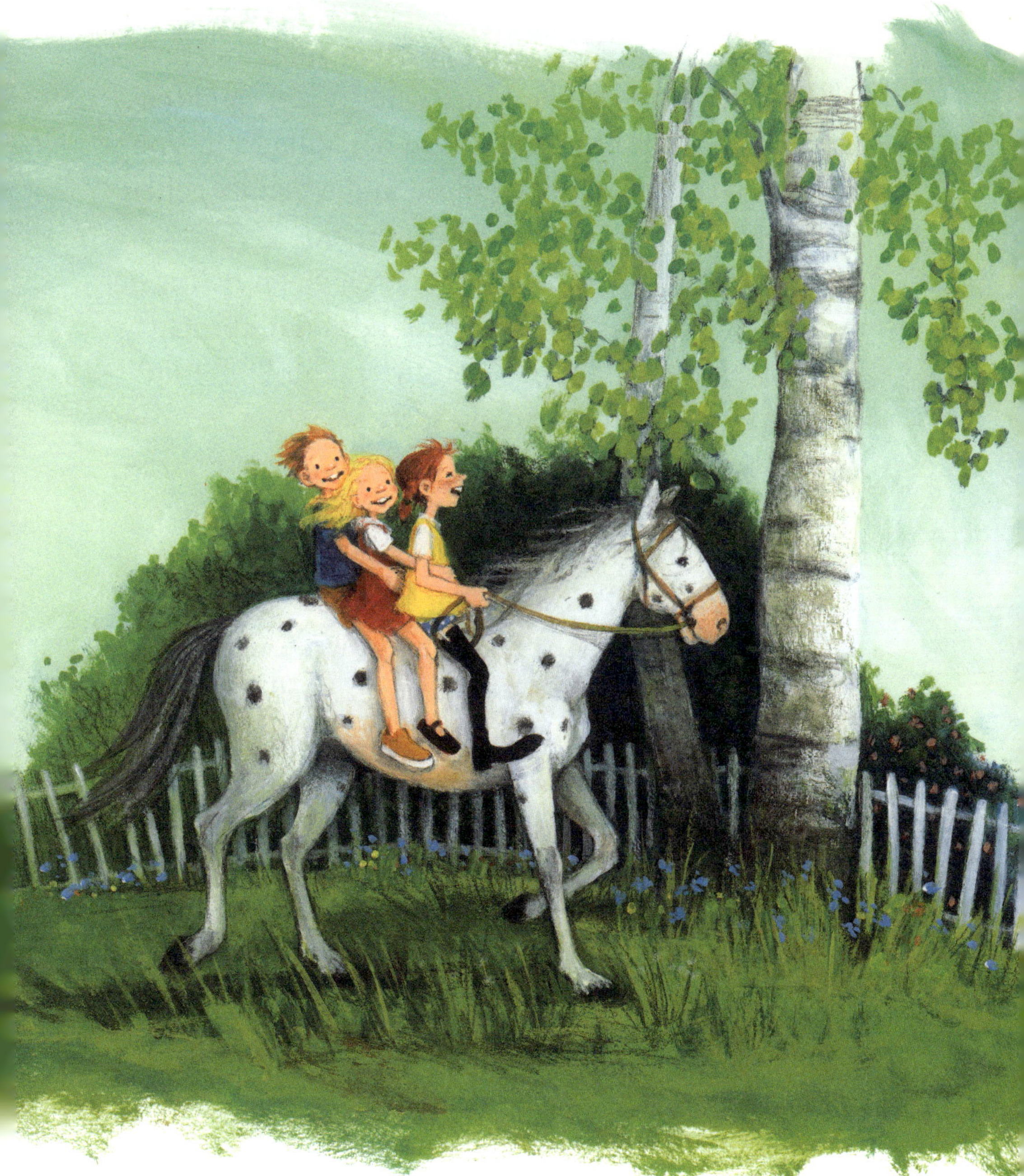

Pippi wäre nicht richtig für ein Kinderheim geeignet. Sie sagten nichts davon, dass sie oben auf dem Dach gewesen waren. Und die Mütter und Väter meinten, es wäre wohl am besten, Pippi in der Villa Kunterbunt wohnen zu lassen. Und wenn sie in die Schule gehen wollte, könnte sie ja selbst dafür sorgen.
Pippi und Tommy und Annika hatten einen richtig gemütlichen Nachmittag. Sie setzten das unterbrochene Kaffeetrinken fort. Pippi stopfte vierzehn Pfefferkuchen in sich hinein, und dann sagte sie:
»Die waren nicht das, was ich unter richtigen Polizisten verstehe. Nee! Viel zu viel Gerede von Kinderheim und Plutimikation und Lissabon.«
Dann hob sie das Pferd von der Veranda, und sie ritten alle drei auf ihm. Annika hatte zuerst Angst und wollte nicht, aber als sie sah, wie viel Spaß Tommy und Pippi hatten, durfte Pippi sie auch auf den Pferderücken heben. Und das Pferd trabte im Garten herum, immer rundherum, und Tommy sang: »Hier kommen die Schweden mit Krach und Radau!«
Als Tommy und Annika abends ins Bett gegangen waren, sagte Tommy:
»Annika, findest du es nicht schön, dass Pippi hierhergezogen ist?«
»Klar, das finde ich«, sagte Annika.
»Ich kann mich nicht mal mehr erinnern, was wir

vorher gespielt haben, bevor sie herkam. Erinnerst du dich?«

»Tja, wir haben Krocket und all so was gespielt«, sagte Annika. »Aber ich finde, es ist viel lustiger mit Pippi. Und mit Pferden und Affen.«

MICHEL AUS LÖNNEBERGA

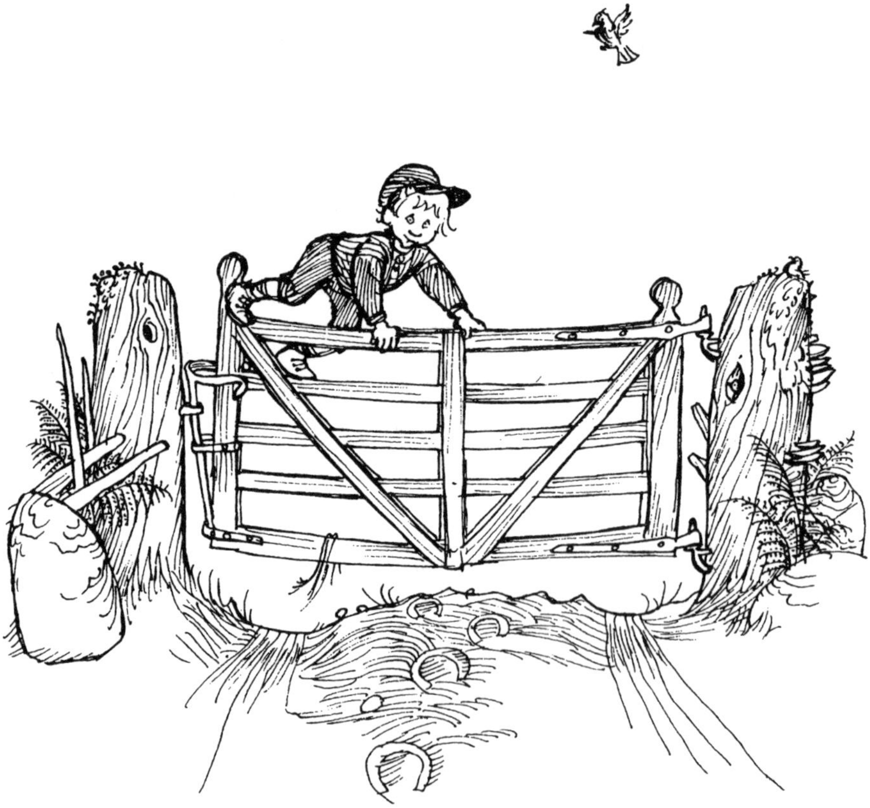

MICHEL AUS LÖNNEBERGA

Michel aus Lönneberga hieß ein Junge, der in Lönneberga wohnte. Das war ein kleiner wilder und eigensinniger Junge, nicht etwa so brav wie du. Obwohl er nett aussah, das tat er wirklich. Wenn er nicht gerade schrie.
Er hatte runde blaue Augen und ein rundes rotbackiges Gesicht und helles wolliges Haar. Alles zusammen sah irgendwie nett aus, und man konnte beinah glauben, Michel sei ein richtiger kleiner Engel. Aber das sollte man sich bloß nicht einbilden.
Fünf Jahre war er alt und stark wie ein kleiner Ochse, und er wohnte auf dem Hof Katthult in dem Dorf Lönneberga in Småland, und das ist ein Teil von Schweden. Und weil man in Småland småländisch redet, redete Michel auch so. Aber dafür konnte er nichts. Wenn er seine Mütze haben wollte, sagte er nicht wie andere Kinder: »Ich möchte meine Mütze haben!« Er sagte: »Ich will meine Müsse haben!« Seine »Müsse«, das war so eine blaue Mütze mit schwarzem Schirm, ziemlich hässlich. Die hatte sein

Papa ihm einmal gekauft, als er in der Stadt gewesen war.

Michel freute sich über die Mütze, und wenn er abends ins Bett gehen sollte, sagte er: »Ich will meine Müsse haben!« Seine Mama fand allerdings, Michel sollte die Mütze nicht mit ins Bett nehmen. Sie wollte sie auf die Garderobe im Flur legen. Aber da schrie Michel, dass man es über ganz Lönneberga hören konnte: »Ich will meine Müsse haben!«

Und Michel schlief jede Nacht mit der Mütze auf dem Kopf – drei Wochen lang. Das ging schließlich, wenn es auch ein bisschen drückte. Die Hauptsache war, dass Michel seinen Willen bekam, damit nahm er es genau. Und vor allem durfte es nicht so sein, wie seine Mama wollte. Einmal, an einem Weihnachtstag, versuchte sie Michel dazu zu bringen, dass er Schnittbohnen aß, weil doch Gemüse so gesund ist. Aber Michel sagte Nein.
»Willst du denn *niemals* Gemüse essen?«, fragte seine Mama.
»Doch«, sagte Michel, »*richtiges* Gemüse.«
Und dann setzte er sich in aller Stille hinter den Tannenbaum und begann an ihm zu knabbern. Aber er hörte bald wieder auf, denn es pikte im Mund.
So eigensinnig war Michel. Er wollte über Mama und Papa bestimmen, über ganz Katthult und am liebsten noch über ganz Lönneberga, aber da machten die Leute von Lönneberga nicht mit.
»Sie können einem leidtun, die Svenssons auf Katthult, die einen solchen Lausejungen zum Sohn haben!«, sagten sie. »Aus dem wird nie was.«
Das dachten die Lönneberger, ja! Wenn sie gewusst hätten, was noch aus Michel werden sollte, hätten sie nicht so geredet. Wenn sie gewusst hätten, dass er einmal Gemeinderatspräsident werden sollte, wenn er groß war! Du weißt wohl nicht, was das ist, ein Ge-

meinderatspräsident, aber es ist etwas sehr Feines, das kann ich versichern, und Michel wurde es schließlich. Aber nun wollen wir uns an das halten, was geschah, als Michel klein war und auf dem Hof Katthult in der Gemeinde Lönneberga in Småland wohnte, mit seinem Papa, der Anton Svensson hieß, und mit seiner Mama, die Alma Svensson hieß, und mit seiner kleinen Schwester Ida. Auf Katthult hatten sie auch einen Knecht, der Alfred hieß, und eine Magd, die Lina hieß.

Denn zu der Zeit, als Michel klein war, gab es Mägde und Knechte in Lönneberga und überall. Die Knechte pflügten und versorgten die Pferde und die Ochsen, sie fuhren das Heu ein und setzten die Kartoffeln, die Mägde melkten und wuschen ab und scheuerten und sangen den Kindern etwas vor.
Nun weißt du, wer auf Katthult wohnte: Papa Anton, Mama Alma, Klein-Ida, Alfred und Lina. Außerdem

zwei Pferde, einige Ochsen, acht Kühe, drei Schweine, zehn Schafe, fünfzehn Hühner, ein Hahn, eine Katze und ein Hund. Und dann Michel.
Katthult war ein kleiner, hübscher Hof mit einem rot gestrichenen Haus, das zwischen Apfelbäumen und Flieder auf einer Anhöhe lag. Und rundherum gab es Äcker und Wiesen und Haine, einen See und einen großen, großen Wald.

Es hätte ruhig und friedvoll auf Katthult sein können, wenn Michel nicht dort gewesen wäre.
»Er macht immer nur Unfug, dieser Junge«, sagte Lina. »Und wenn er selbst keinen Unfug macht, passiert trotzdem noch genug mit Michel. So einen Bengel wie den hab ich noch nie gesehn.«
Aber Michels Mama nahm ihn in Schutz.

»Es ist doch nicht so schlimm mit Michel«, sagte sie. »Heute hat er Ida nur einmal gekniffen und die Kaffeesahne verschüttet, das war alles – ja, und die Katze hat er ums Hühnerhaus gejagt, das ist wahr. Aber auf jeden Fall finde ich, er fängt an, ruhiger und artiger zu werden.«

Michel war nicht boshaft, das kann man nicht sagen. Er mochte beide sehr gern, Ida und die Katze. Aber er musste Ida einfach ein bisschen kneifen, sonst hätte sie ihm ja ihr Sirupbrot nicht gegeben, und die Katze jagte er in aller Freundlichkeit, nur um zu sehen, ob er genauso schnell laufen konnte wie eine Katze. Aber das konnte die Katze nicht begreifen.

Es war der 7. März, an dem Michel so lieb war und Ida nur einmal kniff und die Kaffeesahne verschüttete und die Katze jagte. Aber nun sollst du von einigen anderen Tagen aus Michels Leben hören, an denen mehr geschah, entweder weil er Unfug machte, wie Lina sagte, oder weil es einfach von selbst so kam, da immer so viel mit Michel passierte.

SONNTAG, DER 10. JUNI, ALS MICHEL DIE KLEINE IDA AN DER FAHNENSTANGE HOCHZOG

Sonntag, den 10. Juni, war ein Festessen auf Katthult. Viele Leute sollten aus Lönneberga und von woandersher kommen. Michels Mama hatte mehrere Tage lang Essen gekocht.
»Das hier wird teuer«, sagte Michels Papa. »Aber wenn schon gegessen werden soll, dann *soll* gegessen werden! Nur nicht knausern! Obwohl man die Fleischklöße ruhig etwas kleiner hätte machen können.«
»Ich mache die Fleischklöße genau richtig«, sagte Michels Mama. »Genau richtig groß, genau richtig rund und genau richtig braun.«
Und das stimmte. Außerdem machte sie Rippchen und Kalbsrouladen und Heringssalat und eingelegten Hering und Apfelkuchen und Aal in Gelee und

Geschmortes und Pudding und zwei riesige Käsekuchen und dann eine besondere Art Wurst, die so gut war, dass viele Leute gern lange Wege fuhren, sogar von Vimmerby und Hultsfred her, nur um sie essen zu können.
Auch Michel mochte diese Wurst sehr gern.
Nun war dieser Tag wirklich dazu geschaffen, ein Fest zu feiern. Die Sonne schien, die Apfelbäume und der Flieder blühten. Die Luft war voll Vogelgesang, ganz Katthult war so schön wie ein Traum, wie es da auf seiner Anhöhe lag. Der Hof war frisch geharkt, das Haus an allen Ecken und Kanten gescheuert, das Essen war fertig, es fehlte nichts mehr. Doch, etwas fehlte.
»Oh, wir haben ja vergessen, die Flagge zu hissen«, sagte Michels Mama.
Das brachte Michels Papa in Trab. Er sauste hinaus zur Fahnenstange, und dicht hinter ihm her rannten Michel und Klein-Ida. Sie wollten sehen, wie die Flagge hochgezogen wurde.
»Ich glaube, das wird diesmal ein lustiges und gemütliches Essen«, sagte Michels Mama zu Lina, als sie allein in der Küche waren.
»Ja, aber wäre es nicht sicherer, den Michel einzusperren wie das letzte Mal?«, fragte Lina.
Michels Mama sah sie vorwurfsvoll an, sagte aber nichts.

Da warf Lina den Kopf in den Nacken und murmelte: »Na ja, meinetwegen! Wir werden ja sehen, was passiert.«
»Michel ist ein netter kleiner Junge«, sagte seine Mama sehr bestimmt. Durch das Küchenfenster konnte sie sehen, wie der nette Junge herumlief und mit seiner kleinen Schwester spielte. Alle beide waren sie so schön wie zwei kleine Engel, fand Michels Mama, Michel in seinem gestreiften Sonntagsanzug und mit der Schirmmütze auf dem wolligen Kopf, Ida in dem neuen roten Kleid und mit der weißen Schärpe um

den rundlichen Bauch. Michels Mama schmunzelte. Aber dann schaute sie unruhig den Weg hinunter und sagte:
»Wenn doch Anton endlich die Flagge hissen würde, denn unsere Gäste können jeden Augenblick hier sein.«
Es sah aus, als müsste alles gut gehen. Aber wie ärgerlich – gerade als Michels Papa mit der Flagge beschäftigt war, kam Alfred vom Stall her gelaufen und rief:
»Die Kuh kalbt, die Kuh kalbt!«
Das war natürlich Broka – so eine unvernünftige Kuh, ausgerechnet jetzt musste sie kalben, wo es so eilig war mit allem anderen und die Flagge gerade hochsteigen sollte!
Michels Papa musste alles liegen lassen und zum Stall rennen. Aber Michel und Ida standen noch bei der Fahnenstange.

Ida legte den Kopf nach hinten, so weit sie konnte, und sah empor zu der Goldkugel an der Spitze der Stange.
»Wie hoch sie ist«, sagte sie. »Von dort oben kann man bestimmt bis nach Mariannelund sehen!«
Michel dachte nach, aber nicht lange.
»Das können wir schnell ausprobieren«, sagte er. »Willst du, dass ich dich hochziehe?«
Klein-Ida lachte. Oh, wie nett doch Michel war und was für lustige Ideen er immer hatte!
»Ja, ich möchte Mariannelund sehen«, sagte Klein-Ida.
»Das sollst du haben«, sagte Michel freundlich. Er nahm den Haken, der dazu da war, die Flagge einzuhaken, und hakte ihn in Idas Schärpe. Dann nahm er die Flaggenleine fest in beide Hände.
»Jetzt geht's los«, sagte Michel.
»Hihi«, lachte Klein-Ida.
Und hoch ging es mit der kleinen Ida – bis hinauf zur Spitze der Fahnenstange. Dann band Michel die Leine fest, genau so, wie Papa es immer machte, denn er wollte nicht, dass Ida herunterfiel und sich wehtat. Und da oben hing sie nun, so fest und ordentlich wie nie zuvor.
»Siehst du Mariannelund?«, schrie Michel.
»Nein«, schrie die kleine Ida, »nur Lönneberga.«
»Ach, nur Lönneberga … Du willst also wieder runter?«, schrie Michel.

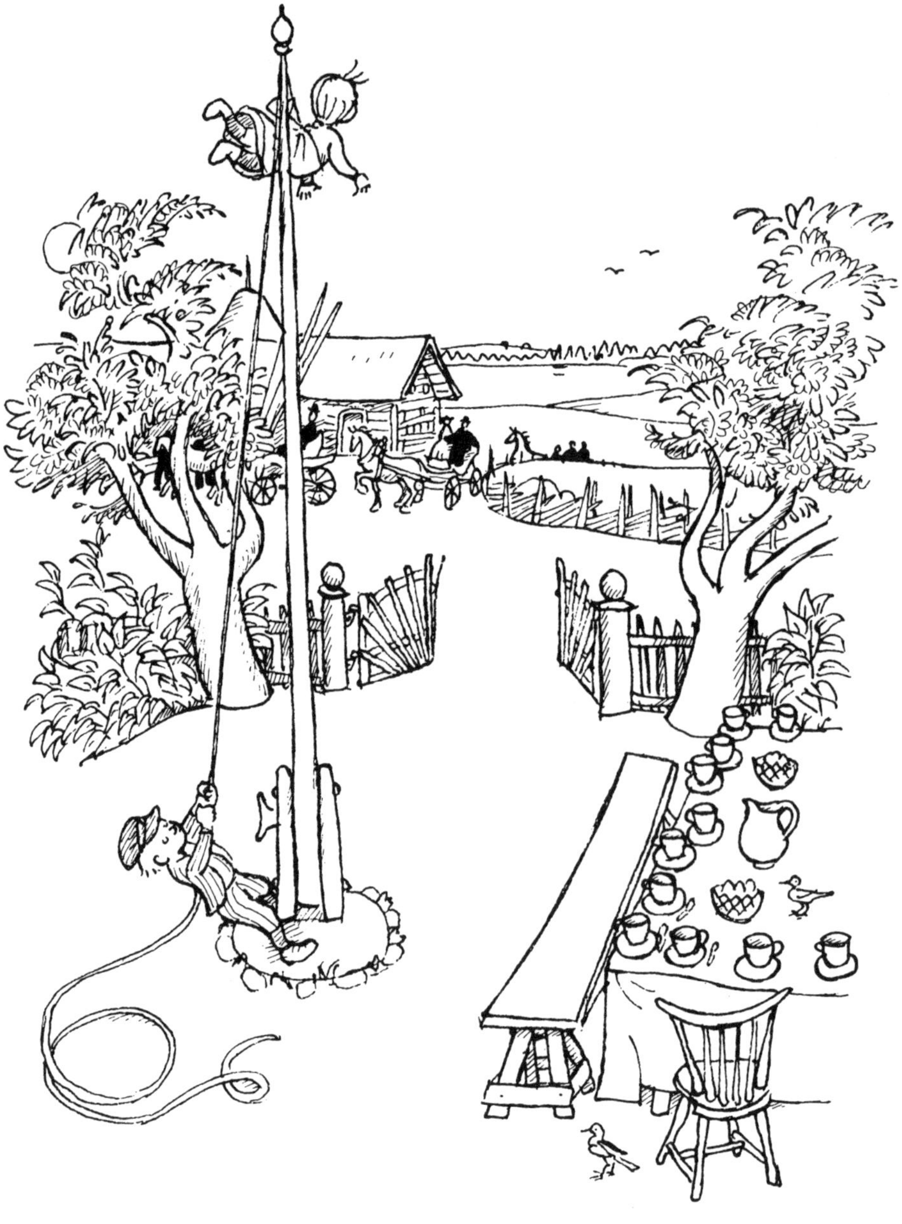

»Nein, noch nicht«, schrie Ida. »Es macht doch auch Spaß, Lönneberga zu sehen, aber – oh, jetzt kommt der Besuch! Jetzt kommen sie alle!«
Und sie kamen wahrhaftig. Der Hofplatz war bereits voll mit Wagen und Pferden, und bald strömten die Gäste durch die Pforte und gingen langsam auf das Haus zu.
Voran ging die feine Frau Petrell. Sie war sogar mit der Kutsche von Vimmerby gekommen, um von Mutter Almas Wurst zu essen. Sie war eine sehr feine Frau mit Straußenfedern auf dem Hut und prächtig von vorn und von hinten. Zufrieden sah sie sich um. Katthult war schön, wie es so dalag im Sonnenschein, zwischen Apfelbäumen und Flieder. Oh, es war alles so festlich, und die Fahne war gehisst. Ja, sie war gehisst, das sah Frau Petrell, wenn sie auch etwas kurzsichtig war.
Die Fahne? Plötzlich blieb Frau Petrell ganz verwirrt stehen. Was in aller Welt dachten sich Svenssons auf Katthult? Das musste man sich wirklich fragen. Michels Papa kam gerade aus dem Stall, und Frau Petrell rief ihm zu:
»Bester Anton, was soll das hier bedeuten? Warum habt ihr den Danebrog gehisst?«
Michel stand neben ihr. Er wusste nicht, was der Danebrog war. Er hatte keine Ahnung, dass das der Name für die rot-weiße Flagge war, die sie in Däne-

mark haben, wo die Dänen wohnen. Aber so viel wusste er, dass das Rote und Weiße an der Spitze seiner Fahnenstange kein Danebrog war.

»Hihi«, sagte Michel, »das ist nur Klein-Ida!«

Und die kleine Ida hoch oben lachte auch.

»Hihi, ich bin es nur!«, schrie sie. »Ich kann ganz Lönneberga sehen.«

Michels Papa lachte nicht. Er beeilte sich, Klein-Ida herunterzulassen, und da sagte Ida:

»So viel Spaß hab ich nicht mehr gehabt, seit Michel mich damals in das Preiselbeermus getaucht hat.«

Sie meinte den Tag, als sie Indianer gespielt hatten und als Michel sie in den großen Preiselbeerbottich gestopft hatte, damit sie am ganzen Körper rot wurde wie ein Indianer.

Ja, Michel sorgte schon dafür, dass Ida Spaß hatte. Aber niemand dankte es ihm. Im Gegenteil! Jetzt packte ihn sein Papa hart am Arm und schüttelte ihn.
»Was hab ich gesagt«, sagte Lina, als sie die beiden zum Tischlerschuppen gehen sah. Das war der Platz, wo Michel immer sitzen musste, wenn er Unfug gemacht hatte.
Michel schrie und weinte. »Sie wollte doch Ma-ri-an-ne-lu-und sehen«, schluchzte er.
Michel fand seinen Papa ziemlich ungerecht. Keiner hatte ihm jemals gesagt, dass er der kleinen Ida nicht Mariannelund zeigen dürfe. Und es war nicht seine Schuld, dass sie nicht mehr sehen konnte als Lönneberga!
Michel hörte nicht auf zu weinen. Aber nur, bis sein Papa die Tür abgeschlossen hatte und gegangen war. Dann hörte er auf. Eigentlich war es gemütlich im Tischlerschuppen. Da gab es so viele Holzstücke und Bretterreste, aus denen man etwas machen konnte. Michel schnitzte sich jedes Mal, wenn er nach irgendeinem Unfug im Tischlerschuppen saß, ein lustiges Männchen. Er hatte schon vierundfünfzig Stück, und es sah ganz so aus, als könnten es mehr werden.
»Ich pfeif auf ihr altes Festessen«, sagte Michel. »Papa kann die Flagge selbst hissen, wenn er will. Ich werde mir einen neuen Holzmann schnitzen und die ganze

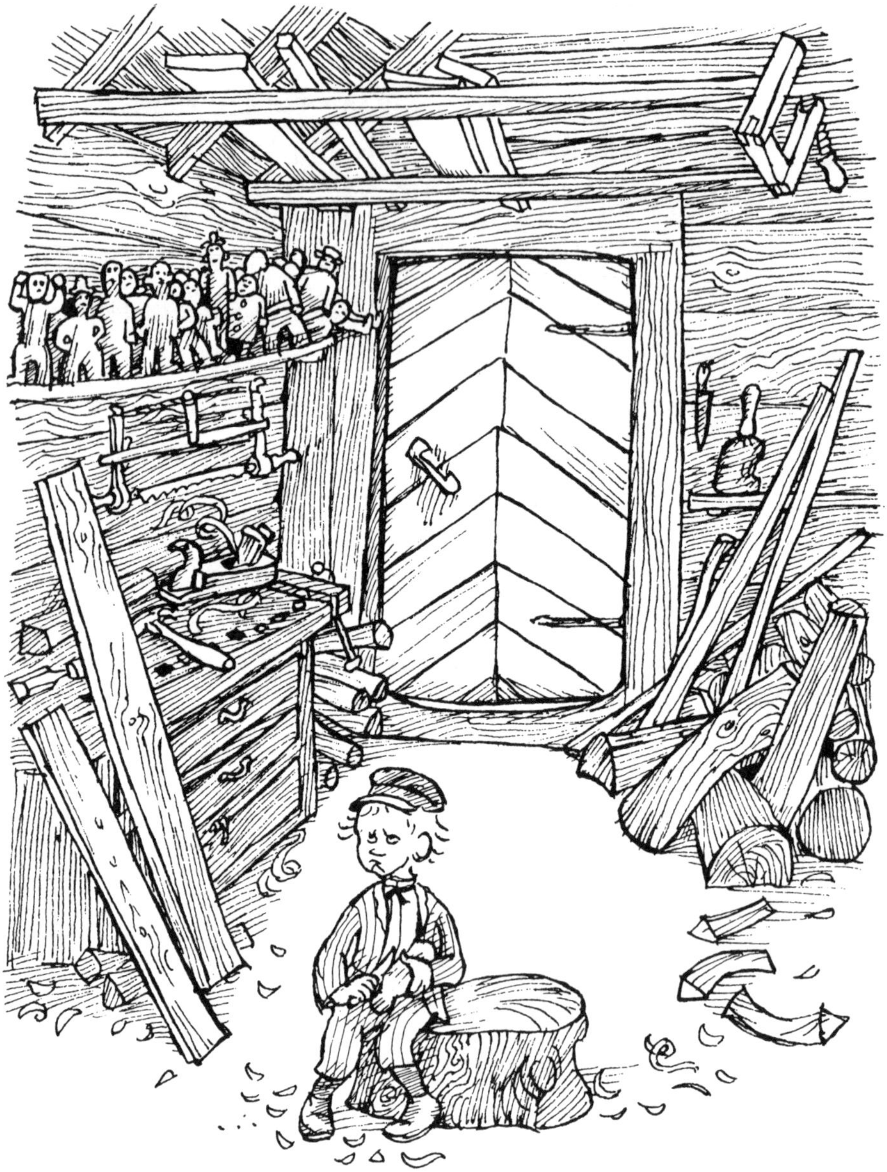

Zeit böse und schrecklich sein.« Michel wusste, dass man ihn bald herauslassen würde. Er brauchte nie lange im Tischlerschuppen zu sitzen.

»Nur bis du ordentlich über deinen Unfug nachgedacht hast«, sagte sein Papa immer, »damit du es nicht noch einmal tust.«

Und Michel war insoweit folgsam, als er selten denselben Unfug ein zweites Mal machte, sondern immer etwas Neues erfand. Nun saß er da und schnitzte an seinem hölzernen Männchen und dachte über den Unfug mit Ida nach. Das war bald geschafft, denn sehr viel dachte er nicht, und er schnitzte schnell und geübt.

Danach wollte Michel hinaus. Aber sie mussten ihn über all dem Festessen vergessen haben. Er wartete und wartete, aber niemand kam. Also begann Michel zu überlegen, wie er sich selbst befreien könnte. Durch das Fenster vielleicht! Das kann doch nicht so schwer sein, dachte Michel. Es war zwar hoch oben, aber er konnte gut auf den Bretterstapel klettern, der so bequem ganz dicht an der Wand lag.

Michel öffnete das Fenster und wollte hinausspringen. Aber da sah er all die grässlichen Brennnesseln, die dort unten wuchsen. Es ist abscheulich, mitten in einen Haufen Brennnesseln zu springen. Michel hatte das einmal gemacht, nur um auszuprobieren, wie sich das anfühlte. Nun wusste er es und wollte es nicht noch einmal tun.

»Ich bin doch nicht verrückt«, sagte Michel. »Sicher fällt mir was Besseres ein.«

Wenn du jemals auf so einem Hof wie Katthult gewesen bist, dann weißt du, dass sich dort ganz schön viele Häuser drängeln. Man kriegt Lust, Verstecken zu spielen, sobald man dorthin kommt. Auf Katthult gab es nicht nur eine Scheune und einen Stall für die Pferde und die Kühe und einen Schweinestall und einen Hühnerstall und einen für die Schafe, sondern auch noch eine Menge anderer kleiner Häuser und Schuppen. Es gab ein Räucherhaus, wo Michels Mama ihre gute Wurst räucherte, und ein Waschhaus, wo Lina all die schmutzige Wäsche wusch, und dann standen dort noch zwei andere Häuser dicht beieinander. In dem einen waren der Holzschuppen und der Tischlerschuppen und in dem anderen die Mangelstube und die Vorratskammer.

Michel und die kleine Ida spielten abends oft Verstecken und schlichen zwischen all diesen Häusern herum. Natürlich nicht dort, wo Brennnesseln standen. Aber gerade jetzt konnte Michel überhaupt nicht spielen. Er saß fest und das nur, weil so viele Brennnesseln auf dem kleinen Fleck zwischen dem Tischlerschuppen und der Vorratskammer wuchsen.
Michel dachte nach. Er sah, dass das Fenster zur Vorratskammer offen stand, und da kam ihm eine gute Idee. Es musste doch ganz einfach sein, ein Brett zwischen das Tischlerschuppenfenster und das Vorratskammerfenster zu legen und darauf hinüberzukriechen. Er hatte nun wirklich genug davon, im Tischlerschuppen zu sitzen, und außerdem wurde er hungrig.
Michel dachte nie lange nach, wenn er seine guten Einfälle bekam. Im Handumdrehen lag das Brett da, und Michel begann zu kriechen. Das sah gefährlich aus, denn das Brett war schmal und Michel schwer.
»Geht das hier gut, dann soll Ida meinen Hampelmann haben, das verspreche ich«, sagte Michel, während er kroch. Das Brett knackte so unheimlich, und als er die Nesseln unter sich sah, bekam er Angst und schwankte.
»Hilfe!«, rief Michel, und dann rutschte er ab. Es fehlte nicht viel und er hätte in den Brennnesseln gelegen,

aber im letzten Augenblick schlang er die Beine um das Brett, und er schaffte es, sich wieder hochzuziehen. Nun ging es besser und er kroch hinüber in die Vorratskammer.
»Das hier war doch kein Kunststück«, sagte Michel. »Aber Ida soll jedenfalls meinen Hampelmann haben … denke ich … ein andermal … falls er bis dahin

vielleicht doch kaputtgegangen ist … Ja, ich muss sehen, wie ich es mache …«
Er gab dem Brett einen kräftigen Stoß, sodass es in den Tischlerschuppen zurückrutschte. Für Michel musste alles seine Ordnung haben. Er lief zur Tür und probierte, ob sie offen war. Sie war verschlossen.
»Wie ich mir's gedacht habe«, sagte Michel. »Aber sicher kommen sie bald und holen die Wurst, und dann kenne ich einen, der nach draußen entwischt.«
Michel schnupperte. Es roch gut in der Vorratskammer. Aber es gab dort auch viele Leckerbissen. Michel sah sich um. Ja, fürwahr, hier gab es zu essen! Oben unter dem Dach hingen geräucherte Schinken und runde Blutbrotplatten in langen Reihen, denn Michels Papa mochte Blutbrot mit Schweinefleisch und weißer Soße besonders gern. Und dort in einer Ecke, neben dem Klapptisch mit all den gelben Käsen und den Tonkrügen mit frisch gekirnter Butter, stand die Brotkiste mit all ihren herrlichen Brotlaiben. Hinter dem Tisch stand der Holzbottich, voll mit eingesalzenem Schweinefleisch, und daneben der große Schrank, wo Michels Mama ihren Himbeersaft aufbewahrte und ihre Essiggurken und ihre Ingwerbirnen und ihr Erdbeergelee. Aber auf dem mittleren Brett im Schrank hatte sie ihre gute Wurst.
Michel mochte Wurst, wahrhaftig!

Das Festessen auf Katthult war nun in vollem Gange, die Gäste hatten Kaffee und viel Gebäck bekommen. Jetzt saßen sie da und warteten darauf, dass sie wieder hungrig wurden, damit sie Schweinebraten und Heringssalat und Wurst und all das andere essen konnten.
Aber plötzlich schrie Michels Mama auf:

»Oh, wir haben Michel ja vergessen! Nun hat er zu lange sitzen müssen, der arme Junge!«
Michels Papa lief sofort zum Tischlerschuppen, und die kleine Ida lief hinterher.
»Jetzt darfst du rauskommen, Michel«, rief Michels Papa und öffnete die Tür ganz weit. Rat mal, ob er überrascht war! Es war kein Michel da.
»Er ist durchs Fenster entwischt, dieser Lümmel«, sagte Michels Papa.
Aber als er hinausguckte und die Brennnesseln sah, die unter dem Fenster so gerade und aufrecht standen und überhaupt nicht heruntergetrampelt waren, kriegte er es mit der Angst.
»Das hier geht nicht mit rechten Dingen zu«, sagte er. »Da hat niemand hineingetreten, kein Menschenfuß zumindest.«
Klein-Ida fing an zu weinen. Was war mit Michel geschehen? Lina sang immer ein Lied, das sehr traurig war. Es handelte von einem Mädchen, das in eine weiße Taube verwandelt wurde und zum Himmel aufflog und nicht mehr in der scheußlichen Nageltonne sitzen musste, in die man es eingesperrt hatte. Michel war tatsächlich eingesperrt gewesen. Wer weiß, ob er nicht auch verwandelt worden und aufgeflogen war! Klein-Ida schaute sich um, ob eine Taube zu sehen war. Aber das Einzige, was sie sah, war eine fette weiße

Henne, die vor dem Tischlerschuppen herumlief und Würmer pickte.
Die kleine Ida weinte und zeigte auf die Henne.
»Vielleicht ist das Michel«, sagte sie.
Michels Papa glaubte es nicht. Aber sicherheitshalber lief er zu Michels Mama und fragte, ob sie jemals bemerkt hätte, dass Michel fliegen könne.
Das hatte sie nicht. Und jetzt wurde es lebendig auf Katthult. Das Essen konnte warten. Alle liefen hinaus, um Michel zu suchen.
»Er *muss* doch im Tischlerschuppen sein«, sagte Michels Mama, und alle stürzten dorthin, um gründlicher nachzusehen.
Aber dort war kein Michel. Dort waren nur fünfundfünfzig kleine Holzmännchen in einer Reihe auf einem Regal aufgestellt. Frau Petrell hatte noch nie so viele Holzmännchen auf einmal gesehen, und sie fragte, wer sie geschnitzt hätte.

»Kein anderer als unser kleiner Michel«, sagte Michels Mama und fing an zu weinen. »Er war so ein lieber kleiner Junge.«
»Oh ja«, sagte Lina und warf den Kopf in den Nacken. Und dann fügte sie hinzu: »Das Beste wäre, noch in der Vorratskammer zu suchen.«
Dafür, dass es Linas Idee war, war es gar nicht so dumm. Alle stürzten zur großen Vorratskammer. *Aber auch dort war kein Michel!*
Die kleine Ida weinte leise und ausdauernd, und als es niemand sah, ging sie zu der weißen Henne und flüsterte: »Flieg nicht zum Himmel auf, liebster Michel! Ich werde dir Hühnerfutter geben und Küchenabfälle, ganze Eimer voll, wenn du nur auf Katthult bleibst!«
Aber die Henne wollte nichts versprechen. Sie gackerte und ging ihrer Wege.
Ja, die armen Menschen auf Katthult, wie sie suchten! Im Holzschuppen und in der Mangelstube, aber

da war kein Michel! Im Pferdestall, im Kuhstall, im Schweinestall und im Hühnerstall – da war kein Michel! Im Schafstall, im Räucherhaus und im Waschhaus – kein Michel! Schließlich sahen sie in den Brunnen. Auch dort war kein Michel, und das war ja immerhin gut, aber jetzt weinten sie alle zusammen. Und die Leute von Lönneberga, die auf dem Fest waren, flüsterten einander zu:
»Eigentlich war er ein lieber kleiner Kerl, dieser Michel! Ein richtig übler Bengel war er *nicht* – und das hab ich auch nie gesagt!«
»Er ist sicher in den Bach gefallen«, sagte Lina. Der Katthultbach war wild und brausend und gefährlich, dort konnten kleine Kinder leicht ertrinken.
»Dahin durfte er nicht gehen, das weißt du doch«, sagte Michels Mama streng.
Lina warf den Kopf in den Nacken.
»Eben deswegen«, sagte sie.
Da liefen sie alle zum Bach. Zum Glück fanden sie Michel dort auch nicht. Trotzdem weinten sie noch mehr als vorher. Und Michels Mama hatte gedacht, es würde ein lustiges und gemütliches Festessen werden! Nun gab es keine Stellen mehr, wo man suchen konnte.
»Was in aller Welt sollen wir tun?«, fragte Michels Mama.
»Auf jeden Fall müssen wir wohl etwas zu essen ho-

len«, sagte Michels Papa, und das war vernünftig, denn alle waren ja hungrig geworden, während sie sich sorgten und suchten.

Michels Mama fing sofort an, den Tisch zu decken. Als sie den Heringssalat hereintrug, weinte sie ein bisschen hinein, aber sie stellte ihn auf den Tisch, zusammen mit den Kalbsrouladen, dem Schweinebraten, den Käsekuchen und all dem anderen.

Frau Petrell leckte sich die Lippen. Das hier sah vielversprechend aus. Aber noch hatte sie die Wurst nicht gesehen, und das machte sie unruhig.

Doch in diesem Augenblick sagte Michels Mama: »Lina, wir haben die Wurst vergessen! Lauf und hol sie.«

Lina lief. Alle warteten gespannt, und Frau Petrell nickte.

»Die Wurst, ja!«, sagte sie. »Die wird in dieser Trübsal gut schmecken.«

Da kam Lina zurück. Ohne Wurst.

»Kommt alle mit, dann zeig ich euch was«, sagte sie. Sie sah ein wenig merkwürdig aus, aber das kam öfter vor, das hatte nicht viel zu bedeuten.

»Was hast du dir jetzt für Dummheiten ausgedacht?«, fragte Michels Mama streng.

Lina sah noch merkwürdiger aus, und sie lachte leise und sonderbar. »Kommt mit«, sagte sie. Und sie gingen mit, alle, die zu dem Festessen auf Katthult gekommen waren.

Lina ging ihnen voran, und sie folgten ihr erstaunt zur Vorratskammer. Die ganze Zeit über hörten sie Lina leise und sonderbar vor sich hin lachen. Und Lina öffnete die schwere Tür und stieg über die hohe Schwelle und führte sie zu dem großen Schrank und riss die Schranktür auf, dass es knallte, und zeigte auf das mittlere Regal, wo Michels Mama immer ihre guten Würste aufbewahrte.

Jetzt lag dort keine Wurst. Aber da lag Michel.

Er schlief. Inmitten einer Menge von Wurstpellen lag er und schlief, der reizende Junge, und seine Mama war so glücklich, als hätte sie einen großen Klumpen

Gold in ihrem Schrank gefunden. Was machte es, dass Michel alle Würste in sich hineingestopft hatte! Es war doch wohl tausendmal besser, Michel dort im Regal zu finden, als einige Kilo Wurst. Und das fand Michels Papa auch.
»Hihi, da liegt Michel«, sagte Klein-Ida. »Er ist nicht verwandelt, jedenfalls nicht sehr.«
Kaum zu glauben, dass ein kleiner, wiedergefundener Junge, der mit Wurst vollgestopft ist, so viele Menschen glücklich machen kann.
Jetzt wurde es zum Schluss doch noch ein lustiger und gemütlicher Schmaus auf Katthult. Michels Mama fand noch ein kleines Würstchen, das Michel nicht mehr geschafft hatte. Das bekam – zu ihrer großen Freude – Frau Petrell. Und all die anderen, die keine Wurst bekommen hatten, brauchten trotzdem nicht hungrig davonzugehen. Es gab ja noch Schweinebraten und Kalbsrouladen und Fleischklöße und eingelegten

Hering und Geschmortes und Pudding und Aal in Gelee, soviel sie essen konnten. Und zum Abschluss bekamen sie den herrlichsten Käsekuchen mit Erdbeergelee und Schlagsahne.

»Das ist das Beste, was es gibt«, sagte Michel. Und wenn du jemals einen solchen Käsekuchen gegessen hast, wie es auf Katthult gab, dann weißt du, dass er ein wahres Wort gesprochen hat, der Michel.

Dann wurde es Abend, und die Dämmerung legte sich friedlich über Katthult und über ganz Lönneberga und ganz Småland. Michels Papa holte die Flagge ein. Michel und die kleine Ida standen dabei und sahen zu. Und dann war der Schmaus auf Katthult zu Ende. Alle fuhren heim, jeder zu sich nach Hause. Ein Wagen nach dem anderen rollte davon. Als Letzte fuhr die feine Frau Petrell in ihrer Kutsche ab. Michel und Klein-Ida hörten das Klappern der Pferdehufe unten bei den Hügeln verhallen.

»Hoffentlich ist sie nett zu meiner kleinen Maus«, sagte Michel.

»Welche Maus?«, fragte Ida.

»Na, die, die ich ihr in die Handtasche gesteckt hab«, sagte Michel.

»Warum hast du das getan?«, fragte die kleine Ida.

»Ach, weil mir die Maus leidgetan hat«, sagte Michel. »Niemals in ihrem Leben hat sie etwas anderes gesehen als den großen Wurstschrank. Ich dachte, dass sie wenigstens einmal Vimmerby sehen müsste.«

»Wenn die Frau Petrell bloß nett zu ihr ist«, sagte die kleine Ida.

»Ach, das ist sie bestimmt«, sagte Michel.

Das war der 10. Juni, als Michel Klein-Ida an der Fahnenstange hochzog und die ganze Wurst aufaß.

DIE KINDER AUS BULLERBÜ

Bullerbü ist der schönste Ort der Welt, findet Lisa. Er hat nur drei Häuser: den Nordhof, den Mittelhof und den Südhof. Dort wohnen Lisa, Britta, Inga, Lasse, Bosse und Ole und spielen den ganzen Tag.

UNSER LETZTER SCHULTAG

Oh, ist das schön, wenn der Sommer kommt! Das Schöne fängt damit an, dass wir Schulabschluss haben. Ich hab erst eine Prüfung mitgemacht. Die ist immer vor den Sommerferien.

Das Schöne begann schon am Abend vor der Prüfung. Da schmückten wir das Klassenzimmer mit Blumen und grünen Zweigen. Wir Kinder von Bullerbü pflückten Birkenzweige und Himmelschlüsselchen und Glockenblumen. Wir haben einen weiten Schulweg, denn die Schule liegt in einem anderen Dorf, das Storbü heißt. Es geht ja nicht, dass für nur sechs Kinder eine ganze Schule da ist. Die Blumen waren etwas welk, als wir in der Schule ankamen, aber nicht sehr. Nachdem sie Wasser bekommen hatten, wurden sie wieder frisch. Wir hängten schwedische Fahnen vor die schwarze Wandtafel, zogen quer durch das Klassenzimmer eine Girlande aus Birkenzweigen und stellten überall Blumen hin. Es roch so gut im Klassenzimmer. Als wir mit dem Ausschmücken fertig waren, übten wir die Lieder, die wir bei der Prüfung singen sollten:

»Oh Täler weit, oh Höhen« und »Jetzt kommt der Sommer in das Land«.

Es war schönes Wetter, als wir hinterher nach Hause gingen. Wir Kinder aus Bullerbü gingen zusammen. Es dauerte sehr lange, bis wir nach Hause kamen.

Lasse sagte, wir dürften nur auf die Steine treten, die am Wegrand lagen. Das war so ein Spiel. Wir spielten, wir würden tot umfallen, wenn wir auf die Erde träten. Ole trat sehr bald auf die Erde, und Bosse sagte: »Jetzt bist du tot!«

»Das bin ich nicht«, sagte Ole. »Seht doch, wie lebendig ich bin!« Und er zappelte mit Armen und Beinen. Da lachten wir alle.

Später kamen wir an einen Holzzaun. Wir kletterten hinauf und balancierten und konnten richtig darauf entlanggehen. Lasse sagte:

»Wer hat eigentlich bestimmt, dass man nur auf dem Weg gehen darf?«

Britta sagte, das habe sicherlich irgendein Erwachsener erfunden.

»Wahrscheinlich«, sagte Lasse.
Wir gingen eine lange, lange Zeit auf dem Zaun, und das war so lustig, dass ich dachte, ich möchte nie mehr auf dem Weg gehen. Da kam ein Mann auf einem Milchwagen und sagte:
»Ja, was ist denn das für ein Krähenschwarm auf dem Zaun?«
Aber am nächsten Tag, als wir zur Prüfung wollten, konnten wir nicht auf dem Zaun gehen, weil wir so fein waren. Ich hatte ein ganz neues Kleid an mit roten Punkten, und Britta und Inga hatten blaue Kleider mit Rüschen an. Wir hatten auch neue Haarschleifen und neue Schuhe.
In der Schule waren eine Menge Eltern und hörten zu. Ich konnte alle Fragen beantworten, die mir gestellt wurden. Aber Bosse sagte, 7 × 7 wäre 56. Da drehte Lasse sich um und sah ihn streng an. Und da sagte Bosse:
»Ach nein, 46.«
Eigentlich ist es 49. Das weiß ich, obwohl wir noch gar nicht angefangen haben malzunehmen. Aber ich habe gehört, dass die anderen Kinder das gesagt haben. Wir sind nur dreiundzwanzig Kinder in der ganzen Schule, sodass wir alle im selben Klassenzimmer sitzen.
Nachdem wir alle Lieder gesungen hatten, die wir konnten, sagte unsere Lehrerin: »Also auf Wiedersehen. Und euch allen recht schöne Sommerferien.«

Und da war es, als ob irgendetwas in mir vor Freude hüpfte und sprang.

Wir aus Bullerbü hatten alle gute Zeugnisse bekommen. Wir verglichen sie auf dem Nachhauseweg. Bosses war nicht so furchtbar gut, aber auf jeden Fall doch ziemlich gut.

Abends spielten wir Ball auf der Straße. Plötzlich fiel der Ball zwischen die Johannisbeerbüsche. Ich lief hin, um ihn zu suchen, und was glaubt ihr, was ich dort fand? Unter einem Johannisbeerbusch lagen elf Eier. Ich freute mich sehr. Eine von unseren Hennen ist so eigensinnig. Sie denkt gar nicht daran, die Eier im Hühnerstall zu legen. Sie legt sie immer draußen. Lasse und Bosse und ich haben gesucht und gesucht, um herauszufinden, wo sie die Eier legt. Aber sie ist mächtig schlau und passt genau auf, dass wir nicht sehen, wo sie legt. Mama hatte gesagt, wir würden fünf Öre für jedes Ei bekommen, das wir fänden. Und nun hatte ich für fünfundfünfzig Öre Eier gefunden. Aber den Ball fand ich nicht.

»Wir können ja die Eier als Ball nehmen«, sagte Lasse. »Dann gibt es in ganz Bullerbü Rührei.«

Aber ich legte die Eier in meine Schürze, ging mit ihnen zu Mama und bekam fünfundfünfzig Öre. Ich gab jedem von den anderen fünf Öre und steckte das übrige Geld in meine Sparbüchse, die ich mit einem kleinen Schlüssel zuschließe. Der Schlüssel hängt an einem Nagel ganz hinten im Schrank.

Später fand Inga den Ball, und dann spielten wir mehrere Stunden Brennball.

Wir kamen viel später ins Bett als gewöhnlich, aber das machte nichts, denn wir hatten Sommerferien und durften am nächsten Tag so lange schlafen, wie wir wollten.

WIR VERZIEHEN RÜBEN UND BEKOMMEN DREI JUNGE KATZEN

Ich bekam später noch mehr Geld in meine Sparbüchse, denn ich half beim Rübenverziehen. Das taten wir alle, alle Kinder in Bullerbü. Eigentlich hätten Lasse und Bosse und ich natürlich die Rüben verziehen müssen, die zum Mittelhof gehörten, und Britta und Inga die, die zum Nordhof gehörten. Und Ole die, die zum Südhof gehörten. Stattdessen halfen wir uns alle gegenseitig bei allen Rüben. Wir bekamen für jede Reihe, die wir verzogen, Geld: vierzig Öre für die langen und zwanzig für die allerkürzesten. Wir hatten Schürzen aus Sackleinen umgebunden, damit uns die Knie nicht wehtaten. Britta, Inga und ich hatten Kopftücher um, sodass wir wie kleine Frauen aussahen, sagte Mama. Wir hatten eine ganze Blechkanne voll Saft mitgenommen, falls wir durstig werden sollten. Wir wurden auch sofort durstig.

Da nahmen wir lange Strohhalme und steckten sie in die Kanne und lagen auf den Knien und tranken. Es war lustig, den Saft durch den Strohhalm zu saugen, und wir tranken und tranken. Und bald war die Kanne leer. Aber da nahm Lasse die Kanne und lief zur Quelle, die seitwärts im Gebüsch war, und holte Wasser für uns. Und dann tranken wir Wasser. Das war ebenso lustig, schmeckte aber nicht so gut. Zum Schluss legte Ole sich der Länge nach auf die Wiese und sagte:
»Hört ihr, wie es in mir gluckert?«
Er hatte so viel Wasser im Bauch, und wir horchten alle, wie es in ihm gluckerte, wenn er sich bewegte. Während wir Rüben verzogen, redeten wir die ganze Zeit und erzählten uns gegenseitig Märchen. Lasse versuchte auch, Spukgeschichten zu erzählen, aber Spukgeschichten sind keine Spur unheimlich, wenn die Sonne scheint. Da wollte Lasse, wir sollten versuchen, wer am schlimmsten fluchen könnte. Aber das wollten Britta, Inga und ich nicht mitmachen. Denn unsere Lehrerin hat gesagt, dass nur böse Menschen fluchen. Da versuchte Lasse, allein zu fluchen, aber das machte ihm wohl keinen Spaß, denn er hörte bald wieder auf.
Am ersten Tag, als wir Rüben verzogen, war es am lustigsten. Später wurde es etwas langweiliger, aber

wir mussten trotzdem weitermachen, denn die Rüben mussten ja verzogen werden.

Eines Tages, als wir gerade anfangen wollten, sagte Lasse zu Ole: »Petruska saldo bumbum.«

Und Ole sagte: »Kolifink, kolifink.«

Und Bosse sagte: »Moisi doisi fidibum arrarat.«

Wir fragten, was sie damit meinten, und da sagte Lasse, es wäre eine besondere Sprache, die nur Jungen verständen. Es sei für Mädchen viel zu schwer.

»Haha«, sagten wir. »Ihr versteht es ja selber nicht.«

»Natürlich tun wir das«, sagte Lasse. »Das Erste, was ich gesagt hab, bedeutete: Heute ist schönes Wetter. Und dann hat Ole geantwortet: Sicher, sicher! Und schließlich sagte Bosse: So ein Glück, dass die Mädchen das nicht verstehen.«

Sie redeten noch allerhand Unsinn in ihrer Sprache. Schließlich sagte Britta, wir hätten auch eine besondere Sprache, die nur Mädchen verstünden, und dann begannen wir, in dieser Sprache zu sprechen. Wir lagen den ganzen Vormittag im Rübenfeld und sprachen in unseren verschiedenen Sprachen. Ich konnte eigentlich keinen Unterschied bei diesen Sprachen hören, aber Lasse sagte, unsere Sprache sei richtig albern. Die Sprache der Jungen sei viel besser, denn sie sei fast russisch.

»Kolifink, kolifink«, sagte Ole wieder. So viel hatten

wir ja von der Sprache der Jungen gelernt, dass wir wussten, dass es »Sicher, sicher« bedeutete. Und jetzt nennen Britta, Inga und ich Ole nie anders als Ole Kolifink.

Eines Nachmittags, als wir wieder einmal mit Rübenverziehen beschäftigt waren, saßen wir auf einem Steinhaufen und tranken unseren Kakao, den wir diesmal mitbekommen hatten, und aßen die Butterbrote, die wir in unserem Korb mitgenommen hatten, und da wurde der Himmel ganz dunkel, und es kam ein furchtbares Gewitter. Es hagelte auch.

Es hagelte so sehr, dass richtige Haufen dalagen wie die Schneehaufen im Winter. Da rannten wir los, so schnell wir rennen konnten. Wir waren barfuß und froren an den Füßen, als wir durch die Hagelhaufen liefen.

»Wir gehen zu Kristin ins Waldhaus«, sagte Lasse. Wir tun fast immer, was Lasse sagt, und das taten wir jetzt auch. Kristin wohnt in einem kleinen roten Haus, das nicht weit entfernt liegt. Wir liefen dorthin, und zum Glück war Kristin zu Hause.

Kristin ist eine alte Frau, und sie sieht ungefähr aus wie eine Großmutter. Ich habe sie oft besucht. Sie ist immer gut und freundlich zu uns.

»Ach, du meine Güte! Ach, du meine Güte!«, sagte sie und schlug die Hände zusammen. »Oj, oj, oj, ihr armen Kinder!«

Sie zündete ein großes Feuer im Kamin an, den sie in ihrer Stube hat, und dann mussten wir unsere nassen Sachen ausziehen und uns die Füße am Feuer wärmen. Hinterher backte Kristin uns Waffeln in einem Waffeleisen, das sie ins Feuer hielt. Sie kochte auch

Kaffee in einem Kessel, der auf einem Dreifuß mitten in der Glut stand.

Kristin hat drei Katzen. Die eine hatte vor einiger Zeit Junge bekommen. Sie lagen in einem Korb und miauten und sahen ganz süß aus. Es waren vier, und Kristin sagte, sie müsse sie alle verschenken bis auf eine. Sonst hätte sie das Haus so voller Katzen, dass für sie selber kein Platz mehr bliebe.

»Oh, können wir sie nicht haben?«, rief Inga.

Kristin sagte, das könnten wir gewiss, aber es sei ja nicht sicher, ob es unseren Müttern recht wäre, wenn wir junge Katzen mit nach Hause brächten.

»Alle Menschen mögen doch junge Kätzchen gern«, sagte Britta.

Wir bettelten und baten, ob wir sie nicht bekommen könnten, wenigstens zur Probe. Stellt euch vor, sie

reichten gerade für uns alle: ein Kätzchen für den
Nordhof, eins für den Mittelhof und eins für den Südhof. Lasse suchte das Kätzchen aus, das wir haben
wollten. Es war ein kleines gestreiftes mit einem weißen Fleck auf der Stirn. Britta und Inga bekamen ein
ganz weißes und Ole eins, das schwarz war.
Als unsere Kleider trocken waren, gingen wir mit
unseren jungen Katzen nach Hause. Ich bin froh, dass
die Katzenmutter ein Kätzchen behalten durfte. Sonst
hätte sie ja gar kein Kind mehr gehabt.
Wir nannten unser Kätzchen Trille. Britta und Inga
nannten ihres Sissa, und Ole nannte seines Murre.
Keine von unseren Müttern hatte etwas dagegen, dass
wir die Kätzchen mit nach Hause gebracht hatten,
und wir durften sie behalten.
Ich spielte viel mit Trille. Ich band ein Stück Papier
an eine Schnur und lief damit herum. Und Trille lief
hinterher und versuchte es zu fangen. Lasse und Bosse
spielten zuerst auch mit ihr, aber es wurde ihnen bald
langweilig. Ich war es, die dafür sorgen musste, dass
sie etwas zu essen bekam. Sie trank Milch aus einem
Schälchen in der Küche. Sie trank nicht so, wie Menschen es tun, sondern steckte die Zunge, die ganz
hellrosa war, in die Milch und leckte sie auf. Ich fand
einen Korb, in dem sie schlafen konnte. Darin machte
ich ihr ein ganz weiches Bett.

Manchmal schleppten wir Trille, Sissa und Murre auf die Wiese, damit sie zusammen spielen konnten. Sie waren ja Geschwister und wollten sich bestimmt gern gegenseitig besuchen.

Ich verdiente neun Kronen und vierzig Öre mit dem Rübenverziehen und steckte alles in meine Sparbüchse, denn ich spare für ein Fahrrad. Ein rotes Fahrrad.

DIE JUNGEN KÖNNEN KEIN GEHEIMNIS HABEN

Als wir mit dem Rübenverziehen fertig waren, dauerte es nicht lange, da musste das Heu eingefahren werden. »Dies Jahr will ich nicht, dass die Kinder angelaufen kommen und das Heu kaputt trampeln«, sagte Papa. Das sagt er jedes Jahr, aber niemand glaubt, dass er es ernst meint.
Wir fuhren alle Tage auf dem Heuwagen mit und tobten auf dem Heuboden herum.
Lasse wollte, wir sollten ein Wettspringen machen, wer am höchsten springen könnte. Das heißt natürlich: von oben herunter, nicht von unten hinauf. Wir kletterten bis unter das Dach und sprangen ins Heu hinunter. Oh, wie das im Bauch kitzelte! Lasse hatte gesagt, der Gewinner solle einen Schokoladenfrosch als Preis bekommen. Er hatte ihn am selben Tag gekauft, als er vom Kaufmann in Storbü für Mama Hefe geholt hatte. Und wir sprangen und hüpften um die Wette. Schließlich kletterte Lasse so hoch hinauf, wie

es nur ging, und sprang auf einen kleinen Heuhaufen hinunter. Dort lag er eine Weile still und konnte sich nicht rühren. Nachher sagte er, er glaube, das Herz sei ihm in den Bauch gerutscht, und er müsse es nun sein Leben lang im Bauch tragen. Keiner von uns anderen wagte, von dort oben herunterzuspringen, und da stopfte Lasse sich den Schokoladenfrosch in den Mund und sagte:
»Überreicht an Lasse für mutige Taten im Heuschober!«
Eines Tages, als Britta, Inga und ich mit dem Knecht vom Nordhof Heu einfuhren, fanden wir am Waldrand hinter einem Steinhaufen dicht bei der Wiese, von der wir das Heu holten, eine Walderdbeerstelle. Dort wuchsen so viele Walderdbeeren, wie ich noch nie in meinem Leben gesehen hatte. Wir beschlossen, dass wir nie, nie, niemals den Jungen oder irgendjemand anderem von dieser Walderdbeerstelle erzählen wollten. Wir pflückten die Walderdbeeren und zogen sie auf dünne Halme. Es wurden dreizehn Halme voll. Am Abend aßen wir sie mit Zucker und Sahne dazu. Lasse, Bosse und Ole durften auch ein paar probieren, aber als sie wissen wollten, wo wir sie gepflückt hatten, sagten wir: »Das sagen wir niemals im Leben, denn es ist ein Geheimnis.«
Mehrere Tage suchten Britta, Inga und ich nach neuen Walderdbeerstellen und kümmerten uns nicht um den

Heuboden. Aber die Jungen spielten jeden Tag dort, und wir konnten nicht begreifen, dass es ihnen nie über wurde.
Eines Tages hatten wir wieder viele Erdbeerstellen gefunden. Wir sagten zu den Jungen, dass wir nun sieben Erdbeerstellen hätten, die wir aber nicht verraten würden, weil das ein Geheimnis sei.
Da sagte Ole: »Haha, das ist ja gar nichts gegen unser Geheimnis!«
»Was habt ihr für ein Geheimnis?«, fragte Britta.
»Sag's nicht, Lasse!«, schrie Ole.
Aber Lasse sagte: »Doch! Damit die Mädchen merken, dass unser Geheimnis nicht so albern ist wie ihres.«
»Was ist es denn?«, fragten wir.
»Wir haben neun Höhlen im Heu gemacht, wenn ihr es genau wissen wollt«, sagte Lasse.
»Wir sagen bloß nicht, wo«, sagte Bosse und hüpfte auf einem Bein.

»Die werden wir bald finden«, sagten wir und stürzten in unsere Scheune, um zu suchen.
Wir suchten lange, auch noch am nächsten Tag, aber wir fanden keine Höhlen. Die Jungen platzten beinahe vor Wichtigtuerei, und Lasse sagte:
»Ihr findet sie nie! Erstens kann man sie gar nicht finden ohne Karte, und zweitens findet ihr die Karte nie, auf der sie sind.«
»Was ist das für eine Karte?«, fragten wir.
»Eine Karte, die wir gezeichnet haben«, sagte Lasse, »aber die haben wir versteckt.«
Da begannen Britta, Inga und ich, nach der Karte zu suchen. Wir glaubten ganz bestimmt, sie müsse irgendwo im Mittelhof versteckt sein, denn Lasse würde nie darauf eingehen, sie anderswo zu verstecken. Wir suchten stundenlang in Lasses und Bosses Zimmer, in ihren Betten und Kommodenschubladen, im Kleiderschrank und überall. Schließlich sagten wir zu Lasse:
»Du kannst doch wenigstens sagen, ob es Vogel, Fisch oder etwas dazwischen ist.« So sagt man doch, wenn man »Schlüsselverstecken« spielt.
Und da fingen Lasse, Bosse und Ole entsetzlich an zu lachen, und Lasse sagte:
»Es ist Vogel. Nicht wahr, es ist Vogel?«
Dann blinzelten sie sich zu und machten furchtbar schlaue Gesichter. Wir suchten in der Lampe und

sahen nach, ob die Karte etwa hinter der Tapete oben an der Decke versteckt wäre; denn sie musste ja hoch oben versteckt sein, da es »Vogel« war. Aber Lasse sagte:

»Ihr könnt es genauso gut aufgeben, ihr findet sie nie!«

Schließlich hatten wir keine Lust mehr zu suchen. Aber am nächsten Tag wollte ich Ole fragen, ob er mir »Tausendundeine Nacht« leihen könne, denn es regnete, und ich wollte lesen. Lasse und Bosse waren draußen. Ich ging also in ihr Zimmer, um durch die Linde zu Ole hinüberzuklettern.

Früher einmal hatte in der Linde ein Vogel gewohnt. Er hatte sein Nest in einem Loch im Stamm gehabt. Aber jetzt wohnte er nicht mehr dort. Als ich an dem Nest vorbeikletterte, sah ich, dass aus dem Loch eine Schnur heraushing.

Wozu in aller Welt hat der Vogel eine Schnur gebraucht?, dachte ich und zog an der Schnur. Am anderen Ende der Schnur war eine kleine Papierrolle befestigt.

Und denkt nur: Das war die Karte!

Ich glaubte, ich sollte vom Baum fallen, so erstaunt war ich. Ich vergaß ganz »Tausendundeine Nacht«, kletterte zu Lasses und Bosses Zimmer zurück und wollte rasch zu Britta und Inga hinüberrennen. Ich hatte es so eilig, dass ich die Treppe hinunterfiel und mir das Knie aufschlug.

Oh, wie Britta und Inga sich freuten! Wir rannten in die Scheune, und es dauerte nicht lange, bis wir die erste Höhle gefunden hatten. Die Jungen hatten Gänge im Heu gegraben, und alle waren in der Karte eingezeichnet. Wenn man durch so einen langen Gang kriecht und es so dunkel ist und so viel Heu ringsum, muss man manchmal denken:

Wenn ich nun nicht wieder hinausfinde!

Es ist unheimlich und furchtbar aufregend. Aber man findet immer wieder hinaus.

Nur in den Gängen war es dunkel. In den Höhlen war es hell, denn sie lagen alle dicht an der Wand, wo durch Ritzen zwischen den Brettern Licht hineinfiel. Es waren große, schöne Höhlen, und wir begriffen, dass die Jungen viel Mühe damit gehabt hatten, sie zu graben. Der Gang zur letzten Höhle war so lang, dass wir dachten, er werde überhaupt nie ein Ende nehmen. Ich kroch voran, dann Britta und dann Inga.
»Ihr werdet sehen, wir finden nie wieder hinaus«, sagte Britta.
Im selben Augenblick sah ich, dass es weiter vorn heller wurde, und da war die Höhle! Und – hurra! –

da saßen Lasse und Bosse und Ole! Waren die überrascht, als wir die Nasen zu ihnen hineinsteckten.
»Wie habt ihr hergefunden?«, fragte Lasse erstaunt.
»Haha, wir haben natürlich die Karte gefunden«, sagte ich. »Das war ja keine Kunst. So ein leichtes Versteck!«
Ausnahmsweise einmal war Lasse so verdutzt, dass er keine Antwort wusste. Nachdem er eine Weile überlegt hatte, sagte er: »Ach was, wir lassen die Mädchen mitspielen.«
Dann spielten wir den ganzen Tag in den Höhlen, während es draußen regnete, und es war sehr lustig.
Aber am nächsten Tag sagte Lasse: »Da ihr unser Geheimnis kennt, ist es nur gerecht, wenn wir jetzt erfahren, wo eure Walderdbeerstellen sind.«
»Meinst du?«, sagten wir. »Die müsst ihr selber finden, so wie wir die Höhlen gefunden haben.«
Um es leichter zu machen, legten Britta, Inga und ich kleine Pfeile aus Holzstückchen auf den Boden. Aber die Entfernung zwischen den Pfeilen war groß, und deshalb dauerte es doch lange, bis die Jungen die Walderdbeerstellen fanden.
Zu unserer allerbesten Stelle legten wir keinen Pfeil. Das ist unser großes Geheimnis, und wir wollen es nie, nie, niemals irgendjemandem erzählen.

WIR SCHLAFEN AUF DEM HEUBODEN

Eines Tages sagte Bosse zu mir: »Heute Nacht wollen Lasse und ich auf dem Heuboden schlafen. Und Ole auch, wenn er darf.«
»Nur Landstreicher schlafen auf dem Heuboden«, sagte ich.
»Das ist nicht wahr«, sagte Bosse. »Wir haben Mama gefragt, und wir dürfen.«
Ich lief hinüber und erzählte es Britta und Inga.
»Dann wollen wir auf unserem Heuboden schlafen«, sagten sie. »Und du auch, Lisa.«
Und so beschlossen wir es.
Das würde lustig werden! Es war bloß ärgerlich, dass die Jungen auf diesen Einfall gekommen waren und nicht wir. Ich lief sofort zu Mama und fragte, ob ich dürfe. Mama fand, dass kleine Mädchen nicht auf Heuböden schlafen dürften, aber ich sagte, Mädchen müssten doch auch manchmal ein bisschen Spaß haben, nicht immer nur die Jungen. Und da durfte ich.

Wir konnten fast nicht erwarten, dass es Abend wurde.
Lasse sagte: »Die Mädchen wollen auch auf dem Heuboden schlafen? Unmöglich! Das wagen die doch gar nicht. Wenn nun ein Gespenst kommt?«
»Und ob wir es wagen«, sagten wir.
Und dann begannen wir, Butterbrote zu streichen, die wir essen wollten, wenn wir in der Nacht Hunger bekämen. Und da mussten die Jungen natürlich auch Butterbrote streichen.
Um acht Uhr gingen wir hinaus. Die Jungen wollten auf dem Heuboden des Mittelhofes schlafen und wir Mädchen auf dem Heuboden vom Nordhof. Jeder hatte eine Pferdedecke mitgenommen. Ole nahm auch Swipp mit. Der Glückspilz hatte einen Hund!
»Gute Nacht, ihr kleinen Landstreicher«, sagte Papa. Und Mama sagte: »Morgen früh kommt ihr wohl und kauft Milch. Das tun alle Landstreicher.«
Als wir den Jungen Gute Nacht sagten, rief Lasse: »Schlaft gut! Wenn ihr könnt. Voriges Jahr haben sie auf dem Heuboden vom Nordhof eine Kreuzotter gefunden. Ich möchte wissen, ob in diesem Jahr auch eine da ist.«
Und Bosse sagte: »Vielleicht – vielleicht auch nicht. Aber eine Masse Feldmäuse sind auf jeden Fall da. Hu, richtig eklig!«
»Ach, ihr armen Würmer!«, sagten wir zu den Jungen.

»Ihr habt vor Feldmäusen Angst? Da geht ihr besser nach Hause und legt euch in eure Betten.«
Dann gingen wir mit unseren Pferdedecken und unseren Butterbroten auf den Heuboden. Draußen war es hell, aber da oben war es fast dunkel.
»Erster! Ich liege in der Mitte!«, rief ich.
Dann gruben wir uns in das Heu ein. Es roch herrlich, aber es pikste auch. Nachdem wir uns in die Pferdedecken eingewickelt hatten, lagen wir aber richtig gut. Wir sprachen davon, wie es wohl wäre, wenn man ein richtiger Landstreicher wäre, der immer in Heuschobern schliefe. Inga sagte, sie glaube, das müsse ganz lustig sein.
Wir waren kein bisschen müde. Bloß hungrig. Wir aßen unsere Butterbrote auf, ehe es zu dunkel wurde. Aber schließlich war es so dunkel, dass wir nicht einmal mehr unsere Hände sehen konnten, wenn wir sie vor das Gesicht hielten.
Ich war froh, dass ich in der Mitte zwischen Britta und Inga lag. Es raschelte so komisch im Heu. Britta und Inga krochen näher an mich heran.
»Wenn nun ein richtiger Landstreicher kommt und sich im Heu schlafen legt«, flüsterte Britta. »Ohne um Erlaubnis zu fragen.«
Wir lagen still und überlegten eine Weile. Und dann hörten wir plötzlich ein Geheul. Ein furchtba-

res, unheimliches Geheul. Es klang, als ob tausend Gespenster gleichzeitig heulten. Dass wir nicht vor Schreck gestorben sind! Das taten wir nicht. Aber wir schrien. Nein, wie Lasse und Bosse und Ole lachten! Denn sie waren es, die so geheult hatten. Und natürlich waren auch sie es, die im Heu geraschelt hatten, als sie herangekrochen waren. Britta sagte, dass es gefährlich sei, Leute so zu erschrecken. Dann könnte dem, der so erschrocken sei, das Blut in den Adern gefrieren, und sie sagte, das würde sie ihrer Mama erzählen.
Aber da sagte Lasse: »Das war doch nur Spaß!«
Und Bosse sagte: »Altes Klatschmaul!«
Inga sagte, sie habe ein Gefühl, als ob das Blut in ihren Adern schon ein ganz kleines bisschen gefroren sei.

Schließlich gingen die Jungen auf ihren Heuboden zurück.

Wir dachten schon daran, hinüberzuschleichen und sie auch zu erschrecken, aber wir mochten es doch nicht tun, denn wir waren müde geworden.

Wir erwachten davon, dass der Hahn auf dem Nordhof krähte, und dadurch, dass wir froren. Huh, war das kalt! Wir wussten nicht, wie spät es war, aber wir dachten, es müsse wohl Zeit sein aufzustehen.

Gerade als wir die Nasen aus dem Scheunentor steckten, kamen Lasse, Bosse und Ole aus der Mittelhofscheune. Sie froren auch.

Wir liefen in unsere Küche, um uns aufzuwärmen. Aber da war noch keine Menschenseele! Sie schliefen alle noch, denn es war erst halb fünf. Gleich darauf klingelte jedoch Agdas Wecker. Sie musste aufstehen und melken. Und sie gab uns allen warme Milch und Brötchen. Oh, wie das schmeckte!

Nachher kroch ich schnell ins Bett, denn ich wollte gern noch ein bisschen schlafen. Es muss ein sehr kluger Mensch gewesen sein, der das mit den Betten erfunden hat, denn man schläft in seinem Bett tatsächlich besser als im Heu.

WIR BAUEN UNS EINE HÜTTE

Schließlich wurde es uns über, im Heu zu spielen. Lasse, Bosse und Ole verschwanden jeden Morgen. Wir wussten nicht, wohin, aber es war uns auch einerlei, denn wir spielten selber so schön. Auf einer kleinen Waldlichtung hinter dem Südhof gibt es viele kleine, flache Klippen und Steine. Dort spielten wir, Britta, Inga und ich.

Eines Tages kam Britta auf den Einfall, dass wir uns unsere eigene kleine Hütte in einer Spalte zwischen ein paar großen Felsblöcken bauen sollten.

Oh, machte das Spaß! Wir richteten sie wundervoll ein, und es war die schönste kleine Hütte, die wir je gehabt hatten. Ich fragte Mama, ob wir nicht einen kleinen Flickenteppich mitnehmen dürften. Das durften wir. Den legten wir auf den glatten Steinboden, und da sah es noch mehr wie ein Zimmer aus. Dann holten wir Zuckerkisten und stellten sie als Schränke auf, und die größte Kiste stellten wir in die Mitte als Tisch. Britta lieh sich ein kariertes Kopftuch von ihrer Mutter, das legten wir als Decke auf den Tisch.

Wir holten uns noch jeder eine Fußbank zum Sitzen. Ich brachte auch mein hübsches rosa Puppenservice mit und Inga ihre kleine geblümte Saftkaraffe mit den Gläsern.

Wir stellten das alles in die Zuckerkiste, natürlich nachdem wir sie zuerst mit Schrankpapier ausgelegt hatten. Zuletzt pflückten wir einen Strauß Glockenblumen und Margeriten, die wir in Wasser in ein Einmachglas mitten auf den Tisch stellten. Nein, war das schön!

Agda war an dem Tag gerade beim Backen. Sie erlaubte mir, ein paar ganz kleine Puppenbrötchen zu backen. Hinterher saßen wir in unserer Hütte und tranken Kaffee aus meinen rosa Puppentassen und aßen die Semmeln dazu. Inga holte Saft in ihrer Karaffe, sodass wir auch Saft trinken konnten.

Wir spielten, Britta wäre die Hausfrau und hieße Frau Andersson, ich wäre das Hausmädchen und hieße Agda und Inga wäre das Kind. Wir pflückten Himbeeren, die in der Nähe wuchsen, zerquetschten sie in einem weißen Stofflappen und spielten, wir machten Käse.

Britta, die Frau Andersson war, sagte zu mir:

»Dass Sie doch nie richtig Käse machen lernen, Agda!«

Und ich antwortete: »Machen Sie sich Ihren alten Käse doch selbst, Frau Andersson.«

Gerade als ich das gesagt hatte, sah ich hinter einem Stein Bosses Haarschopf, und ich sagte schnell zu Britta und Inga:
»Die Jungen belauschen uns.«
Da riefen wir durcheinander:
»Ha, wir haben euch gesehen, ihr könnt ruhig vorkommen.«
Lasse, Bosse und Ole sprangen sofort auf, und sie waren furchtbar albern und machten uns nach und heulten: »Dass Agda es doch nicht lernen kann, Frau Anderssons alten Käse zu machen!«
Sie wollten uns nicht in Ruhe lassen, sodass wir an diesem Tag nicht weiterspielen konnten. Lasse wollte, dass wir Brennball spielten, und das taten wir. Lasse aber blieb immer noch albern und rief:
»Können Sie denn nicht schneller laufen, Frau Andersson? Passen Sie doch auf den Ball auf, Frau Andersson.«

ICH HABE ES JA GESAGT: JUNGEN KÖNNEN KEIN GEHEIMNIS HABEN!

Am nächsten Tag verschwanden Lasse, Bosse und Ole wieder gleich nach dem Frühstück. Nachdem Britta, Inga und ich den ganzen Vormittag in unserer Hütte gespielt hatten und jetzt etwas anderes tun wollten, begannen wir zu überlegen, wo die Jungen sich eigentlich den ganzen Tag aufhielten. Wir hatten vorher noch nicht weiter darüber nachgedacht, aber jetzt fiel uns plötzlich ein, dass wir sie fast eine ganze Woche nicht gesehen hatten, außer abends, wenn wir Brennball spielten.
»Wir legen uns auf die Lauer«, sagte Britta.
»Ja«, sagten Inga und ich, »wir legen uns auf die Lauer, denn wir müssen wissen, was sie treiben.«
Kurz vor Mittag saßen wir auf den Stufen vor unserem Haus und hielten Wache. Zuerst kam Lasse. Gleich

danach kam Bosse. Und zuletzt Ole. Aber sie kamen nicht von derselben Seite. Da merkten wir, dass sie wieder ein Geheimnis hatten, das wir nicht wissen sollten. Denn sonst wären sie sicher gleichzeitig gekommen.

Wir hatten unsere Puppen mit auf die Treppe genommen, damit die Jungen nicht merkten, dass wir ihnen auflauerten. Wir spielten mit den Puppen und taten so, als sähen wir die Jungen gar nicht. Dann mussten wir zu Mittag essen, aber sobald wir gegessen hatten, liefen wir wieder hinaus zur Treppe.
Nach einer Weile kam Lasse heraus. Wir spielten mit unseren Puppen. Lasse blieb einen Augenblick stehen und neckte Trille, aber nur so im Vorbeigehen.

Aber dann verschwand er um die Hausecke.
Wir rannten in mein Zimmer hinauf, denn von dort konnten wir ihn durch das Fenster sehen. Er guckte sich vorsichtig um, dann rannte er in die Johannisbeerbüsche und kletterte über die Steinmauer, die unseren Garten umgibt. Nun konnten wir ihn nicht mehr sehen. Gleich darauf kam Bosse. Er schlich vorsichtig durch die Büsche und verschwand.
»Passt auf«, sagte Britta, »jetzt dauert es nicht lange, bis Ole auftaucht. Kommt, wir verstecken uns zwischen den Johannisbeerbüschen.«
Wir liefen hinunter. Wir krochen hinter einen Busch und saßen ganz still und warteten. Gleich danach kam Ole gelaufen. Er lief so dicht an uns vorbei, dass wir ihn hätten anfassen können, aber er sah uns nicht. Wir schlichen ihm nach.
Hinter unserem Garten ist ein großes Gehölz, wo viele Haselnusssträucher und Wacholder und alle möglichen anderen Sträucher wachsen, aber auch Bäume. Papa sagt, er wird alle Sträucher abhauen, damit die Kühe eine größere Weide haben. Aber das wird er hoffentlich nicht tun, denn da gibt es so viele schöne Verstecke.
Wir schlichen Ole ein ganzes Stück nach, aber plötzlich bückte er sich, und schon war er in einem dichten Gebüsch verschwunden. Wir konnten ihn nicht wie-

derfinden, soviel wir auch suchten. Wir wussten, dass die Jungen irgendwo zwischen den Büschen sein mussten, und wir suchten, aber sie waren verschwunden. Da sagte Inga: »Jetzt weiß ich, was wir tun! Wir holen Swipp, der wird Ole schon finden.«

Britta und ich fanden, dass dies ein sehr guter Gedanke von Inga war. Wir rannten zum Südhof und fragten Oles Mama, ob wir Swipp eine Weile mitnehmen dürften.
»Das könnt ihr gern«, sagte sie.
Swipp freute sich mächtig, als er begriff, dass er mit auf einen Spaziergang sollte. Er hüpfte und sprang und bellte vor Freude. Und da sagten wir zu ihm:

»Swipp, wo ist Ole? Such Ole, Swipp!«
Swipp begann auf der Erde herumzuschnüffeln. Quer durch die Johannisbeersträucher lief er und weiter ins Gehölz und wir hinterher. Es ging in einer furchtbaren Geschwindigkeit zwischen den Haselnusssträuchern hin und her. Und plötzlich sprang er an Ole hoch. Denn da stand Ole und neben ihm Bosse und Lasse!

Und da sahen wir auch das Geheimnis. Und das Geheimnis war eine Hütte, die die Jungen zwischen den Büschen gebaut hatten.
»Ha, ha, ha, nun seid ihr wohl platt«, sagten wir. Und das waren sie.
»Versucht nicht, Geheimnisse vor uns zu haben«, sagten wir. »Wir kommen doch dahinter.«

»Ja, wenn ihr Spürhunde zu Hilfe nehmt«, sagte Lasse, »dann natürlich …«
Swipp hüpfte und freute sich, weil er glaubte, etwas mächtig Gutes getan zu haben. Und wir sagten, er solle einen großen Knochen zum Abendbrot bekommen.
Es war eine großartige Hütte, die die Jungen sich gebaut hatten. Sie hatten einige Bretter an vier Bäume genagelt, die in einem Viereck standen, sodass in jeder Ecke der Hütte ein Baum stand. Dann hatten sie Wacholdersträucher als Wände angepflanzt, denn sie hätten nicht genug Bretter gehabt, sagte Lasse. Zuletzt hatten sie einige kleine Bretter darübergelegt und darauf eine alte Pferdedecke.
»Was meint ihr, sollen die Mädchen mitmachen?«, sagte Lasse zu Bosse und Ole.
»Tja, was meinst du selbst?«, sagten sie, denn sie wollten natürlich erst hören, was Lasse fand. Und Lasse sagte, wir könnten gern mitmachen.
Da spielten wir Indianer in der Hütte. Lasse war der Häuptling und hieß Starker Panther, Bosse hieß Schneller Hirsch und Ole Fliegender Falke. Britta wurde Brummender Bär genannt, Inga Gelber Wolf und ich Listiger Fuchs. Ich hätte lieber einen hübscheren Namen haben mögen, aber das erlaubte Lasse nicht.
Wir hatten kein Feuer in der Hütte, aber wir taten,

als hätten wir eins, und wir saßen um das Feuer und rauchten die Friedenspfeife. Es war eine Lakritzpfeife. Ich biss ein kleines Stück von der Friedenspfeife ab. Es schmeckte sehr gut.

Die Jungen hatten sich Flitzbogen und Pfeile gemacht, und sie machten auch welche für uns. Lasse sagte, am anderen Ende des Gehölzes wohnten andere Indianer. Sie hießen Komantschen und wären sehr tückisch und gefährlich. Wir nahmen unsere Flitzbogen und rannten unter furchtbarem Kriegsgeheul durch das Dickicht. Am anderen Ende des Gehölzes weideten unsere Kühe. Lasse sagte, das wären die feindlichen Komantschen. Man könne es am Namen hören. Nein, wie die Komantschen davonrannten! Lasse schrie ihnen in der Indianersprache etwas nach, aber ich glaube nicht, dass sie es verstanden.

KARLSSON VOM DACH

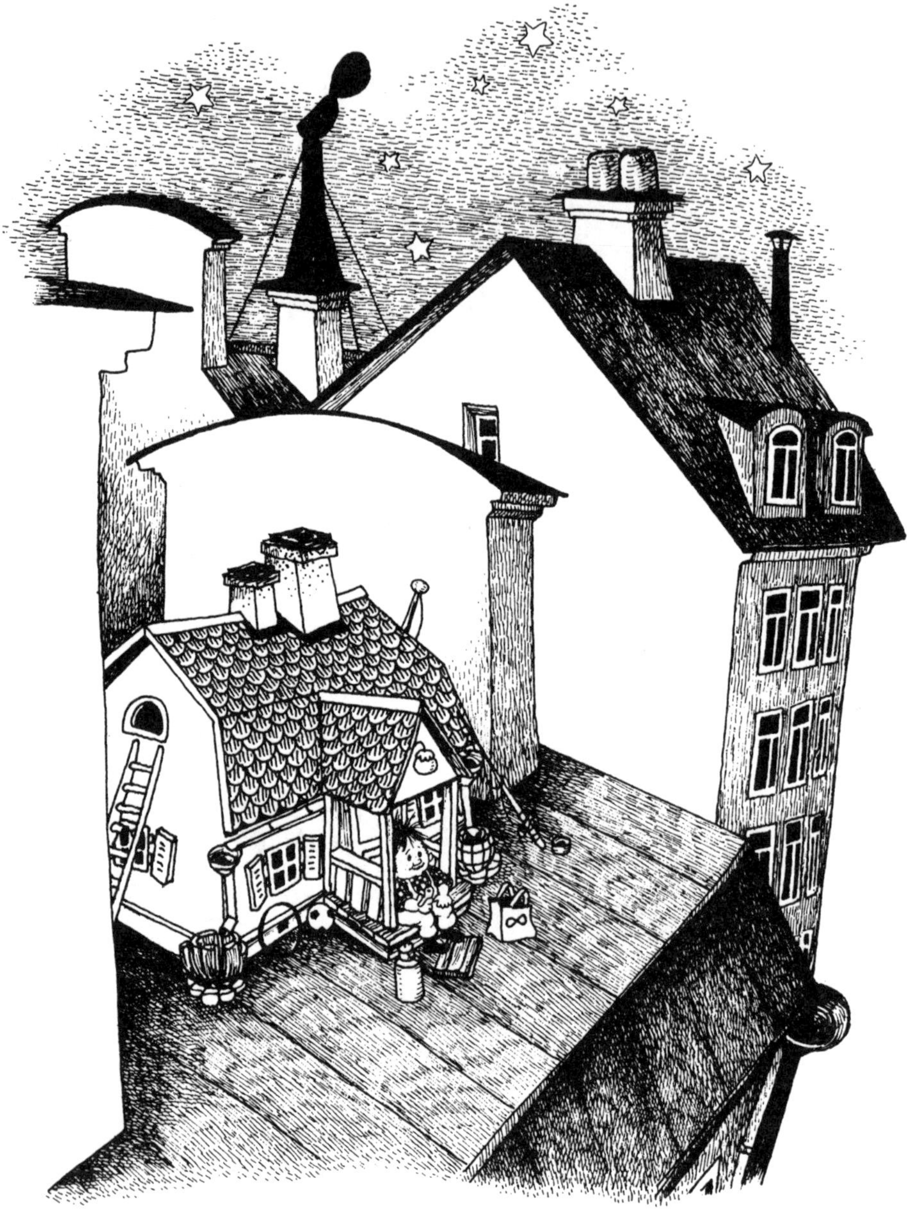

KARLSSON VOM DACH

In Stockholm, in einer ganz gewöhnlichen Straße, in einem ganz gewöhnlichen Haus, wohnt eine ganz gewöhnliche Familie, und die heißt Svantesson. Dazu gehören ein ganz gewöhnlicher Papa und eine ganz gewöhnliche Mama und drei ganz gewöhnliche Kinder, Birger, Betty und Lillebror.
»Ich bin überhaupt kein gewöhnlicher Lillebror«, sagt Lillebror.
Aber das stimmt nicht. Er ist wirklich ein ganz gewöhnlicher Junge. Es gibt so viele Jungen, die sieben Jahre alt sind und blaue Augen haben und eine Stupsnase und ungewaschene Ohren und Hosen, die über den Knien ständig kaputt sind. Lillebror ist also ein ganz und gar gewöhnlicher Junge, das steht fest.
Birger ist fünfzehn Jahre alt und spielt Fußball und kommt in der Schule schlecht mit. Er ist also auch ein ganz gewöhnlicher Junge. Und Betty ist vierzehn und trägt ihr Haar in einem Pferdeschwanz, genau wie andere ganz gewöhnliche Mädchen.
Es gibt nur einen im ganzen Haus, der ungewöhnlich

ist, und das ist Karlsson vom Dach. Er wohnt oben auf dem Dach, der Karlsson, und schon das ist ja etwas recht Außergewöhnliches. Es mag in anderen Gegenden der Welt anders sein, aber in Stockholm kommt es fast nie vor, dass jemand in einem besonderen kleinen Haus oben auf dem Dach wohnt. Das aber tut Karlsson. Er ist ein sehr kleiner und sehr rundlicher und sehr selbstbewusster Herr, und er kann fliegen. Mit Flugzeugen und Hubschraubern können alle Menschen fliegen, aber es gibt niemand, der ganz allein fliegen kann, außer Karlsson. Er dreht bloß an einem Knopf, der ungefähr mitten vor seinem Nabel sitzt, und wips!, springt ein winzig kleiner Motor an, den er auf dem Rücken hat. Während der Motor anläuft, steht Karlsson eine Weile still. Und dann – wenn der Motor genügend auf Touren gekommen ist – steigt Karlsson auf und schwebt so fein und würdevoll davon wie ein Bürovorsteher – falls man sich einen Bürovorsteher mit Motor auf dem Rücken vorstellen kann.
Karlsson fühlt sich in seinem kleinen Haus oben auf dem Dach riesig wohl. Abends sitzt er auf der Treppe vorm Haus und raucht seine Pfeife und guckt die Sterne an. Natürlich kann man die Sterne vom Dach aus viel besser sehen als von irgendeiner anderen Stelle im Haus. Es ist also eigentlich sonderbar, dass nicht mehr Menschen auf Dächern wohnen. Aber die

Mieter im Haus wissen nichts davon, dass man auf einem Dach wohnen kann, sie wissen nicht einmal, dass Karlsson seine kleine Hütte dort oben hat, weil sie nämlich so gut hinter dem großen Schornstein versteckt ist, und die meisten Menschen bemerken solche kleinen Häuser wie das von Karlsson übrigens gar nicht, selbst wenn sie darüber stolpern.

Nur einmal sah ein Schornsteinfeger, als er gerade den Schornstein fegen wollte, Karlssons Haus, und er war wirklich ziemlich verblüfft.

Sonderbar, sagte er zu sich selbst, hier steht ein Haus. Man sollte es nicht glauben, aber hier steht tatsächlich ein Haus oben auf dem Dach. Wie mag das nur hierhergekommen sein?

Aber dann machte er sich daran, den Schornstein zu fegen, und vergaß das Haus ganz und gar und dachte nie mehr daran.

Für Lillebror war es bestimmt eine Freude, Karlsson kennenzulernen, denn wo Karlsson angeflogen kam, wurde alles so abenteuerlich und aufregend. Für Karlsson war es vielleicht auch eine Freude, dass er Lillebror kennenlernte, denn wie es auch sei, so lustig ist es doch wohl kaum, ganz allein in einem Haus zu wohnen, ohne dass jemand eine Ahnung davon hat. Man freut sich bestimmt, wenn jemand »Heißa hopsa, Karlsson« ruft, sobald man angeflogen kommt.

So ging es zu, als Karlsson und Lillebror sich kennenlernten:

Es war einer jener verdrehten Tage, wo es kein bisschen Spaß machte, Lillebror zu sein. Im Allgemeinen war es ganz schön, Lillebror zu sein, denn er war Liebling und Hätschelkind der ganzen Familie, den alle verwöhnten, sosehr sie konnten. Aber es gab Tage, da war alles verdreht. Da gab es Schelte von Mama, weil neue Löcher in die Hosen gekommen waren, und Betty sagte: »Putz dir die Nase, Bengel«, und Papa machte ein Theater, weil man nicht rechtzeitig von der Schule heimkam.

»Was hast du dich auf der Straße herumzutreiben?«, fragte Papa.

Auf der Straße herumtreiben – Papa wusste ja nicht, dass Lillebror einem Hund begegnet war. Einem netten, wunderhübschen Hund, der Lillebror beschnuppert und mit dem Schwanz gewedelt und so ausgesehen hatte, als wollte er gern Lillebrors Hund werden. Wäre es nach Lillebror gegangen, dann hätte er es sofort werden können. Aber nun war es so, dass Papa und Mama auf keinen Fall einen Hund im Haus haben wollten. Und außerdem kam da plötzlich eine Dame an, und die rief: »Ricki, komm her!«, und da sah Lillebror ein, dass dieser Hund niemals ihm gehören konnte.

»Sieht nicht so aus, als ob man je in seinem Leben einen eigenen Hund bekäme«, sagte Lillebror erbost an diesem Tag, als alles so schiefging. »Du, Mama, du hast Papa, und Birger und Betty halten immer zusammen, aber ich habe niemand.«
»Liebster Lillebror, du hast doch uns alle miteinander«, sagte Mama.
»Das hab ich doch überhaupt nicht«, sagte Lillebror noch erboster, denn ihm kam es plötzlich so vor, als habe er niemand auf der ganzen Welt.
Eins hatte er jedenfalls. Er hatte sein eigenes Zimmer, und in das ging er.
Es war ein heller, schöner Frühlingsabend, und das Fenster stand offen. Die weißen Gardinen wehten sacht hin und her, als ob sie den kleinen blassen Sternen dort oben am Frühlingshimmel zuwinkten. Lillebror stellte sich ans Fenster und guckte hinaus. Er dachte an den netten Hund und malte sich aus, was der wohl jetzt machte. Vielleicht lag er in einem Hundekorb irgendwo in einer Küche, vielleicht saß ein Junge – nicht Lillebror, sondern ein anderer Junge – auf dem Fußboden neben ihm und streichelte seinen struppigen Kopf und sagte: »Ricki, du bist ein feiner Hund.«
Lillebror seufzte tief. Da hörte er ein leises Brummen. Das Brummen wurde lauter, und ehe er sichs versah,

kam ein kleiner, dicker Mann langsam am Fenster vorbeigeflogen. Das war Karlsson vom Dach, aber das wusste Lillebror ja noch nicht.

Karlsson warf nur einen langen Blick auf Lillebror, und dann segelte er weiter. Er machte eine kleine Runde über dem Hausdach gegenüber, umflog einmal den Schornstein und steuerte dann wieder auf Lillebrors Fenster zu. Jetzt hatte er die Geschwindigkeit erhöht und zischte an Lillebror vorbei fast wie ein kleiner Düsenjäger. Mehrmals zischte er vorbei, und Lillebror stand nur stumm da und wartete und fühlte, wie es ihm im Magen kribbelte vor Aufregung, denn es kommt ja nicht alle Tage vor, dass kleine, dicke Männer am Fenster vorbeifliegen.

Schließlich verlangsamte Karlsson dicht vorm Fenster die Fahrt.

»Heißa hopsa«, sagte er. »Darf man sich hier ein bisschen niederlassen?«

»Ja, bitte sehr«, sagte Lillebror. »Ist es nicht schwer, so zu fliegen?«, sagte er dann.

»Für mich nicht«, sagte Karlsson und warf sich in die Brust. »Für mich ist es überhaupt nicht schwer. Ich bin nämlich der beste Kunstflieger der Welt. Ich möchte aber nicht jedem x-beliebigen Strohkopf raten, es nachzumachen.«

Lillebror fühlte, dass er selbst »jeder x-beliebige

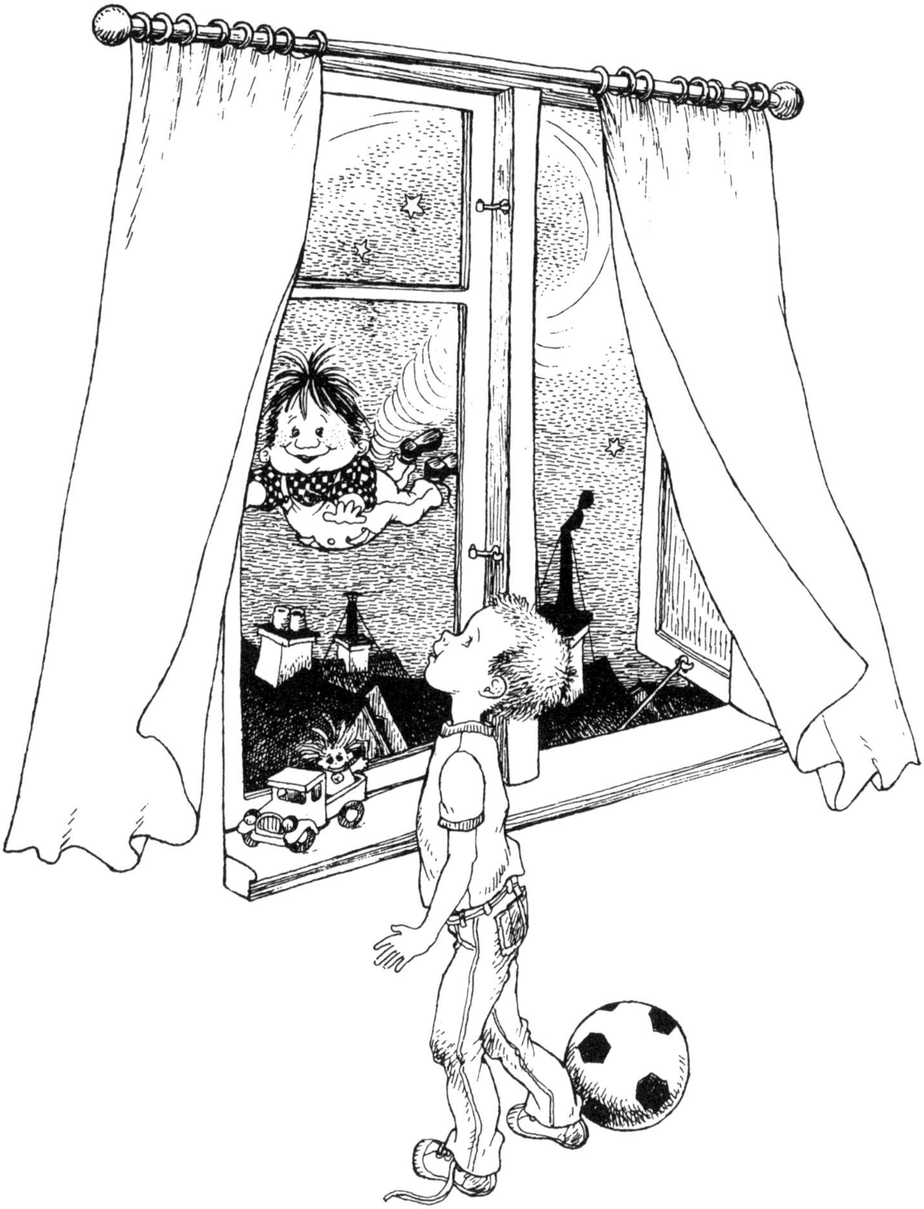

Strohkopf« sei, und beschloss sofort, Karlssons Flugkünste bestimmt nicht nachzumachen.
»Wie heißt du?«, fragte Karlsson.
»Lillebror«, sagte Lillebror. »Aber eigentlich heiße ich Svante Svantesson.«
»Denk bloß, wie verschieden das sein kann – ich, ich heiße Karlsson«, sagte Karlsson. »Nur einfach Karlsson und weiter nichts. Heißa hopsa, Lillebror.«
»Heißa hopsa, Karlsson«, sagte Lillebror.
»Wie alt bist du?«, fragte Karlsson.
»Sieben«, sagte Lillebror.
»Gut. Mach so weiter«, sagte Karlsson.
Er stellte schnell eins seiner kurzen, dicken Beine auf Lillebrors Fenstersims und kletterte ins Zimmer hinein.
»Wie alt bist du denn?«, fragte Lillebror, denn er fand, Karlsson sei eigentlich zu kindisch, um ein Mann zu sein.
»Wie alt *ich* bin?«, sagte Karlsson. »Ich bin ein Mann in meinen besten Jahren. Das ist das Einzige, was ich sagen kann.«
Lillebror wusste nicht so recht, was das heißen sollte – ein Mann in seinen besten Jahren zu sein. Er überlegte, ob er nicht am Ende selbst auch ein Mann in seinen besten Jahren war, ohne dass er es wusste, und fragte vorsichtig:

»Welche Jahre sind denn die besten?«
»Alle«, sagte Karlsson vergnügt. »Jedenfalls was mich betrifft. Ich bin ein schöner und grundgescheiter und gerade richtig dicker Mann in meinen besten Jahren.« Dann zog er Lillebrors Dampfmaschine hervor, die auf dem Bücherbord stand. »Wollen wir die laufen lassen?«, schlug er vor.
»Das darf ich nicht, Papa will es nicht haben«, sagte Lillebror. »Papa oder Birger müssen immer dabei sein, wenn ich sie laufen lasse.«
»Papa oder Birger oder Karlsson vom Dach«, sagte Karlsson. »Der beste Dampfmaschinenaufpasser der Welt, das ist Karlsson vom Dach. Bestell das deinem Papa.«
Er griff rasch nach der Flasche mit Brennspiritus, die neben der Dampfmaschine stand, goss den kleinen Spiritusbehälter voll und zündete den Brenner an. Obwohl er der beste Dampfmaschinenaufpasser der Welt war, stellte er sich so ungeschickt an, dass er einen kleinen See von dem Spiritus auf das Bücherbord verschüttete, und muntere blaue Flämmchen tanzten um die Dampfmaschine herum, als dieser See Feuer fing. Lillebror schrie auf und stürzte herbei.
»Ruhig, ganz ruhig«, sagte Karlsson und streckte abwehrend eine kleine, dicke Hand aus.
Aber Lillebror konnte nicht ruhig sein, als er sah, wie

es brannte. Er holte einen alten Lappen und erstickte die kleinen, munteren Flämmchen. Wo sie getanzt hatten, blieben jetzt große, hässliche Flecke auf der Politur des Bücherbords zurück.

»Guck mal, wie das Bücherbord aussieht«, sagte Lillebror bekümmert. »Was wird Mama sagen?«

»Ach was, das stört keinen großen Geist«, sagte Karlsson vom Dach. »Ein paar unbedeutende Flecke auf einem Bücherbord – das stört keinen großen Geist. Bestell das deiner Mama.«

Er kniete sich neben die Dampfmaschine hin, und seine Augen glänzten.

»Jetzt ist sie bald ordentlich im Gange«, sagte er.

Und das war sie. Es dauerte nicht lange, da begann die Dampfmaschine zu arbeiten. Pfutt-pfutt-pfutt machte sie. Oh, es war die prächtigste Dampfmaschine, die man sich vorstellen konnte, und Karlsson sah so stolz und glücklich aus, als ob er sie selbst gemacht hätte.

»Ich muss das Sicherheitsventil kontrollieren«, sagte Karlsson und drehte eifrig an einem kleinen Ding. »Es gibt immer ein Unglück, wenn man nicht das Sicherheitsventil kontrolliert.«

Pfutt-pfutt-pfutt machte die Dampfmaschine. Es ging schneller und schneller, pfutt-pfutt-pfutt. Schließlich hörte es sich an, als ob sie galoppierte, und Karlssons Augen funkelten. Lillebror kümmerte sich nicht mehr

um die Flecke auf dem Bücherbord. Er freute sich mächtig über seine Dampfmaschine und über Karlsson, den besten Dampfmaschinenaufpasser der Welt, der das Sicherheitsventil so gut kontrolliert hatte.
»Ja, ja, Lillebror«, sagte Karlsson, »dieses Pfutt-pfutt-pfutt ist nicht ganz ohne. Der beste Dampfmaschinenaufpasser der We…«
Weiter kam er nicht, denn in diesem Augenblick hörte man einen fürchterlichen Knall – und es gab keine Dampfmaschine mehr, sondern nur noch Teile einer Dampfmaschine, über das ganze Zimmer verstreut.
»Die ist explodiert«, sagte Karlsson begeistert, fast so, als sei es das größte Kunststück, das man von einer Dampfmaschine erwarten kann. »Tatsächlich, sie ist explodiert. Was für ein Knall!«
Aber Lillebror konnte sich nicht so richtig freuen. Ihm traten die Tränen in die Augen.
»Meine Dampfmaschine«, sagte er. »Sie ist kaputt.«
»Stört keinen großen Geist«, sagte Karlsson und wedelte unbekümmert mit seiner kleinen, dicken Hand. »Du kannst bald eine neue Dampfmaschine kriegen.«
»Woher denn?«, fragte Lillebror verwundert.
»Ich hab oben bei mir mehrere Tausend.«
»Wo oben bei dir?«, fragte Lillebror.
»Oben bei mir in meinem Haus auf dem Dach«, sagte Karlsson.

»Du hast ein Haus auf dem Dach?«, fragte Lillebror. »Mit mehreren Tausend Dampfmaschinen drin?«
»Ja. Jedenfalls sind es mindestens ein paar Hundert«, sagte Karlsson.
»Oh, dieses Haus möchte ich gern mal sehen«, sagte Lillebror. Es klang so wunderbar, dass oben auf dem Dach ein kleines Haus stehen sollte und dass Karlsson dort wohnte.
»Ein ganzes Haus voller Dampfmaschinen!«, sagte Lillebror. »Mehrere Hundert Dampfmaschinen!«
»Na ja, ich hab nicht so genau nachgezählt, wie viele noch übrig sind, aber einige Dutzend sind es bestimmt«, sagte Karlsson. »Von Zeit zu Zeit explodiert ja mal eine, aber 'n paar Dutzend werden doch immer übrig sein.«
»Dann könnte ich vielleicht eine kriegen?«, sagte Lillebror.
»Klar«, sagte Karlsson.
»Jetzt gleich?«, fragte Lillebror.
»Hm-ja, ich muss sie erst mal ein bisschen nachsehen«, sagte Karlsson. »Das Sicherheitsventil kontrollieren und so was. Ruhig, ganz ruhig, du kriegst sie ein andermal!«
Lillebror fing an, die Teile aufzusammeln, die vorher seine Dampfmaschine gewesen waren.
»Ich möchte wissen, was Papa sagt«, murmelte er besorgt.
Karlsson zog verwundert die Brauen hoch.

»Wegen der Dampfmaschine?«, sagte er. »Das stört keinen großen Geist. Deswegen braucht er sich durchaus nicht zu beunruhigen. Bestell ihm das von mir. Ich würde es ihm selbst sagen, wenn ich Zeit hätte und so lange bleiben könnte, bis er kommt. Aber ich muss jetzt rauf und nach meinem Haus sehen.«
»Es war nett, dass du gekommen bist«, sagte Lillebror, »wenn auch die Dampfmaschine … Kommst du mal wieder?«
»Ruhig, ganz ruhig«, sagte Karlsson und drehte an dem Knopf, der ungefähr mitten vor seinem Nabel saß. Der Motor fing an zu husten, und Karlsson stand still und wartete auf die Startgeschwindigkeit. Dann stieg er auf und flog ein paar Runden durchs Zimmer.
»Der Motor stottert«, sagte er. »Ich muss wohl damit in die Werkstatt und ihn mal abschmieren lassen. Natürlich könnte ich es selbst machen, denn ich bin der beste Motorpfleger der Welt, aber ich hab keine Zeit – nein, ich glaube, ich liefere mich in eine Werkstatt ein.«
Lillebror meinte auch, es sei das Klügste.
Karlsson steuerte durch das offene Fenster nach draußen, und sein kleiner, rundlicher Körper hob sich klar von dem bestirnten Frühlingshimmel ab.
»Heißa hopsa, Lillebror«, sagte er und winkte mit seiner kleinen, dicken Hand.
Und dann war Karlsson weg.

KARLSSON BAUT EINEN TURM

»Ich hab ja *gesagt*, dass er Karlsson heißt und oben auf dem Dach wohnt«, sagte Lillebror. »Was ist denn da Komisches dran? Die Leute dürfen doch wohl wohnen, wo sie wollen!«

»Lillebror, sei jetzt nicht dumm«, sagte Mama. »Du hast uns fast zu Tode erschreckt. Du hättest dir sehr wehtun können, als die Dampfmaschine explodierte. Begreifst du das nicht?«

»Ja, aber Karlsson ist ganz bestimmt der beste Dampfmaschinenaufpasser der Welt«, sagte Lillebror und sah seine Mama ernst an.

Sie musste doch verstehen, dass man nicht Nein sagen konnte, wenn der beste Dampfmaschinenaufpasser der Welt sich erbot, die Dampfmaschine in Gang zu bringen.

»Man muss für das, was man getan hat, einstehen, Lillebror«, sagte Papa, »und es nicht jemandem in die Schuhe schieben, der Karlsson vom Dach heißt und den es nicht gibt.«

»Wohl gibt's den«, sagte Lillebror.
»Und fliegen kann er auch«, sagte Birger höhnisch.
»Ja, denk mal, das kann er«, sagte Lillebror. »Hoffentlich kommt er wieder. Dann kannst du es selber sehen.«
»Wenn er doch bloß morgen käme«, sagte Betty. »Du kriegst eine Krone von mir, Lillebror, falls ich Karlsson vom Dach sehen kann.«
»Morgen kommt er wahrscheinlich nicht«, sagte Lillebror, »denn er wollte in die Werkstatt und sich abschmieren lassen.«
»Ach, du scheinst mir wahrhaftig auch eine gründliche Abschmierung nötig zu haben«, sagte Mama. »Schau, wie das Bücherbord aussieht!«
»Das stört keinen großen Geist, sagt Karlsson!«
Lillebror wedelte überlegen mit der Hand, genau so, wie Karlsson es getan hatte, damit Mama begriff, dass die Sache mit dem Bücherbord wirklich nicht so schlimm war und man sich deswegen nicht so aufzuregen brauchte. Aber das verfing nicht bei Mama.
»Aha, das sagt Karlsson«, sagte sie. »Bestell Karlsson, dass er seine Nase nicht noch einmal hier hereinstecken soll, sonst werde *ich* ihn abschmieren, dass er es nie vergisst.«
Lillebror gab keine Antwort. Er fand es schrecklich, dass Mama so von dem besten Dampfmaschinenaufpasser der Welt sprach. Aber etwas anderes war ja nicht

zu erwarten an so einem Tag, an dem sich alle miteinander offenbar entschlossen hatten, verdreht zu sein. Lillebror hatte plötzlich Sehnsucht nach Karlsson. Karlsson, der munter und fröhlich war und mit der Hand wedelte und sagte, ein Unglück, das störe keinen großen Geist, um das brauche man sich nicht zu kümmern. Richtig große Sehnsucht hatte Lillebror nach Karlsson. Und gleichzeitig fühlte er sich etwas beunruhigt. Wenn Karlsson nun nie mehr wiederkam?

»Ruhig, ganz ruhig«, sagte Lillebror zu sich selbst, genau so, wie Karlsson gesagt hatte. Karlsson hatte es ja versprochen.

Und Karlsson war ein Mann, auf den man sich verlassen konnte, das war zu merken. Es dauerte nur ein paar Tage, da tauchte er wieder auf.

Lillebror lag in seinem Zimmer auf dem Fußboden und las, als er das Brummen wieder hörte, und da kam Karlsson durch das Fenster hereingebrummt wie eine riesengroße Hummel. Er summte eine fröhliche kleine Weise, während er an den Wänden entlang im Zimmer herumflog. Hin und wieder hielt er inne, um sich die Bilder anzusehen. Er legte den Kopf schief und kniff die Augen zusammen.

»Schöne Bilder«, sagte er. »Furchtbar schöne Bilder! Wenn vielleicht auch nicht ganz so schön wie meine.«

Lillebror war aufgesprungen und stand nun da, wild

vor Eifer. Er freute sich so, dass Karlsson wiedergekommen war.

»Hast du viele Bilder oben bei dir?«, fragte er.

»Mehrere Tausend«, sagte Karlsson. »Male sie selbst in meiner freien Zeit; lauter kleine Hähne und Vögel und andere schöne Sachen. Ich bin der beste Hähnemaler der Welt«, sagte Karlsson und landete mit einem eleganten Schwung neben Lillebror.

»Denk bloß mal an«, sagte Lillebror. »Übrigens – kann ich nicht mit raufkommen und dein Haus und deine Dampfmaschinen und deine Bilder ansehen?«

»Natürlich«, sagte Karlsson. »Selbstverständlich! Du bist herzlich willkommen. Ein andermal.«

»Bald«, bat Lillebror.

»Ruhig, ganz ruhig«, sagte Karlsson. »Ich muss erst ein bisschen aufräumen, aber das dauert nicht lange. Der beste Schnellaufräumer der Welt, rat mal, wer das ist«, fragte Karlsson schalkhaft.

»Du vielleicht?«, sagte Lillebror.

»Vielleicht«, schrie Karlsson, »vielleicht? Daran brauchst du keine Minute zu zweifeln! Der beste Schnellaufräumer der Welt, das ist Karlsson vom Dach. Das weiß doch jeder.«

Und Lillebror glaubte gern, dass Karlsson »der Beste der Welt« in allem war. Sicherlich war er auch der beste Spielkamerad der Welt, das Gefühl hatte er.

Krister und Gunilla waren zwar nett, aber sie waren nicht so aufregend wie Karlsson vom Dach. Lillebror beschloss, Krister und Gunilla von Karlsson zu erzählen, wenn sie das nächste Mal von der Schule zusammen nach Hause gingen. Krister redete immer so viel von seinem Hund, der Joffa hieß. Lillebror war schon lange neidisch auf Krister wegen dieses Hundes.

Aber wenn er morgen mit seinem alten Joffa anfängt, dann erzähle ich ihm von Karlsson, dachte Lillebror. Was ist Joffa gegen Karlsson vom Dach, werde ich sagen.

Und dennoch gab es nichts auf der Welt, wonach Lillebror sich so sehr sehnte wie gerade nach einem eigenen Hund.

Karlsson unterbrach seine Grübeleien.

»Ich fühle mich zu einem Spaß aufgelegt«, sagte er und sah sich neugierig um. »Hast du nicht noch eine Dampfmaschine?«

Lillebror schüttelte den Kopf. Die Dampfmaschine! Jetzt hatte er Karlsson ja hier, jetzt konnten Mama und Papa sehen, dass es Karlsson gab. Und Birger und Betty auch, falls sie zu Hause waren.

»Willst du mitkommen und Mama und Papa Guten Tag sagen?«, fragte Lillebror.

»Mit tausend Freuden«, sagte Karlsson. »Es wird ihnen

ein Vergnügen sein, mich kennenzulernen, so schön und grundgescheit, wie ich bin!«

Karlsson spazierte im Zimmer auf und ab und sah zufrieden aus.

»Auch gerade richtig dick«, fügte er hinzu. »Ein Mann in meinen besten Jahren. Wird deiner Mama ein Vergnügen sein, mich kennenzulernen.«

In diesem Augenblick roch Lillebror den ersten schwachen Duft von frisch gebratenen Fleischklößen aus der Küche, und er wusste, dass es jetzt gleich Zeit zum Abendessen war. Lillebror beschloss, bis nach dem Abendessen zu warten und Karlsson erst dann zu Mama und Papa zu bringen.

Es ist nie gut, Mütter zu stören, wenn sie Fleischklöße braten. Außerdem konnte es ja sein, dass Mama oder Papa anfangen würden, mit Karlsson über die Dampfmaschine zu reden und über die Flecke auf dem Bücherbord. Und das musste verhindert werden. Das musste um jeden Preis verhindert werden. Beim Essen würde Lillebror seinen Eltern auf irgendeine Weise beibringen, wie man sich beim besten Dampfmaschinenaufpasser der Welt benimmt. Er brauchte nur etwas Zeit dazu. Nach dem Essen – das war gut. Dann wollte er die ganze Familie mit in sein Zimmer nehmen.

»Bitte sehr, hier habt ihr Karlsson vom Dach«, würde

er sagen. Wie die staunen würden! Es würde wirklich Spaß machen, ihr Staunen zu sehen.

Karlsson hatte aufgehört herumzuspazieren. Er stand still und schnupperte wie ein Hühnerhund.

»Fleischklöße«, sagte er, »kleine gute Fleischklößchen ess ich *sehr* gerne!«

Lillebror wurde etwas verlegen. Darauf gab es eigentlich nur eine einzige Antwort: »Willst du dableiben und bei mir essen?« Das war es, was er eigentlich sagen musste. Aber er wagte nicht, Karlsson so ohne Weiteres zum Essen mitzubringen. Es war etwas ganz anderes, wenn Krister und Gunilla bei ihm waren. Da konnte er, wenn es sich so traf, im letzten Augenblick, wenn die ganze übrige Familie sich schon gesetzt hatte, kommen und sagen:

»Liebe Mama, Krister und Gunilla dürfen doch auch ein bisschen Erbsen und Pfannkuchen mitessen?«

Aber ein völlig unbekannter kleiner, dicker Mann, der eine Dampfmaschine kaputt gemacht und Flecken auf das Bücherbord gemacht hatte – nein, das ging wirklich nicht an. Andererseits hatte dieser kleine, dicke Mann gerade gesagt, er esse gute Fleischklöße so gern. Lillebror musste zusehen, dass er sie bekam, sonst wollte Karlsson vielleicht nicht mehr mit Lillebror zusammen sein. Oh, es hing so viel von Mamas Fleischklößen ab!

»Warte hier einen Augenblick«, sagte Lillebror. »Ich geh in die Küche und hol welche.«
Karlsson nickte zufrieden.
»Gut«, sagte er, »gut! Aber beeil dich! Man wird nicht satt davon, wenn man Bilder anschaut – ohne Hähne oder was!«
Lillebror rannte geschwind in die Küche. Da stand Mama am Herd mit einer karierten Schürze und in dem allerherrlichsten Bratendunst. Sie schüttelte die große Bratpfanne über der Gasflamme, und in der Pfanne hüpften eine Unmenge feiner, brauner Fleischklöße herum.
»Hallo, Lillebror«, sagte Mama. »Jetzt essen wir bald.«
»Liebe Mama, kann ich nicht ein paar Fleischklöße bekommen und mit zu mir reinnehmen?«, fragte Lillebror mit seiner einschmeichelndsten Stimme.
»Liebling, wir essen doch in wenigen Minuten.«
»Ja, aber trotzdem«, sagte Lillebror. »Nach dem Essen erkläre ich dir, wieso.«
»Ja, ja«, sagte Mama. »Dann sollst du ein paar haben!« Sie legte sechs Fleischklöße auf einen kleinen Teller. Oh, sie dufteten so herrlich, und sie waren klein und braun, genau wie sie sein sollten. Lillebror trug den Teller behutsam mit beiden Händen vor sich her und machte, dass er in sein Zimmer zurückkam.
»Hier, Karlsson«, rief er, als er die Tür öffnete.

Aber Karlsson war verschwunden. Da stand Lillebror mit den Fleischklößen, aber kein Karlsson war da. Lillebror war furchtbar enttäuscht. Auf einmal war alles so langweilig.

»Er ist weggegangen«, sagte er laut vor sich hin.

Aber da …

»Piep«, hörte er plötzlich jemanden sagen. »Piep!« Lillebror sah sich um. Ganz unten am Fußende seines Bettes – unter der Decke – sah er einen kleinen, dicken Klumpen, der sich bewegte. Von dort kam das Piep. Und gleich darauf kam Karlssons rotes Gesicht unter dem Laken hervor.

»Hihi«, sagte Karlsson. »›Er ist weggegangen‹, hast du gesagt. ›Er ist weggegangen‹ – hihi, das bin ich ja gar nicht. Ich hab ja bloß so getan.«

Da fiel sein Blick auf die Fleischklöße. Wips, drehte er an dem Knopf, den er auf dem Bauch hatte. Der Motor fing an zu brummen, und Karlsson kam im Gleitflug vom Bett her und schnurstracks auf den Teller zu. Im Vorbeifliegen schnappte er sich einen Fleischkloß, stieg schnell zur Decke empor, kreiste um die Deckenlampe und kaute zufrieden an seinem Fleischkloß.

»Delikat«, sagte er. »Wunderbar – leckerer Fleischkloß! Man sollte fast meinen, der beste Fleischklößemacher der Welt hätte ihn gemacht, aber das hat er ja nachweisbar *nicht* getan«, sagte Karlsson.

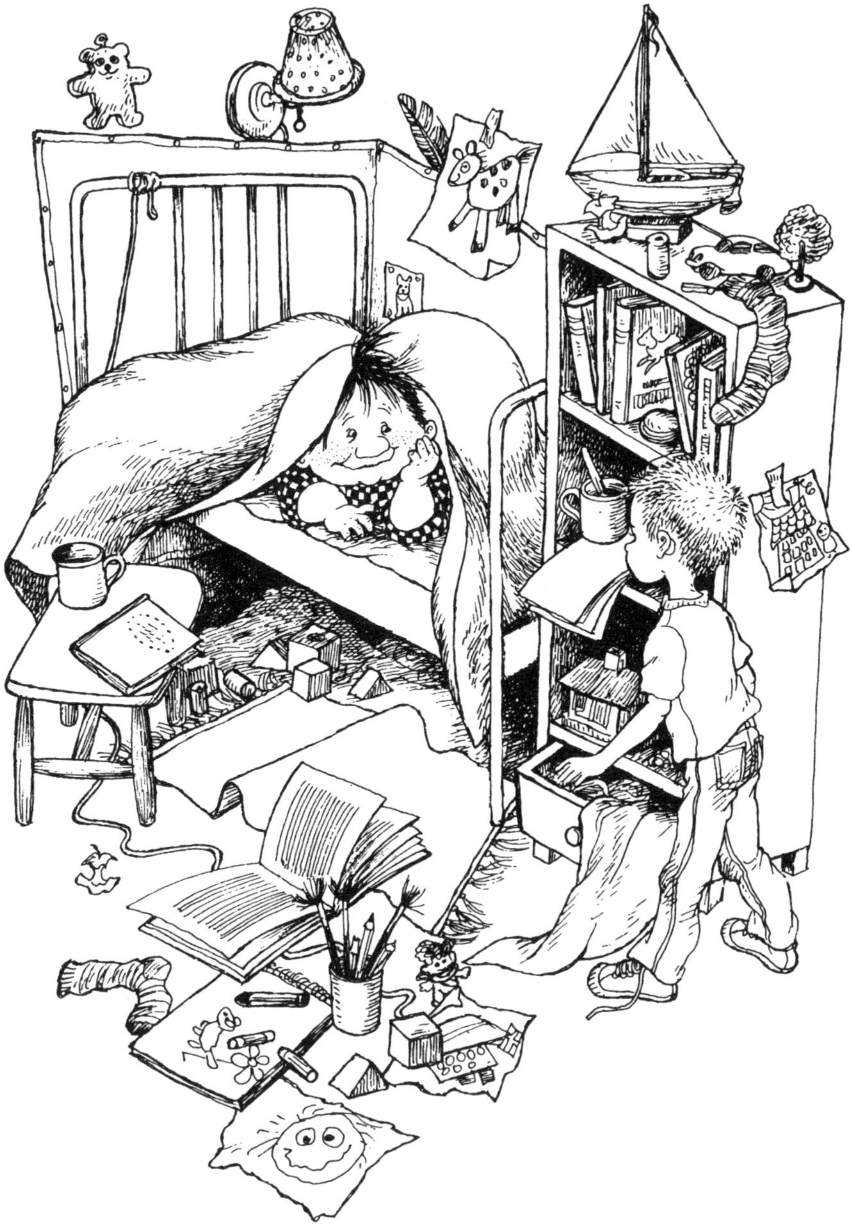

Und dann schoss er im Sturzflug auf den Teller herunter und schnappte sich einen neuen.

In dem Augenblick rief Mama aus der Küche: »Lillebror, wir wollen essen, wasch dir schnell die Hände und komm!«

»Ich muss wieder eine Weile weggehen«, sagte Lillebror und stellte den Teller ab. »Aber ich komm bald zurück. Versprich mir, dass du auf mich wartest.«

»Ja, aber was soll ich denn solange machen?«, sagte Karlsson und landete mit einem kleinen, vorwurfsvollen Plumps neben Lillebror. »Ich muss inzwischen irgendwas Schönes haben. Hast du wirklich keine Dampfmaschinen mehr?«

»Nein«, sagte Lillebror, »aber du kannst meinen Baukasten leihen.«

»Her damit«, sagte Karlsson.

Lillebror holte seinen Baukasten aus dem Schrank, in dem er seine Spielsachen hatte. Es war wirklich ein schöner Baukasten mit vielen verschiedenen Teilen. Die konnte man zusammenschrauben und viele Sachen daraus bauen.

»Hier hast du ihn«, sagte er. »Man kann Autos bauen und Hebekräne und alles Mögliche …«

»Meinst du, der beste Baumeister der Welt wüsste nicht, was man bauen und was man nicht bauen kann?«, fragte Karlsson.

Dann stopfte er sich rasch noch einen Fleischkloß in den Mund und machte sich über den Baukasten her.
»Jetzt wollen wir mal sehen, jetzt wollen wir mal sehen«, sagte er und kippte den ganzen Inhalt des Kastens auf dem Fußboden aus.
Lillebror musste leider gehen, obwohl er viel lieber dageblieben wäre und zugesehen hätte, wenn der beste Baumeister der Welt ernstlich an die Arbeit ging.
Das Letzte, was er sah, als er sich in der Tür umwandte, war Karlsson, der auf der Erde saß und vergnügt vor sich hin sang:

>»Hurra, wie kann ich gut –
>hurra, wie bin ich klug –
>und grade, grade dick genug – happ!«

Das Letzte sang er, nachdem er den vierten Fleischkloß verschlungen hatte. Mama und Papa und Birger und Betty saßen schon am Tisch. Lillebror setzte sich auf seinen Stuhl und band sich die Serviette um.
»Eins musst du mir versprechen, Mama, und du auch, Papa«, sagte er.
»Was sollen wir versprechen?«, fragte Mama.
»Erst versprechen«, sagte Lillebror.
Papa wollte nicht so ohne Weiteres etwas versprechen.

»Wer weiß, vielleicht möchtest du wieder, dass ich dir einen Hund verspreche«, sagte er.

»Nein, keinen Hund«, sagte Lillebror, »obwohl du das auch gern versprechen kannst, wenn du willst. Nein, es ist was anderes, und es ist überhaupt nichts Gefährliches. Versprecht mir, dass ihr versprecht!«

»Nun gut, wir versprechen also«, sagte Mama.

»So, jetzt habt ihr versprochen, dass ihr nichts zu Karlsson vom Dach wegen der Dampfmaschine sagt«, meinte Lillebror zufrieden.

»Ha«, sagte Betty, »wie sollen sie denn etwas zu Karlsson sagen, wenn sie ihn nie treffen?«

»Sie *werden* ihn aber treffen«, sagte Lillebror triumphierend. »Nach dem Essen. Er ist jetzt drüben in meinem Zimmer.«

»Nein, jetzt glaub ich fast, ich hab einen Kloß in den falschen Hals bekommen«, sagte Birger. »Karlsson ist in deinem Zimmer?«

»Ja, denk mal an, das ist er!«

Dies war wirklich ein Augenblick des Triumphes für Lillebror. Ach, wenn sie sich bloß mit dem Essen beeilen wollten, dann würden sie ja sehen …

Mama lächelte. »Es wird uns ein Vergnügen sein, Karlsson kennenzulernen«, sagte sie.

»Ja, das hat Karlsson auch gesagt«, versicherte Lillebror.

Endlich waren sie mit der Obstsuppe fertig. Endlich stand Mama vom Tisch auf. Jetzt war der große Augenblick da.

»Kommt alle mit«, sagte Lillebror.

»Dazu brauchst du uns nicht aufzufordern«, sagte Betty. »Ich kann es kaum aushalten, bis ich diesen Karlsson zu sehen kriege.«

Lillebror ging voraus.

»Vergesst nicht, was ihr versprochen habt«, sagte er, ehe er die Tür zu seinem Zimmer öffnete. »Nicht ein Wort wegen der Dampfmaschine!«

Dann drückte er die Türklinke herunter und öffnete. Karlsson war weg. *Er war weg.* Es lag kein kleiner, dicker Klumpen unter der Decke in Lillebrors Bett. Aber mitten im Zimmer erhob sich aus dem Durcheinander der Bausteine ein Turm. Ein sehr hoher und sehr schmaler Turm. Wenn Karlsson natürlich auch Hebekräne und anderes bauen konnte, so hatte er sich diesmal damit begnügt, Bausteine übereinanderzustapeln, sodass dieser sehr hohe und sehr schmale Turm daraus geworden war. Oben war der Turm mit etwas geschmückt, das offensichtlich eine Kuppel sein sollte. Es war ein kleiner, runder Fleischkloß.

NILS KARLSSON-DÄUMLING

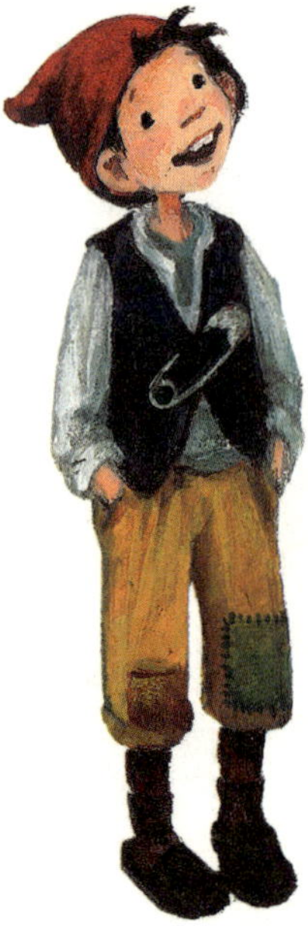

NILS KARLSSON-DÄUMLING

Bertil stand am Fenster und guckte hinaus. Es begann, dunkel zu werden. Neblig, kalt und unfreundlich sah es auf der Straße aus.
Bertil wartete auf Papa und Mama. Er wartete so schrecklich, dass sie eigentlich schon an der Straßenlaterne hätten auftauchen müssen, nur weil er so darauf wartete. An der Laterne sah er sie immer zuerst. Mama kam meistens ein wenig früher als Papa. Aber natürlich konnte keiner von beiden kommen, bevor in der Fabrik Feierabend war.
Jeden Tag gingen Papa und Mama in die Fabrik. Bertil blieb dann den ganzen Tag allein zu Hause. Mama stellte ihm etwas zu essen hin, damit er etwas hatte, wenn er hungrig wurde. Wenn Mama dann heimkam, gab es Mittagessen. Allein zu essen, machte kein bisschen Spaß.
Überhaupt war es sehr, sehr traurig, den ganzen Tag allein in der Wohnung zu sein, ohne mit jemandem reden zu können. Natürlich konnte er auf den Hof gehen und dort spielen; aber jetzt im Herbst war

das Wetter schlecht, und keine Kinder waren draußen.

Oh, wie verging die Zeit doch langsam! Er wusste nicht, was er anfangen sollte. Seine Spielsachen waren ihm schon längst langweilig. So viele hatte er übrigens gar nicht. Alle Bücher, die es im Haus gab, hatte er von vorn bis hinten angesehen. Lesen konnte er noch nicht. Er war erst sechs Jahre alt.

Es war kalt im Zimmer. Papa heizte am Morgen den Kachelofen, aber jetzt am Nachmittag war beinah alle Wärme verflogen. Bertil fror. In den Winkeln wurde es dunkel. Aber er machte kein Licht an. Wozu? Es gab ja doch nichts, was er tun könnte. Alles war so überaus traurig, dass er beschloss, sich auf sein Bett zu legen und ein wenig darüber nachzudenken, wie traurig es eigentlich war.

Immer war er nicht allein gewesen. Früher hatte er eine Schwester gehabt. Sie hieß Märta. Aber eines Tages kam sie aus der Schule und war krank. Sie war eine ganze Woche lang krank. Und dann starb sie. Die Tränen begannen zu laufen, als er daran dachte und daran, wie allein er nun war.

Und gerade in diesem Augenblick hörte er es: Er hörte kleine, trippelnde Schritte unter dem Bett.

Spukt es hier?, dachte Bertil und beugte sich über die Bettkante, um nachzugucken. Und da sah er ein kleines,

wunderliches Ding. Dort unter dem Bett stand ein – ja, es war genau wie ein gewöhnlicher kleiner Junge. Nur war dieser Junge nicht größer als ein Daumen.
»Hallo«, sagte der kleine Junge.

»Hallo«, sagte Bertil ein wenig verlegen.
»Hallo, hallo«, sagte der Kleine.
Danach war es eine Weile still.
»Was bist denn du für einer?«, fragte Bertil. »Und was machst du unter meinem Bett?«
»Ich heiße Nils Karlsson-Däumling«, antwortete der kleine Junge. »Und ich wohne hier. Na ja, natürlich nicht genau unter deinem Bett, sondern ein Stockwerk tiefer. Du kannst den Eingang dort in der Ecke sehen.« Und dabei zeigte er auf ein großes Mauseloch, das unter Bertils Bett war.
»Wohnst du schon lange hier?«, fragte Bertil den Jungen.
»Nein, erst seit ein paar Tagen«, sagte der kleine Junge. »Vorher hab ich unter einer Baumwurzel im Wald gewohnt. Aber du weißt ja, wenn es Herbst wird, hat man genug vom Lagerleben und möchte gern in die Stadt. Ich hatte großes Glück und konnte dies Zimmer hier von einer Maus mieten, die zu ihrer Schwester nach Södertälje ziehen wollte. Sonst ist es ja schwer, eine Kleinstwohnung zu finden, wie du wohl weißt.«
Ja, davon hatte Bertil schon gehört.
»Ich habe natürlich unmöbliert gemietet«, erklärte der Däumling.
»Das ist am besten. Jedenfalls, wenn man eigene Möbel hat«, fügte er nach einer Pause hinzu.

»Hast du denn welche?«, fragte Bertil.
»Nein, das ist es ja gerade, ich habe keine«, sagte der Däumling und sah bekümmert aus. Er schüttelte sich. »Hu, es ist so kalt unten bei mir«, sagte er. »Aber das ist bei dir hier oben ja auch nicht anders.«
»Ja, wahrhaftig«, sagte Bertil, »ich friere wie ein Hund.«
»Einen Kachelofen habe ich«, sagte der Däumling.
»Aber kein Holz. Heutzutage ist Holz so teuer.«
Er schlug die Arme um sich, um warm zu werden. Dann sah er Bertil mit großen, klaren Augen an.
»Was treibst du tagsüber?«, fragte er.
»Eigentlich nichts Besonderes«, sagte Bertil. »Tatsächlich überhaupt nichts Besonderes.«
»Genau wie ich«, sagte der Däumling. »Es ist ziemlich langweilig, allein zu sein. Findest du nicht auch?«

»Schrecklich langweilig«, sagte Bertil.
»Willst du ein bisschen zu mir runterkommen?«, fragte der Däumling eifrig.
Bertil fing an zu lachen: »Glaubst du denn wirklich, dass ich durch das Loch da hindurchkomme?«
»Das ist die einfachste Sache von der Welt«, sagte der Däumling. »Du drückst nur auf den Nagel, den du dort neben dem Loch siehst, und dann sagst du ›Killevipps‹. Dann bist du genauso klein wie ich.«
»Ist das sicher?«, fragte Bertil. »Aber werde ich auch wieder groß, bevor Papa und Mama nach Hause kommen?«
»Aber ja«, sagte der Däumling. »Dann drückst du nur wieder auf den Nagel und sagst noch einmal ›Killevipps‹.«
»Ulkig«, sagte Bertil. »Kannst du auch so groß werden wie ich?«
»Nein, das kann ich nicht«, sagte der Däumling. »Leider. Aber es wäre schön, wenn du ein bisschen zu mir runterkämst.«
»Also los«, sagte Bertil.
Er kroch unter das Bett, drückte den Zeigefinger auf den Nagel und sagte: »Killevipps.«
Und tatsächlich! Da stand er vor dem Mauseloch, genauso klein wie der Däumling.
»Übrigens, ich heiße Nisse«, sagte der Däumling und

streckte Bertil die Hand entgegen. »Komm, wir gehen zu mir runter!«

Bertil fühlte, es war etwas unglaublich Spannendes und Merkwürdiges, was hier passierte. Er brannte richtig vor Neugierde, in das dunkle Loch zu gehen.

»Vorsichtig auf der Treppe«, sagte Nisse. »Das Geländer ist an einer Stelle kaputt.«

Bertil stieg mit behutsamen Schritten eine kleine Steintreppe hinab. Kaum zu glauben, er hatte nicht gewusst, dass hier eine Treppe war! Sie endete vor einer geschlossenen Tür.

»Warte, ich mach Licht an«, sagte Nisse und knipste an einem Schalter.

An der Tür hing eine Visitenkarte. »Nils Karlsson-Däumling« stand sehr ordentlich darauf. Dann öffnete er die Tür und knipste an einem anderen Schalter. Bertil ging hinein.

»Hier sieht es nicht sehr einladend aus«, entschuldigte sich Nisse. Bertil guckte sich um. Es war ein kleines, kahles Zimmer mit einem Fenster und einem blau angemalten Kachelofen in der einen Ecke.

»Ja, es könnte freundlicher sein«, gab er zu. »Wo schläfst du denn nachts?«

»Auf dem Fußboden«, sagte Nisse.

»Oh, ist das nicht kalt?«, sagte Bertil.

»Und ob! Darauf kannst du dich verlassen. Es ist so

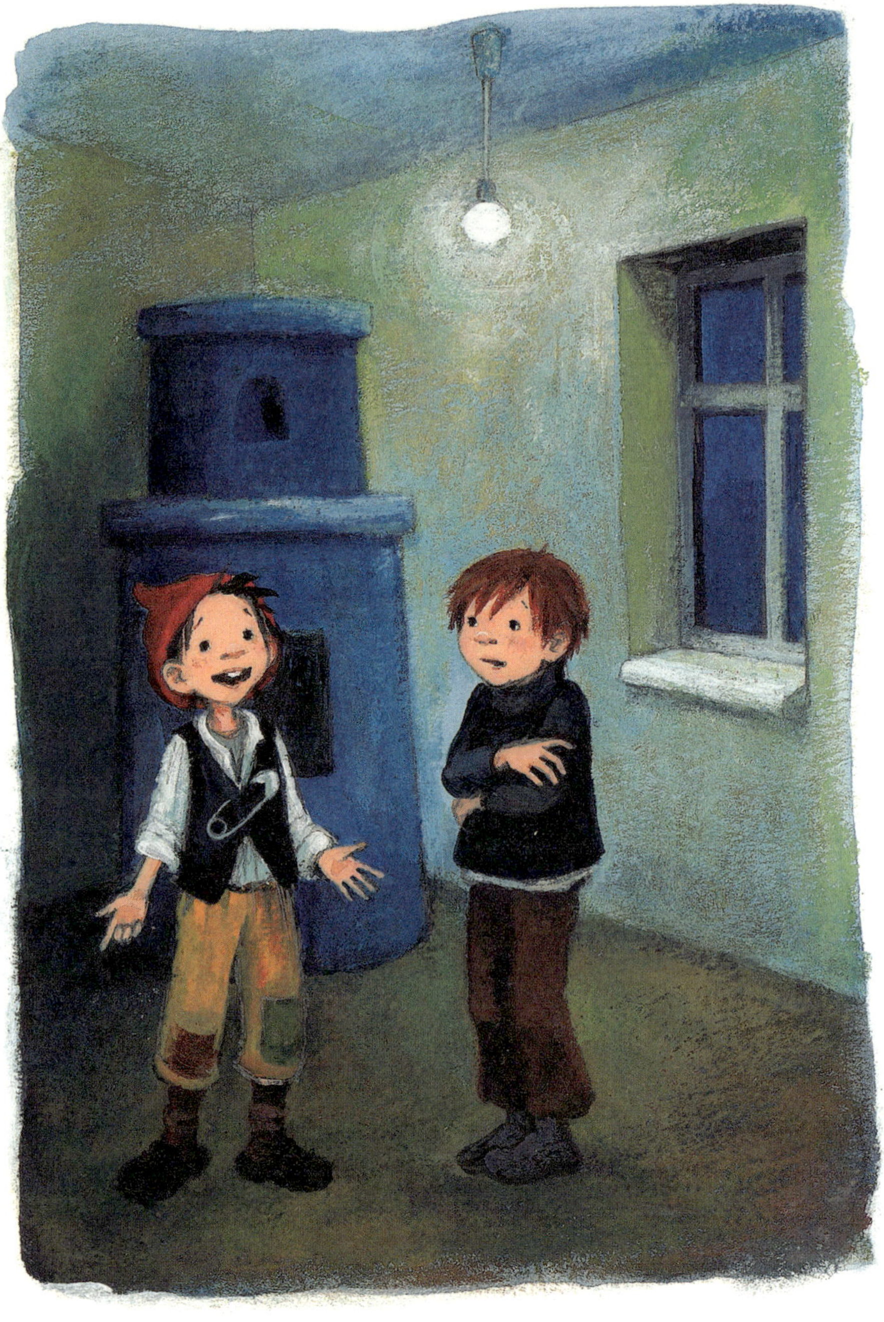

kalt, dass ich jede Stunde aufstehen und herumrennen muss, damit ich nicht erfriere.«
Nisse tat Bertil wirklich sehr leid. Er brauchte nachts wenigstens nicht zu frieren. Plötzlich hatte er einen Einfall.
»Bin ich dumm!«, sagte er. »Holz kann ich doch besorgen!«
Nisse packte ihn heftig am Arm.

»Glaubst du, dass du das kannst?«, fragte er eifrig.
»Natürlich«, sagte Bertil. Dann sah er ein wenig bekümmert aus. »Das Schlimme ist nur, ich darf keine Streichhölzer anstecken«, sagte er.
»Das macht nichts«, versicherte Nisse ihm. »Wenn du Holz besorgst – anzünden werde ich es schon.«

Bertil rannte die Treppe hinauf, drückte auf den Nagel und – hatte vergessen, was er sagen sollte.
»Wie hieß das, was ich sagen sollte?«, schrie er zu Nisse hinunter.
»Killevipps natürlich«, rief Nisse.
»Killevipps natürlich«, sagte Bertil zu dem Nagel. Nichts geschah.
»Ach, du musst natürlich nur Killevipps sagen!«, rief Nisse von unten herauf.
»Nur Killevipps«, sagte Bertil. Nichts geschah.
»Oh, oh«, schrie Nisse, »du darfst nichts anderes als Killevipps sagen!«
Da begriff Bertil endlich, und er sagte »Killevipps« und wurde wieder groß, und das ging so rasch, dass er mit dem Kopf von unten an das Bett stieß.
So schnell er konnte, kroch er unter dem Bett hervor und lief zum Küchenherd. Da lagen eine Menge abgebrannter Streichhölzer. Er zerbrach sie in lauter kleine Stücke und stapelte sie neben dem Mauseloch auf. Dann machte er sich wieder klein und rief Nisse zu: »Komm und hilf mir mit all dem Holz!«
Denn jetzt, wo er wieder klein war, konnte er nicht mehr alles allein hinuntertragen. Nisse kam angerannt, und sie schleppten gemeinsam das Holz die Treppe hinunter und ins Zimmer hinein bis zum Kachelofen. Nisse hüpfte vor Freude.

»Prima Holz«, rief er, »wirklich prima Holz!«
Er stopfte den ganzen Kachelofen voll, und was übrig blieb, stapelte er fein säuberlich in einer Ecke daneben auf.
»Jetzt sollst du mal sehen«, sagte er.
Er hockte sich vor den Ofen und blies hinein. Psch, fing es an zu prasseln und zu brennen.
»Wie praktisch«, sagte Bertil. »Das spart Streichhölzer.«
»Und wie«, sagte Nisse. »Was für ein herrliches,

herrliches Feuer«, fuhr er fort. »Ich glaube, seit dem Sommer war mir nicht mehr richtig warm.«

Sie setzten sich vor dem lodernden Feuer auf den Boden und streckten ihre blau gefrorenen Hände gegen die mollige Wärme.

»Wir haben noch viel Holz übrig«, sagte Nisse zufrieden.

»Ja, und wenn es zu Ende geht, kann ich noch holen, soviel ich will«, sagte Bertil. Er war auch zufrieden.

»Heute Nacht werde ich bestimmt nicht sehr frieren«, sagte Nisse.

»Was isst du eigentlich?«, fragte Bertil nach einer Weile. Nisse wurde rot.

»Ach – dies und das«, sagte er unsicher. »Was ich so ab und zu erwische …«

»Was hast du heute gegessen?«, fragte Bertil.

»Heute …«, sagte Nisse. »Ach ja, ich erinnere mich – heute hab ich gar nichts gegessen.«

»Aber dann musst du doch schrecklich hungrig sein!«, rief Bertil aus.

»Ja«, sagte Nisse zögernd, »ich bin ganz schrecklich hungrig.«

»Warum hast du das nicht früher gesagt, Dummkopf! Ich hole sofort etwas.«

Nisse keuchte fast.

»Wenn du das tust«, sagte er, »wenn du mir wirklich

etwas zu essen besorgst, werde ich dich gernhaben, solange ich lebe.«

Bertil war schon halb auf der Treppe. Schnell, schnell sagte er »Killevipps«, schnell, schnell lief er zur Speisekammer. Dort nahm er ein winzig kleines Stück Käse und ein winzig kleines Stück Brot, das er mit Butter bestrich, und einen Fleischkloß und zwei Rosinen. Er stapelte alles neben dem Mauseloch. Dann machte er sich wieder klein und schrie:

»Komm und hilf mir mit dem Essen!«

Aber er hätte gar nicht so zu schreien brauchen, denn Nisse stand schon da und wartete. Sie trugen alles hinunter. Und Nisses Augen strahlten wie Sterne. Bertil bekam selbst auch Hunger.

»Wir fangen mit dem Fleischkloß an«, sagte er.

Der Kloß war fast genauso groß wie Nisses Kopf. Sie fingen jeder von einer Seite an zu essen, um zu sehen, wer zuerst zur Kloßmitte kam. Es war Nisse. Dann aßen sie Käsebrot. Das winzig kleine Brotstück war jetzt so groß wie die allergrößte Scheibe Brot. Nisse wollte seinen Käse aufsparen.

»Weißt du, ich muss nämlich der Maus ein Stück Käse als monatliche Miete geben«, sagte er. »Sonst werde ich rausgeschmissen.«

»Das bringen wir schon in Ordnung«, sagte Bertil. »Iss jetzt den Käse.«

Und das taten sie. Und dann knabberten sie jeder eine Rosine. Aber Nisse sagte, er wolle eine halbe Rosine für den nächsten Tag aufbewahren.
»Dann habe ich etwas zu essen, wenn ich aufwache«, sagte er.
»Ich werde mich wohl vor den Kachelofen legen, dort ist es am wärmsten«, fuhr er fort.
Da schrie Bertil auf.
»Oh, nun weiß ich, nun weiß ich etwas ganz kolossal Gutes!«
Und wipps! war er die Treppe hinauf verschwunden.
Es dauerte eine ganze Weile, dann hörte Nisse, wie Bertil rief:
»Komm und hilf mir mit dem Bett!«
Nisse stürzte nach oben. Und da stand Bertil mit dem allerschönsten kleinen weißen Bett. Das hatte er aus Märtas alter Puppenstube herausgenommen, die noch immer herumstand. Die kleinste Puppe hatte in dem Bett gelegen. Aber jetzt konnte Nisse es besser brauchen.
»Ich habe dir noch etwas Watte mitgebracht, da kannst du drauf liegen, und ein Stückchen von dem grünen Flanell, aus dem Mama mir gerade einen Schlafanzug genäht hat, und das kannst du als Decke nehmen.«
»Oh«, sagte Nisse. »Oh«, sagte er nur. Mehr konnte er nicht sagen.

»Und das Nachthemd von der Puppe hab ich auch mitgebracht«, sagte Bertil. »Es macht dir doch nichts aus, in einem Puppennachthemd zu schlafen?«
»Nein, warum denn?«, fragte Nisse.
»Ja, weißt du, es sind ja eigentlich Mädchensachen«, sagte Bertil entschuldigend.
»Aber es ist warm«, sagte Nisse und strich zufrieden mit der Hand über das Puppennachthemd. »Ich habe noch nie in einem Bett gelegen«, sagte er. »Eigentlich möchte ich sofort schlafen gehen.«
»Mach das nur«, sagte Bertil. »Mama und Papa können jeden Augenblick kommen. Ich muss sowieso gehen.«
Da kroch Nisse schnell aus seinen Kleidern heraus und in das Nachthemd hinein, und dann sprang er in das Bett, kuschelte sich tief in die Watte und zog die Flanelldecke über sich.
»Oh«, sagte er noch einmal. »Ich bin vollkommen satt. Und vollkommen warm. Und vollkommen entsetzlich müde.«
»Tschüs dann«, sagte Bertil. »Morgen komme ich wieder.«
Aber das hörte Nisse nicht mehr. Er schlief schon.
Am Tag darauf konnte Bertil es kaum abwarten, bis Mama und Papa gegangen waren. Warum trödelten sie nur so schrecklich? Sonst stand Bertil immer im Korridor und sagte Auf Wiedersehen und sah sehr traurig

aus. Aber heute tat er das nicht. Kaum war die Wohnungstür zugeschlagen, kroch er unter das Bett und ging zu Nisse hinunter. Nisse war schon auf und hatte den Kachelofen geheizt.

»Das macht hoffentlich nichts?«, fragte er Bertil.

»Nein, es ist doch klar, dass du heizen darfst, soviel du willst«, antwortete Bertil. Dann guckte er sich im Zimmer um. »Weißt du was? Hier müsste mal sauber gemacht werden«, sagte er.

»Ja, das könnte nichts schaden«, meinte Nisse. »Der

Fußboden sieht aus, als wäre er noch nie gescheuert worden.«

Bertil lief schon die Treppe hinauf. Eine Scheuerbürste und eine Scheuerwanne, das war es, was er brauchte. Auf der Spüle in der Küche lag eine ausgediente Zahnbürste. Die nahm er und brach den Stiel ab. Dann sah er in den Geschirrschrank. Dort fand er eine ganz kleine Schale, wie sie Mama für Fruchtgelee gebrauchte. Er füllte sie mit warmem Wasser aus dem Heißwasserspeicher am Herd und legte ein Krümelchen Seife hinein. Dann riss er noch eine kleine Ecke von einem Lappen ab, der im Besenschrank lag. Alles zusammen stapelte er wie gewöhnlich neben dem Mauseloch. Und Nisse musste ihm wieder beim Hinuntertragen helfen.

»Das ist aber eine riesige Scheuerbürste«, sagte Nisse.

»Ja, die schafft was«, sagte Bertil.

Und dann ging es los. Bertil scheuerte, und Nisse wischte mit dem Lappen hinterher. Das Wasser in der Schale wurde ganz schwarz. Aber der Fußboden sah bald richtig gut aus.

»Setz dich hier an die Treppe«, sagte Bertil. »Dann sollst du eine Überraschung erleben. Hände vor die Augen! Du darfst nicht gucken!« Nisse hielt sich die Augen zu, und er hörte, wie Bertil oben in der Wohnung mit etwas scharrte und polterte.

»Jetzt darfst du gucken«, rief Bertil.
Und da tat Nisse das. Und da standen doch wahrhaftig ein Tisch und ein Eckschrank und zwei sehr feine kleine Lehnstühle und zwei hölzerne Fußbänke.
»So etwas habe ich noch nie gesehen!«, schrie Nisse. »Kannst du zaubern?«
Das konnte Bertil natürlich nicht. Er hatte das alles einfach aus Märtas Puppenstube geholt. Er hatte auch einen Teppich mitgebracht, einen gestreiften Flickenteppich, den Märta auf ihrem Puppenwebstuhl gewebt hatte.
Zuerst breiteten sie den Teppich aus. Er bedeckte fast den ganzen Fußboden.
»Oh, sieht das gemütlich aus«, sagte Nisse.

Aber noch gemütlicher wurde es, als der Eckschrank an seinen Platz kam, der Tisch mit den Lehnstühlen mitten im Zimmer stand und die beiden Fußbänke vor dem Ofen.
»Denk nur, dass man so fein wohnen kann«, sagte Nisse andächtig.
Bertil fand auch, dass es fein war, viel feiner als oben in seiner eigenen Wohnung. Sie setzten sich jeder in einen Lehnstuhl und unterhielten sich.
»Ja, nun müsste man selbst auch ein bisschen fein sein«, sagte Nisse, »und nicht so entsetzlich schmutzig wie ich.«

»Wir könnten ja baden«, schlug Bertil vor.
Die Geleeschale war bald mit sauberem, warmem Wasser gefüllt, ein Stück von einem alten, zerrissenen Frottiertuch wurde ein herrliches Badelaken, und

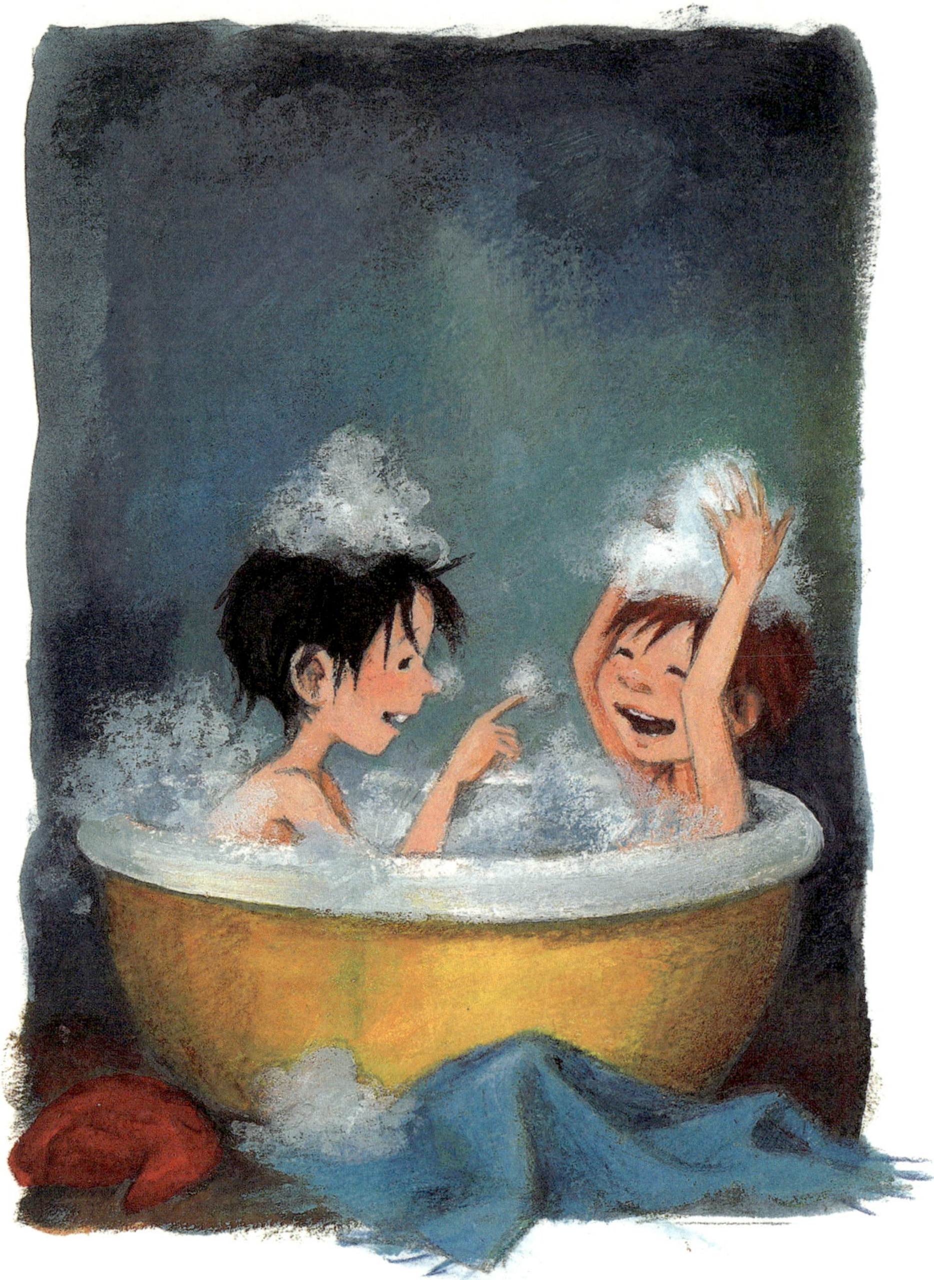

wenn sie auch ein ganz Teil Wasser beim Hinuntertragen auf der Treppe verschütteten, so reichte doch das, was übrig blieb, noch immer aus, um darin zu baden. Schnell warfen sie die Kleider ab und stiegen in die Badewanne. Es war herrlich.
»Rubbele mir den Rücken«, sagte Nisse.
Und Bertil rubbelte. Und dann rubbelte Nisse Bertil den Rücken. Und dann bespritzten sie sich, und eine ganze Menge Wasser schwappte auf den Fußboden. Aber das machte nichts, denn sie hatten den Teppich zur Seite gerollt, und das Wasser konnte man aufwischen. Nachher wickelten sie sich in das Badelaken und setzten sich auf die Fußbänke vor den Ofen und erzählten sich alles über alles, und Bertil lief nach oben, um Zucker zu holen und ein winzig kleines Apfelstückchen, das sie vor dem Feuer brieten.
Aber plötzlich fiel Bertil ein, dass ja bald Papa und Mama nach Hause kommen mussten, und er hatte es eilig, seine Kleider anzuziehen. Nisse zog sich natürlich auch an.
»Das wäre ein Spaß, wenn du mit mir nach oben kommen würdest«, sagte Bertil. »Du könntest innen in meiner Jacke sitzen, damit Mama und Papa dich nicht sehen.«
Nisse fand den Vorschlag sehr aufregend.
»Ich werde ganz still sitzen«, sagte er.

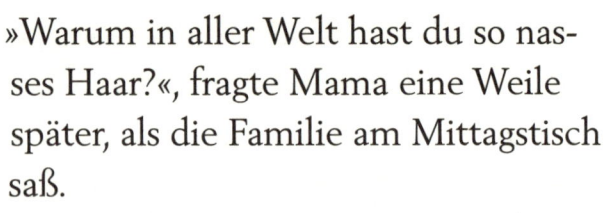

»Warum in aller Welt hast du so nasses Haar?«, fragte Mama eine Weile später, als die Familie am Mittagstisch saß.

»Ich habe gebadet«, sagte Bertil.

»Gebadet?«, sagte seine Mama.

»Wo hast du denn gebadet?«

»In dieser da«, sagte Bertil und zeigte kichernd auf die Schale, die mit Gelee auf dem Tisch stand.

Da glaubten Papa und Mama, dass er nur Spaß mache.

»Es macht doch Freude, Bertil wieder bei guter Laune zu sehen«, sagte Papa.

»Ja, mein armer Junge«, sagte Mama. »Es ist nur schade, dass er hier den ganzen Tag so allein ist.«

Bertil fühlte, wie etwas sich in seiner Jacke bewegte. Etwas Warmes, etwas sehr Warmes.

»Du musst deswegen nicht traurig sein, Mama«, sagte er. »Ich hab furchtbar viel Spaß, wenn ich allein bin.«

Und dann steckte er seinen Zeigefinger unter die Jacke und streichelte Nils Karlsson-Däumling vorsichtig.

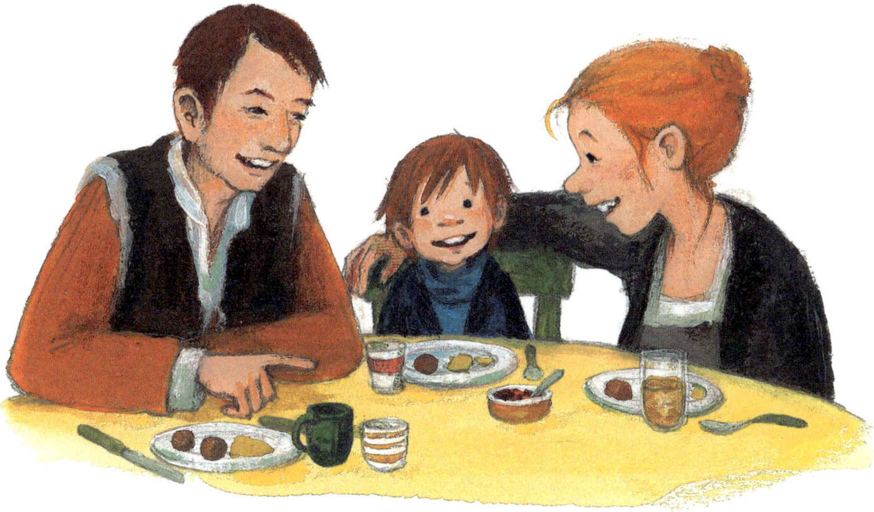

MADITA

EIN SOMMERTAG AUF BIRKENLUND

In dem großen roten Haus unten am Fluss, da wohnt Madita. Dort wohnen auch Mama und Papa und die kleine Schwester Elisabet, ein schwarzer Pudel, der Sasso heißt, und das Kätzchen Gosan. Und dann noch Alva. Madita und Elisabet wohnen im Kinderzimmer, Alva in der Mädchenkammer, Sasso in einem Korb auf dem Flur und Gosan vor dem Herd in der Küche. Mama aber wohnt beinah überall im Haus und Papa auch, wenn er nicht gerade in der Stadt ist und für seine Zeitung schreibt, damit die Leute dort etwas zu lesen haben.
Madita heißt eigentlich Margareta, aber als sie noch klein war, nannte sie sich selber Madita. Und obwohl sie jetzt schon groß ist, fast sieben Jahre alt, heißt sie noch immer so. Nur wenn sie etwas angestellt hat und gerügt werden muss, dann wird sie Margareta genannt. Und sie wird ziemlich oft so genannt. Elisabet darf immer Lisabet heißen, sie braucht nur selten gerügt

zu werden. Madita aber hat so viele verdrehte Einfälle, und sie überlegt nie – außer hinterher. Dann bedauert sie, was sie getan hat, und ist traurig. Sie möchte so gern lieb und brav sein, und es ist ein Jammer, dass ihr das nicht immer glücken will.

»Diesem Kind kommen die Einfälle so rasch, wie 'n Ferkel blinzelt«, sagt Linus-Ida. Und das stimmt. Linus-Ida kommt jeden Freitag zum Waschen und Scheuern. Heute ist Freitag, und Madita sitzt auf dem Steg am Fluss und guckt zu, wie Linus-Ida Wäsche spült.

Madita ist froh. Sie hat die Schürzentasche voller süßer gelber Pflaumen, und ab und zu isst sie eine. Und dabei planscht sie mit den nackten Füßen im Wasser und singt Linus-Ida ein Lied vor.

>»ABCD,
die Katze saß im Klee,
die Katze saß im Klee, oje,
Scheiden, ach, Scheiden tut weh.
EFGH,
sagte sie da,
sagte sie da, oje,
Scheiden, ach, Scheiden tut weh.«

Dieses Lied hat Madita ganz allein gemacht, jedenfalls beinah. Ein Teil stammt aus Mamas alter Fibel und ein anderer aus einem Lied, das Alva immer beim Abwaschen singt. Madita findet, es passt auch gut zum Wäschespülen und Pflaumenessen.
Aber Linus-Ida findet das nicht.
»Hu, was für 'n Gejaule!«, sagt sie. »Kannst du denn kein schöneres Lied, Madita?«
»Ich finde es schön«, sagt Madita. »Aber deine sind natürlich viel schöner. Sing doch mal das von Jesu Eisenbahn zum Himmel. Bitte, Ida!«
Aber das will Linus-Ida nicht, jedenfalls nicht beim

Wäschespülen. Und das ist ein wahrer Segen. Denn wenn Madita das Lied von Jesu Eisenbahn auch immer wieder gern hört, so muss sie doch jedes Mal dabei weinen. Ja, sie braucht nur daran zu denken wie jetzt, dann wird sie ganz still und bekommt feuchte Augen. Das Lied ist so traurig, es handelt von einem kleinen Mädchen, das glaubt, es könne mit der Eisenbahn zum Himmel hinauffahren und dort die tote Mutter wiedersehen – nein, Madita darf gar nicht daran denken. Alle Lieder, die Linus-Ida singt, sind traurig, eins wie das andere. Die Mütter sterben in einem fort, und die Väter sitzen nur immer im Wirtshaus und trinken so lange, bis die Kinder auch sterben. Dann gehen die Väter nach Hause und weinen und bereuen alles ganz schrecklich und schwören, nie wieder einen Tropfen zu trinken – aber das hätten sie sich lieber früher überlegen sollen.
Madita seufzt, dann angelt sie sich wieder eine Pflaume aus der Schürzentasche. Ach, sie ist so froh, dass ihre Mama lebt, dass sie dort in dem roten Haus ist. Jeden Abend, wenn Madita im Bett liegt und ihr »Müde bin ich, geh zur Ruh« aufgesagt hat, dann bittet sie den lieben Gott noch darum, dass Lisabet und sie selbst und Mama und Papa und Alva und Linus-Ida und Abbe Nilsson in den Himmel kommen, alle zusammen auf einmal. Am besten wäre es natürlich,

wenn sie überhaupt nicht dahin zu kommen brauchten, meint Madita, sie haben es ja so gut zu Hause. Aber darum wagt sie den lieben Gott nicht zu bitten, er könnte sonst traurig werden.

Linus-Ida findet es ganz in Ordnung, dass man bei ihren Liedern weint.

»Da kannst du mal sehen, Madita«, sagt Ida, »da kannst du mal sehen, wie erbärmlich es Armeleutekindern geht. Dank du nur deinem Herrgott, dass du es hast wie der Spatz im Hanf.«

Freilich hat Madita es wie der Spatz im Hanf. Sie hat Mama und Papa und Lisabet und Alva und Linus-Ida und Abbe Nilsson, und sie wohnt auf Birkenlund, und ein schöneres Fleckchen kann es gar nicht geben. Falls jemand Madita fragte, wie es da aussieht, dann würde sie vielleicht so antworten: »Och, das ist ein ganz gewöhnliches rotes Haus. Eben ein Haus. Am schönsten ist es in der Küche. Da spielen Lisabet und ich in der Holzkiste, und dann helfen wir Alva auch beim Backen. Ach nein, am schönsten ist es doch auf dem Dachboden, da spielen wir Verstecken, und manchmal verkleiden wir uns als Menschenfresser und spielen, dass wir die Leute auffressen. Aber auf der Veranda sein macht auch Spaß, da klettern wir durch die Fenster raus und rein und spielen Seeräuber, die auf einem Schiff rumturnen. Um das Haus herum stehen

lauter Birken, da klettere ich auch drin herum, aber Lisabet nicht, denn dazu ist sie noch zu klein, sie ist ja erst fünf. Manchmal klettere ich auch auf das Dach vom Schuppen. Der ist rot gestrichen und steht ganz dicht bei Nilssons Zaun, und darin ist der Holzstall und die Werkstatt und die Waschküche und die Mangelstube. Wenn man da oben auf dem Dach sitzt, dann kann man Nilssons in die Küche gucken. Das macht Spaß. Aber oben auf der Mangel zu sitzen und hin- und herzufahren, wenn Alva und Linus-Ida Wäsche rollen, macht auch Spaß. Am allerschönsten aber ist es am Fluss. Wir dürfen auf dem Steg spielen, denn da ist das Wasser nicht tief. Aber ein Stück weiter draußen, da wird es tief. Auf der anderen Seite vom Haus ist die Straße. Da haben wir eine Fliederhecke, damit uns niemand zugucken kann. Aber wir können hinter der Hecke liegen, und dann hören wir alles, was die Leute, die vorbeigehen, reden, und das ist doch famos, nicht?«
So ungefähr würde Madita erzählen, wenn man sie fragte, wie es auf Birkenlund aussieht.
Und es kommt tatsächlich vor, dass sie hinter der Hecke versteckt liegt und die Leute belauscht, die dort vorübergehen.
Dann hört sie manchmal, wie sie sagen:
»Nein, schau doch bloß mal, was für ein niedliches Kind!«

Dann weiß Madita, dass sie Lisabet entdeckt haben, die hoch oben auf der Gartenpforte thront und über das ganze Gesicht strahlt. Sich selbst hält Madita nicht für niedlich, aber sie hört mit großer Genugtuung, wenn die Leute es von Lisabet sagen. Alle finden Lisabet niedlich, auch Linus-Ida.

»Ich sag's ja, ich sag's ja, das Kind ist schön wie die Sünde«, sagt Linus-Ida.

»Zum Anbeißen ist sie«, sagt Madita und beißt Lisabet in den Arm, aber nur ein bisschen. Und dann lacht Lisabet, als ob Madita sie gekitzelt hätte.

Beinah alles an Lisabet ist weich und sanft und niedlich, aber sie hat kleine scharfe Zähne und damit beißt sie Madita so fest, wie sie sich traut, in die Backe.

»In dich kann man reinbeißen wie in 'ne Gurke«, sagt sie und lacht noch viel toller.

An Madita ist nichts weich und sanft und niedlich. Aber sie hat ein liebes, sonnengebräuntes Gesicht, blaue Augen und dichtes braunes Haar. Und rank und schlank ist sie und geschmeidig wie eine Katze.

»Dass du ein Mädchen geworden bist, das muss reineweg 'n Versehen

sein«, sagt Linus-Ida. »Ich sag's ja, ich sag's ja, an dir ist ein Jung' verloren gegangen, das ist gewisslich wahr.« Madita aber ist höchst zufrieden damit, dass sie so aussieht, wie sie aussieht.
»Ich bin Papa ähnlich«, sagt sie, »und das find ich famos. Denn dann krieg ich bestimmt mal einen Mann.« Lisabet bekommt es sofort mit der Angst, denn ach je, wenn sie nun keinen Mann abkriegt, denn sie sieht ja aus wie Mama, das sagen doch alle. Eigentlich ist es ihr ziemlich egal, ob sie mal heiratet oder nicht, aber wenn Madita später mal einen Mann hat, dann will sie auch einen haben. Sie will immer haargenau das haben, was Madita hat.
»Um an so was zu denken, bist du noch viel zu klein«, sagt Madita und streichelt Lisabet den Kopf. »Wart's ab, bis du groß bist und zur Schule gehst wie ich.«
Dass Madita schon zur Schule geht, stimmt zwar nicht ganz, aber sie ist doch angemeldet, und bis zum Schulanfang dauert es nur noch eine Weile.
»Vielleicht heirate ich auch gar nicht«, sagt Madita, um Lisabet zu trösten. Was am Heiraten so Besonderes sein soll, kann sie sowieso nicht begreifen. Aber wenn es nun durchaus sein muss, dann heiratet sie Abbe Nilsson, das steht fest. Abbe freilich weiß noch gar nichts davon.

Jetzt hat Linus-Ida ihre Wäsche fertig gespült, und Madita hat all ihre Pflaumen aufgegessen. Da kommt Lisabet zum Steg hinuntergestapft. Sie hat auf der Veranda mit Gosan gespielt, aber nun ist es ihr langweilig geworden, und sie will gucken, was Madita tut.
»Madita«, sagt Lisabet, »was machen wir jetzt?«

»Zuerst und zuletzt
nimm eine Katz,
mach eine Hatz«,

sagt Madita. So muss man antworten, so antwortet Abbe auch immer.
»Haha«, lacht Lisabet, »hab ich ja schon gemacht. Mit Gosan … eine Hatz auf der Veranda. Hab sie am Schwanz gepackt!«
»Dann hau ich dich«, sagt Madita. »Wenn du Gosan am Schwanz gezogen hast, dann hau ich dich, das weißt du genau.«
»Hab ich ja gar nicht«, ruft Lisabet. »Ich hab sie kein bisschen gezogen. Ich hab sie nur am Schwanz festgehalten. Sie selber hat ganz furchtbar doll gezogen.«
Sogar Linus-Ida sieht streng auf Lisabet hinab.
»Aber, Lisabet, du weißt doch, wenn Kinder Tiere quälen, dann weinen die Engel im Himmel, dass es nur so runterplätschert.«

»Aber wenn Engel weinen, dann regnet es doch«, sagt Lisabet. »Und jetzt regnet es kein bisschen.«
Nein, jetzt regnet es nicht. Die Sonne scheint so warm, von den Wicken im Beet weht der süßeste Duft herüber, die Hummeln surren über das Gras, und sacht und still fließt der Fluss an Birkenlund vorüber. Man spürt am ganzen Leib, dass es Sommer ist, denkt Madita und planscht mit den Füßen im lauwarmen Wasser.
»Ich sag's ja, ich sag's ja, diese Hitze ist reineweg unnatürlich«, stöhnt Linus-Ida und wischt sich den

Schweiß von der Stirn. »Es ist grad, als ob man die Wäsche im Nil spült, da unten im schwarzen Afrika, und nicht hier zu Hause in Schweden.«
Mehr hat Linus-Ida nicht gesagt, und mehr ist auch gar nicht nötig, damit in Madita ein Gedanke auftaucht. Ihr kommen ja die Einfälle so rasch, wie ein Ferkel blinzelt.
»Lisabet!«, ruft Madita. »Jetzt weiß ich, was wir machen! Wir spielen Moses im Schilf.«
Lisabet hopst vor Entzücken in die Höhe.
»Und ich bin Moses, ja?«
Da lacht Linus-Ida. »Du bist mir ein schöner Moses!«
Doch dann muss Linus-Ida die Wäsche aufhängen gehen, und Madita und Lisabet bleiben allein am Ufer des Nils zurück.
Abends, nachdem Mama im Kinderzimmer die Lampe ausgepustet hat und alles ganz still ist, erzählt Madita ihrer kleinen Schwester Geschichten. Manchmal erzählt sie ihr von Gespenstern und Mördern, aber dann kommt Lisabet immer zu Madita ins Bett gekrochen, denn sonst fürchtet sie sich. Manchmal erzählt Madita aber auch Geschichten aus der Bibel, die sie von Linus-Ida gehört hat. Und darum weiß Lisabet auch sehr gut, wer Moses ist. Sie weiß, dass er in einem Korb im Wasser gelegen hat, und dann ist Pharaos Tochter gekommen, die Prinzessin in Ägyptenland war, und hat ihn da gefunden.

Moses im Schilf spielen, das macht bestimmt mächtig viel Spaß. Am Flussufer steht ein leerer Waschzuber, genau das Richtige für Moses … Lisabet klettert sofort hinein.
»Nein«, ruft Madita, »der Zuber darf doch nicht auf dem Land stehen, dann ist es doch nicht Moses im Schilf! Los, steig wieder aus, Lisabet!«
Lisabet gehorcht, und Madita wuchtet den Zuber ins Wasser. Der Zuber ist schwer, aber Madita ist stark. Viel Schilf gibt es ja nicht im Fluss, aber gerade vor dem Giebel der Waschküche wächst ein großes Büschel. Wenn es dort nicht stände, dann könnte man von dem Steg aus, der zu Birkenlund gehört, Nilssons Steg sehen, aber so kann man es nicht. Madita findet das schade, aber Mama findet es gut so. Mama findet wohl, je weniger man von Nilssons zu sehen bekommt, desto besser ist es; warum, weiß kein Mensch. Die Augen hat man doch wohl, um damit so viel wie möglich zu sehen. Aber jetzt passt es gut, dass dieses Schilfbüschel dort wächst, denn sonst hätte Moses kein Schilf, worin er liegen könnte.
Den Zuber dorthin zu schieben und zu zerren ist anstrengend. Madita und Lisabet mühen sich ab, bis sie krebsrot im Gesicht sind, aber endlich ist es geschafft, und der Zuber schwimmt mitten im Schilf. Lisabet klettert sofort wieder hinein und setzt sich

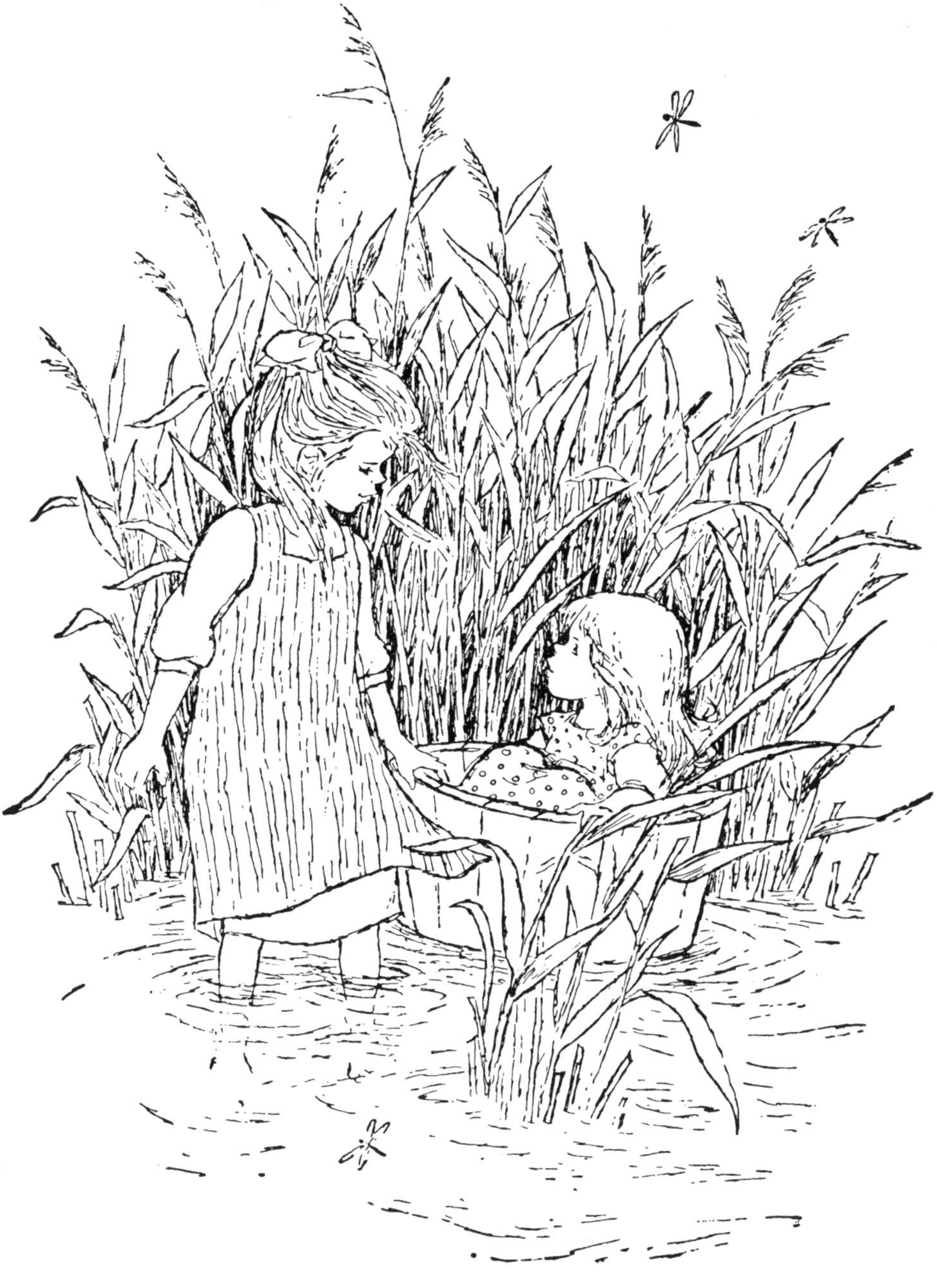

darin zurecht. Aber plötzlich wird sie ganz still und sieht recht bekümmert aus.

»Madita«, sagt sie, »weißt du was, Madita? Ich hab ganz nasse Hosen.«

»Ach, die trocknen gleich wieder«, sagt Madita, »sobald ich dich gerettet hab.«

»Dann rette mich schnell«, sagt Lisabet. Und das verspricht Madita ihr. Eigentlich könnte sie sofort damit anfangen, aber da guckt sie an ihrer gestreiften Schürze hinunter. Nein, so kann Pharaos Tochter unmöglich angezogen sein, so sieht doch keine richtige Prinzessin aus.

»Wart mal ein bisschen«, sagt Madita. »Ich bin gleich wieder da. Ich will bloß Mama was fragen.«

Aber Mama ist nicht zu Haus, sie ist zum Markt gegangen. Und Alva ist im Keller. Da bleibt Madita nichts anderes übrig, als sich selber ein Kleid zu suchen, wie es für eine Prinzessin passt. Sie schaut sich suchend um. Auf einem Haken im Schlafzimmer hängt Mamas Morgenrock. Er ist hellblau und aus Seide. Madita probiert ihn an, oh, er ist wunderschön. Vielleicht hatte Pharaos Tochter, als sie damals zum Fluss hinunterging, genauso einen an, aber einen Schleier hatte sie sicherlich auch …

Madita kramt im Wäscheschrank und findet dort eine weiße Tüllgardine, die sie sich über das Haar legt.

Dann beguckt sie sich im Wandspiegel. Oh, sie ist schön, so schön, dass sie geradezu eine Gänsehaut kriegt. Genauso muss Pharaos Tochter ausgesehen haben!

Lisabet hat es in ihrem Waschzuber inzwischen ganz gemütlich gehabt, wenn auch ziemlich nass. Das Schilf wiegt sich im Wind, die Libellen flitzen blau zwischen den Stauden hindurch, und rings um den Zuber schwimmen winzige Fischchen im Wasser. Lisabet lugt über die Kante zu ihnen hinunter.

Da kommt Madita in Mamas Morgenrock durchs Wasser gewatet. Sie hat ihn bis unter die Arme hochgerafft.

Auch Lisabet findet, dass Madita nun genauso aussieht wie Pharaos Tochter, und sie lacht vergnügt. Jetzt kann das Spiel beginnen.

»Hier liegst du also, kleiner Moses«, sagt Madita.

»Ja, hier lieg ich«, sagt Lisabet. »Kann ich nicht dein kleiner Junge sein?«

»Doch, das kannst du«, sagt Madita. »Aber erst muss ich dich aus diesem Zuber retten. Wer hat dich denn da reingelegt?«

»Ich mich selber«, antwortet Lisabet.

Aber da sieht Madita sie streng an und flüstert ihr zu: »Das hat meine Mama getan, damit Pharao mich nicht umbringt.«

Lisabet spricht es gehorsam nach.

»Dann freust du dich wohl, kleiner Moses, dass du jetzt bei mir sein darfst, wo ich doch so fein bin?«

»Ja, mächtig«, versichert Lisabet.

»Und du wirst jetzt auch fein werden und kriegst neue Sachen«, sagt Madita.

»Und trockene Hosen«, sagt Lisabet. »Weißt du was, Madita? Ich glaub, der Zuber hat ein Loch.«

»Psst, still«, sagt Madita. »Weißt du, Moses, gleich kommen die Krokodile, und die fressen Kinder auf. Das Beste wird wohl sein, ich rette dich sofort.«

»Apselut«, sagt Lisabet.

Aber ein Kind aus dem Nil zu retten ist ziemlich schwierig, das merkt Madita bald. Lisabet hängt wie ein schwerer Klumpen Blei auf ihrem Rücken, und der Morgenrock rutscht und will dauernd ins Wasser tauchen.

»'ne Masse Krokodile gibt's hier«, keucht Madita und wankt auf das Ufer zu. »Ich glaub, ich trag dich doch lieber zu Nilssons Steg, der ist näher.«

»Da steht Abbe«, sagt Lisabet.

Madita bleibt wie angewurzelt stehen.

»So?«, sagt sie. »Lass mich los, Lisabet, du kannst jetzt allein weitergehen.«

Doch das will Lisabet nicht.

»Aber das kann ich doch nicht. Ich bin doch Moses!«

Und sie klammert sich so fest, wie sie nur kann, an Maditas Hals.

»Ich trau mich nicht wegen der Krocketiere«, beteuert sie.

»Hier gibt's keine Krokodile«, erklärt Madita. »Wir spielen nicht mehr. Los, runter mit dir!«

Aber Lisabet will trotzdem nicht, und da wird Madita böse. Lisabet klammert sich nur noch fester an ihren Hals. Trotzdem wäre es für Madita leicht, sich zu befreien, wenn sie nur nicht auf Mamas Morgenrock achtgeben müsste. Der rutscht und rutscht und will dauernd ins Wasser tauchen und sie muss ihn mit beiden Händen hochhalten. Und darum kann sie nur ein paar wütende Hopser machen, um Lisabet abzuschütteln.

Und auf Nilssons Steg steht Abbe und feixt.

»Hopst bloß nicht ins Schlundloch«, sagt er und spuckt ins Wasser.

Madita weiß sehr gut, dass der Fluss an einer Stelle bei Nilssons Steg klaftertief ist, klar, sie kennt das Schlundloch. Aber jetzt ist sie wütend auf Lisabet und denkt nur daran, sie abzuschütteln. Darum hüpft sie und bockt und schlägt aus wie ein wildes Fohlen und achtet nicht darauf, wohin sie hopst.

»Aber ich trau mich doch nicht wegen der Krocketi…«, piepst Lisabet von Neuem. Weiter kommt sie nicht, dann hört man nur noch ein Plätschern. Madita und Lisabet sind im Schlundloch verschwunden. Vielleicht wären sie für immer dort unten geblieben, vielleicht hätte es in Birkenlund keine kleinen Mädchen mehr gegeben, wenn nicht Abbe zufällig dort gestanden hätte.

Seelenruhig greift er nach dem Bootshaken, der auf dem Steg liegt, und schiebt ihn ins Wasser, dahin, wo das Schlundloch ist. Und Abbe hat Anglerglück. Als er den Haken wieder einholt, hängen zwei kleine pitschnasse Mädchen daran. So rasch es nur geht, krabbeln sie auf den Steg, und Lisabet brüllt dabei wie am Spieß.

»Psst, still!«, sagt Madita. »Sei doch ruhig, Lisabet, sonst dürfen wir nie wieder am Fluss spielen.«
»Warum springst du auch mit mir ins Schlundloch!«, heult Lisabet. Nein, sie denkt gar nicht daran, so schnell mit der Heulerei aufzuhören, sie hat ja gerade erst damit angefangen. Bitterböse starrt sie Madita an.
»Das sag ich aber Mama!«, stößt sie hervor.
»Das lässt du schön bleiben«, sagt Abbe.
»Klatschmadam, Tratschmadam!«, ruft Madita. Aber da fällt ihr ein, dass dieses klitschnasse Zeug, das sie anhat, Mamas Morgenrock ist, und der wird alles verraten, auch wenn Lisabet es nicht tut.

»Na, kommt mal mit, ihr beiden«, sagt Abbe. »Ich schenk euch einen Zuckerkringel.«

Das Wunderbare an Abbe ist nicht allein, dass er schon fünfzehn Jahre alt ist und Leute mit dem Bootshaken aus dem Wasser fischen kann, sondern dass er auch Zuckerkringel backt und sie auf dem Markt verkauft. Eigentlich soll ja sein Vater die Kringel backen und seine Mutter damit auf dem Markt stehen, aber meistens muss Abbe beides machen. Er tut Madita leid deswegen. Abbe möchte gern Seemann werden und bei Sturm und Wind auf dem Meer sein, zum Backen hat er überhaupt keine Lust. Aber er muss es eben tun, weil sein Vater auch keine Lust dazu hat. Wenn Linus-Ida ihre traurigen Lieder singt von Armeleutekindern und ihren Vätern, die »es zum Wirtshaus zieht«, dann glaubt Madita manchmal, dass Onkel Nilsson damit gemeint ist. Obwohl es Onkel Nilsson nur samstags zum Wirtshaus zieht, muss Abbe doch die ganze Woche lang Zuckerkringel backen, statt bei Sturm und Wind auf dem Meer zu sein, der arme Abbe!

Hat man im Schlundloch gelegen, dann ist ein Zuckerkringel genau das, was man nötig hat. Lisabet ist verstummt. Sie kaut an ihrem Kringel und starrt dabei verdrossen auf ihr nasses Kleid hinunter.

»Madita, vorhin hast du gesagt, wenn du mich gerettet hast, trockne ich gleich wieder ... Denkste!«

Aber als Mama eine Weile später nach Hause kommt, sitzen bei Alva in der Küche zwei völlig trockene und frisch umgezogene kleine Mädchen. Sie haben Sasso in den Holzkasten gesetzt und spielen »Zirkuslöwe« mit ihm. Madita führt ihn vor, und Alva und Lisabet sind die Zuschauer. Den Zirkuslöwen anzugucken kostet zwei Öre, aber nicht richtiges Geld, sondern nur Hosenknöpfe.
»Denn es ist ja auch kein richtiger Löwe«, sagt Lisabet, »und darum geht es auch mit Hosenknöpfen.«
Draußen auf der Wäscheleine zwischen den Apfelbäumen hängen die Kissenbezüge und Handtücher, die Linus-Ida gewaschen hat, aber auch zwei Kleidchen und ein hellblauer Morgenrock.
Mama gibt erst Madita einen Kuss und dann Lisabet, und danach packt sie ihren Korb aus.
»Am besten, wir kochen zum Mittag eine Suppe«, sagt sie zu Alva und legt ein Bund Möhren und einen Blumenkohl und ein Bund Porree in Reih und Glied auf den Küchentisch. »Und hinterher essen wir Eierkuchen!«
Dann wendet sie sich wieder ihren beiden kleinen Mädchen zu.
»Na, und was habt ihr beide heute gemacht?«
Da wird es plötzlich ganz still in der Küche. Lisabet starrt Madita erschrocken an. Und Madita starrt auf

ihren großen Zeh hinunter, als sähe sie ihn zum ersten Mal.
»Na, was habt ihr gemacht?«, fragt Mama wieder.
»Unsere Kleider gewaschen und gespült«, sagt Madita widerstrebend. »Und deinen Morgenrock auch … Fein, nicht?«
»Margareta!«, sagt Mama.
Draußen an der Leine flattert die Wäsche in der leichten Sommerbrise, und aus Nilssons Küche dringen muntere Weisen.
»Schön ist's, zu segeln auf tanzenden Wogen,
frei ins Weite zu fliegen wie ein Vogel …«
Abbe singt, während er seine Zuckerkringel backt.

LISABET STECKT SICH EINE ERBSE IN DIE NASE

Jetzt ist der Herbst wirklich da, und nun gibt es in Birkenlund jeden Donnerstag Erbsensuppe. Aber nicht jeden Donnerstag steckt sich Lisabet eine Erbse in die Nase, das tut sie nur einmal. Sie stopft für ihr Leben gern etwas irgendwo hinein, wo es nicht hingehört. Den Schlüssel der Mädchenkammer wirft sie in den Briefkasten; Mamas Ring steckt sie in ihr Sparschwein, sodass man ihn um die Welt nicht herausbekommt, sondern das Schweinchen zerschlagen muss; Papas Fahrradklammern zwängt sie in eine leere Flasche. All das tut sie aber nicht aus Ungezogenheit, sie will nur mal sehen, ob es geht. Festzustellen, ob man etwas irgendwo hineinkriegt, macht Spaß, besonders, wenn man vorher nicht weiß, ob man es hineinkriegt.
Jetzt findet sie auf dem Fußboden in der Küche eine Erbse, und schwups! hat sie sich die Erbse in die Nase gesteckt. Nur um mal zu sehen, ob sie sie hineinkriegt. Und sie kriegt sie hinein. Ziemlich tief sogar.

Dann will Lisabet die Erbse wieder herausholen. Jetzt hat sie es ja ausprobiert. Aber jetzt will die Erbse nicht. Sie steckt, wo sie steckt. Lisabet bohrt und bohrt, aber die Erbse will nicht wieder herauskommen. Lisabet bittet Madita, ihr zu helfen, und Madita versucht es auch. Aber nein, die Erbse kommt nicht wieder raus.

»Vielleicht hat sie da Wurzeln geschlagen«, sagt Madita nachdenklich. »Pass auf, mit einmal wachsen dir Blüten aus der Nase. Hoffentlich sind es wenigstens Wicken, die gut riechen.«

Laut weinend läuft sie zu Mama.

»Mama, ich hab eine Erbse in der Nase. Hol sie raus! Ich will sie da nicht drinhaben.«

»Oh«, sagt Mama, »oh!«

Mama hat heute ihr großes Kopfweh, da möchte sie nur still im Bett liegen bleiben und die Augen zumachen, aber nicht Erbsen aus Lisabets Nase ausgraben.

»Ich will sie da nicht drinhaben«, schreit Lisabet. »Hol sie raus!«

Mama nimmt eine Haarnadel und versucht, die böse Erbse mit List und Tücke herauszuholen. Sie stochert und stochert, aber es nützt nichts, die Erbse steckt da, wo sie steckt.

»Madita, du musst mit Lisabet zu Onkel Berglund gehen«, sagt Mama. »Er wird sie schon herausbekommen.«
»Bestimmt?«, fragt Lisabet.
»Bestimmt«, sagt Mama. Dann legt sie sich wieder hin, der Kopf tut ihr so weh.
»Los, Madita, wir machen ganz schnell«, sagt Lisabet. Sie weiß nicht, wie schnell Wicken wachsen, und es wäre ja zu schrecklich, wenn sie plötzlich hervorgeschossen kämen, während sie beide noch auf der Straße sind. Lisabet hat Angst, dass die Leute sie dann auslachen.
Aber Madita tröstet sie. Wenn nun wirklich eine Wicke herauswachsen sollte, dann wäre das ja auch kein so großes Unglück.
»Dann knipst du sie einfach ab, sodass es keiner merkt, und dann steckst du sie dir ins Knopfloch«, sagt Madita.
Und Lisabet gehört nicht zu den Leuten, die sich wegen so einer Kleinigkeit, wie es eine Erbse ist, lange grämen. Jetzt ist sie auf dem Weg zum Doktor, damit ist die Erbse schon so gut wie heraus, und schließlich passiert es nicht alle Tage, dass sie mit Madita in die Stadt gehen darf.
»Das macht bestimmt Spaß«, sagt Lisabet. »Komm, Madita!«

Bis zu Onkel Berglund ist es ein weiter Weg. Er wohnt mitten in der Stadt am großen Marktplatz, und Birkenlund liegt weit draußen am Stadtrand.

Madita hält Lisabet fest an der Hand. Mama würde ihre helle Freude daran haben, wenn sie sähe, wie ordentlich die beiden da gehen.

»Du machst schon Dummheiten«, sagt Madita und kommt sich groß und erwachsen vor. Sie hat ganz und gar vergessen, wer in der Familie eigentlich die meisten Dummheiten macht. Aber bestimmt macht es Spaß, in die Stadt zu gehen, das findet Madita auch und Lisabet kommt um weitere Strafpredigten herum. Die Straße liegt voll von trockenem Laub. Wenn man es im Gehen vor sich herschiebt, raschelt es herrlich. Madita und Lisabet pflügen sich durch die Laubhaufen und rascheln nach Kräften mit dem Laub. Sie schlenkern die Arme und bekommen ganz rote Backen dabei. Die Luft ist frisch und kühl, die Blumen in den Gärten sind schon schwarz und verwelkt. Ein Trost für Lisabet. Da sieht man ja, dass die Zeit für Blumen vorbei ist, Wicken werden also nicht mehr wachsen.

»Eigentlich könnten wir doch Linus-Ida guten Tag sagen«, schlägt Madita vor. »Zeit haben wir massenhaft.«

»Ja, massenhaft«, bestätigt Lisabet. Sie war schon lange nicht mehr bei Linus-Ida. Die Erbse kann ruhig noch eine Weile in der Nase stecken bleiben.

Madita und Lisabet mögen Linus-Ida gern, und beinah noch lieber mögen sie ihr Häuschen. Sie hat das allerkleinste Haus in der Stadt. Die Decke im Zimmer ist so niedrig, dass Linus-Ida gerade noch aufrecht stehen kann. Nur ein winziges Zimmerchen hat sie und eine winzige Küche. Aber hübsch ist es dort. Vor den Fenstern hat Linus-Ida Blumen, und an der Wand über ihrem Bett hängen zwei wunderbare, schaurige Bilder, und dann hat sie noch einen Kamin, und darin brät sie für Madita und Lisabet immer Äpfel. Deshalb wäre es doch dumm, nicht bei ihr hineinzuschauen, wenn man schon mal da vorbeikommt.

Madita und Lisabet wollen gerade anklopfen, da sehen sie, dass Linus-Ida einen Zettel an ihre Tür gemacht hat. »Bin gleich wieder da«, steht darauf. Linus-Ida ist also nicht zu Hause. Zum Glück haben Madita und Lisabet es nicht so eilig, sie können gut und gern ein Weilchen warten. Und die Tür ist nicht abgeschlossen, man braucht nur hineinzuspazieren.

Urgemütlich ist es bei Linus-Ida. Sie wärmen sich an der Glut im Kamin und gucken sich die schaurigen Bilder über Linus-Idas Bett an. Auf dem einen ist ein Feuer speiender Berg. Madita und Lisabet gruselt es, als sie sehen, wie die armen Menschen auf dem Bild rennen müssen, um sich vor dem Feuer zu retten. Ein Glück, dass es in Schweden keine Feuer speienden

Berge gibt. Das zweite Bild ist nicht weniger schaurig. Darauf sieht man lauter Männer, die in einem Fluss ertrinken. Oh, wie bange sie sind und wie gern sie an Land kommen möchten! Aber der Fluss braust so wild dahin, und doch kommt er bloß aus einer kleinen Flasche, die da liegt. »Willst auch du im Branntwein ertrinken?«, steht unter dem Bild. Madita und Lisabet überläuft es, nein, sie werden sich bestimmt davor hüten, in einen Branntweinfluss zu geraten.
»Das sind die allerschönsten Bilder, die ich je im Leben gesehen hab«, sagt Madita.
»Apselut«, sagt Lisabet.
Dann begucken sie sich die Fotografien von Ruth und Esther. Das sind Linus-Idas Töchter. Die Fotografien stammen aus Amerika. Da wohnen Ruth und Esther nämlich. Das sind feine Damen, und sie haben wunderschöne geblümte Kleider an, und das Haar tragen sie oben auf dem Kopf aufgesteckt wie ein Vogelnest. Ihre Fotografien stehen hier auf Linus-Idas Kommode, aber sie selber sind in Chicago und kommen nie wieder nach Hause.
Neben der Kommode hängt Linus-Idas Gitarre. Madita zupft ein wenig an den Saiten. Es klingt herrlich. Oh, sie würde alles darum geben, wenn sie so spielen könnte wie Linus-Ida.
Aber Lisabet macht sich nichts aus Musik. Sie steht am Fenster und guckt hinaus, vielleicht gibt es auf

dem Hof etwas Interessantes zu sehen. Und das gibt es. Da sind ein paar Müllkästen und ein Rasenfleckchen und ein großer Baum, und rings um den Hof stehen kleine Häuser, die fast so aussehen wie das von Linus-Ida. Aber das alles ist nicht weiter interessant. Interessant ist ein rothaariges Mädchen, das auf der Steinstufe vor einem dieser Häuschen hockt. Das muss Matti sein, von der Linus-Ida erzählt hat, und Lisabet hat große Lust, zu ihr hinauszugehen und ein bisschen mit ihr zu schwatzen.
»Ich bin gleich wieder da«, sagt sie zu Madita. Aber Madita hat die Gitarre heruntergenommen und spielt, und sie ist so vertieft, dass sie nichts hört und nichts sieht. Immer nur einen Ton spielt sie und dann erst den nächsten, und bei jedem Ton macht sie die Augen zu und lauscht. Sie merkt, wie der Ton tief drinnen in ihr weiterklingt, und das macht sie froh.
Lisabet ist schon draußen auf dem Hof, und da sitzt nun diese Matti vor ihrem Haus. Sie schnitzt mit einem Messer an einem Holzklötzchen herum und tut, als sähe sie Lisabet gar nicht.
Lisabet geht langsam auf sie zu, dann bleibt sie in gebührendem Abstand stehen, wie es sich gehört, wenn man ein gutes Benehmen hat. Sie steht dort mucksmäuschenstill und wartet nur, und da schaut Matti hoch.

»Rotznase«, sagt sie kurz und bündig und schnitzt weiter.
Da wird Lisabet böse. Wenn hier einer eine Rotznase ist und sie außerdem hat und dringend putzen müsste, dann doch bestimmt diese Matti.
»Selber Rotznase, du Schmutzfink«, sagt Lisabet. Ihr ist ziemlich bange, als sie das sagt. Matti ist zwar nicht größer, aber sie sieht so energisch und gefährlich aus.
»Ich soll dir wohl das Messer in den Bauch stoßen, was?«, fragt Matti.
Darauf antwortet Lisabet nicht. Sie weicht nur ein paar Schritt zurück, und dann streckt sie ihr die Zunge raus. Matti streckt ihr auch die Zunge raus, und dann sagt sie:
»Ich hab zwei Kaninchen, ätsch Pustekuchen, und du nicht!«
Lisabet hat den Ausdruck »ätsch Pustekuchen« noch nie gehört, aber ihr ist sofort klar, dass Matti damit nur etwas Höhnisches meinen kann, und Lisabet ist immer rasch dabei, ein neues, gutes Wort aufzuschnappen.
»Und ich hab eine Katze, die heißt Gosan, ätsch Pustekuchen, und du nicht!«, sagt sie.
»Haha, Katzen rennen hier so viele rum, dass das Ende von weg ist«, sagt Matti. »'ne Katze kann man mir nachschmeißen!«
Für eine Weile ist es still. Matti und Lisabet starren

sich an. Dann sagt Matti: »Und ich bin am Blinddarm operiert und hab 'ne große Narbe aufm Bauch, ätsch Pustekuchen, und du nicht!«

Jetzt muss Lisabet zeigen, was sie kann. Sie denkt scharf nach. Hat sie nicht irgendetwas, das sich mit einer Narbe auf dem Bauch messen könnte? Aber ja, klar doch!

»Und ich hab eine Erbse in der Nase, ätsch Pustekuchen, und du nicht!«

Matti lacht nur verächtlich.

»Erbsen hab ich massenhaft, damit kann ich mir die ganze Nase vollstopfen. Was ist denn da schon groß dran?«

Lisabet wird verlegen und murmelt vor sich hin: »Aber wenn da vielleicht eine Wicke draus wird …«

Ganz leise sagt sie das. Kann man denn eigentlich mit einer Wicke prahlen, die man selber gar nicht haben möchte?

Aber da wischt sich Matti die Nase am Jackenärmel ab, und als Lisabet das sieht, kommt ihr eine gute Idee.

»Soll ich dir mal was sagen?«, ruft sie. »Du kannst dir ja die Nase gar nicht voll Erbsen stopfen, die ist ja schon voll Rotz. Rotznase, du!«

Da wird Matti richtig böse.

»Dir werd ich's geben für Rotznase!«, schreit sie und stürzt auf Lisabet zu.

Lisabet fuchtelt mit den Armen und wehrt sich, so gut sie kann, aber Matti ist stark. Sie boxt und schlägt und knufft Lisabet gegen die Wand, und da schreit Lisabet aus Leibeskräften:
»Madita! Madita!«
Sich verprügeln zu lassen, das hat Lisabet nicht nötig, wenn sie doch Madita zur Schwester hat. Ja, Madita, die kann raufen! Wenn die wütend wird – und das wird sie leicht –, dann weiß sie kaum, was sie tut. Sie stürzt auf den andern los, und das auf der Stelle. Da hilft es auch nichts, dass Mama sie ausschimpft. »Kleine Mädchen prügeln sich nicht«, sagt Mama, aber daran denkt Madita immer erst hinterher, wenn es schon passiert ist. Meistens tut es ihr auch leid, und sie nimmt sich jedes Mal vor, nie wieder zu raufen. Aber dass jemand über ihre kleine Schwester herfällt, das kann sie nicht zulassen.

Wie eine Wespe aus ihrem Nest kommt sie jetzt aus der Tür geschossen, und ehe Matti weiß, wie ihr geschieht, hat sie einen Hieb weg, dass sie hintenüberpurzelt.
»Ätsch Pustekuchen!«, ruft Lisabet da.
Aber Matti hat auch eine Schwester.
»Mia«, schreit Matti, »Mia!«
Und wer jetzt aus dem nächsten Haus herausgeschossen kommt wie eine Wespe aus ihrem Nest, das ist niemand anders als Mia, Maditas Klassenkameradin, die so viele Läuse auf dem Kopf hat.
Matti heult wie besessen und zeigt dabei auf Madita.
»Die da hat mich so doll gehauen, dass ich hingeknallt bin!«
»Hast ja selber angefangen, du Schmutzfink«, versucht Lisabet zu erklären, aber das hat gar keinen Zweck mehr. Madita und Mia sind schon mittendrin in der wildesten Prügelei. Mia ist klein und zäh und tückisch, sie kneift und kratzt und zipt an den Haaren. So was tut Madita nicht, sie rauft sich wie ein Junge mit ehrlichen Knüffen und Schlägen, und sie ist kräftig. Bald liegt Mia rücklings am Boden und kann nicht mehr kratzen und kneifen, denn auf ihr sitzt Madita und presst ihr die Arme an den Körper.
»Ergibst du dich?«, fragt Madita. Und da sagt Mia etwas Entsetzliches:

»Dir doch nicht, du verdammtes Balg, du!«
Madita und Lisabet starren sich erschrocken an. Rotznase kann man sagen, Schmutzfink kann man sagen, aber verdammt darf man nicht sagen, denn das ist ein Fluch. Und wer flucht, kommt in die Hölle, das hat Linus-Ida gesagt.
Arme Mia! Sie tut Madita so leid, dass sie ihre Arme loslässt. Mit jemand, der in die Hölle kommt, kann man sich doch nicht prügeln. Da aber reißt Mia schnell ihre Faust hoch und boxt Madita mitten auf die Nase. Es ist kein harter Schlag, aber er genügt, da-

mit Madita Nasenbluten bekommt. Das bekommt sie ziemlich oft, und Lisabet hat das bisher wenig bekümmert. Als sie jetzt aber das Blut aus Maditas Nase strömen sieht, schreit sie, als wäre es Maditas Herzblut.
»Madita ist tot«, schreit sie, »Madita ist tot!«
In diesem Augenblick kommt ein rettender Engel: Linus-Ida!
»Ich sag's ja, ich sag's ja, seid ihr denn nu ganz und gar verrückt geworden!«
Mit harten Fäusten packt sie Mia und Madita und reißt sie auseinander.
»Was sind denn das für Manieren! Sich so aufzuführen! Dass ihr euch nicht schämt!«
Madita und Lisabet schämen sich auch sofort, aber Mia und Matti denken gar nicht daran. Die sind genauso dreist wie vorher. Freilich, sie verdrücken sich eilig in den Hausflur, aber da lugen sie durch den Türspalt und machen Madita und Lisabet lange Nasen. Inzwischen ist es schon recht dämmerig geworden, aber ihre zottigen roten Mähnen und ihr höhnisches Grinsen können Madita und Lisabet doch noch deutlich sehen.
»Solchen Rotznasen gehört eins auf die Gusche«, ruft Mia, und Matti fällt ein:
»Kommt bloß her, dann kriegt ihr alle beide eins auf die Gusche!«

»Ich sag's ja, ich sag's ja«, murmelt Linus-Ida, »diese Kinder kommen noch eines schönen Tages hinter Schloss und Riegel.«

Nach einer Prügelei ist man müde. Madita und Lisabet lassen sich gern ins Häuschen mitnehmen, wo sie sich ausruhen können. Linus-Ida schimpft mit ihnen, und dann jammert und klagt sie. Guck doch bloß einer an, wie Madita aussieht, das Blut fließt ihr aus der Nase, und ihr hübscher dunkelblauer Mantel ist schmutzig und staubig von oben bis unten. Linus-Ida holt einen feuchten Lappen und legt ihn Madita auf die Nase, und dann bürstet sie ihren Mantel aus, sodass er wieder hübsch sauber ist.

Danach legt sie neue Holzscheite in den Kamin, und während sie vor dem Feuer sitzen und Äpfel braten, spielt Linus-Ida auf der Gitarre und singt ihnen etwas vor.

»Weiter, weiter!«, rufen Madita und Lisabet jedes Mal, wenn Linus-Ida aufhören will. Und sie singt ihnen eine Menge trauriger Lieder vor, »Wie grimmig kalt der Nordwind weht« und »Es war einmal ein Negersklave« und »Ritter Sankt Martin ritt«. Zuletzt singt sie auch noch »Jesu Eisenbahn zum Himmel«, aber da schiebt Madita sich den feuchten Lappen über die Augen.

»Haha, das machst du ja nur, damit wir nicht sehen sollen, dass du weinst«, sagt Lisabet.

Sie weint bei keinem einzigen Lied, egal, wie traurig es ist. Aber jetzt legt Linus-Ida die Gitarre beiseite. »Nein, nun müsst ihr aber machen, dass ihr nach Haus kommt«, sagt sie, »sonst wundert sich Mama am Ende, wo ihr steckt.«
Erst da fällt es Madita ein! Die Erbse! Der Doktor! Owei, owei, das hat sie ja ganz vergessen!

»Los, schnell, Lisabet, komm, wir laufen, hier, dein Mantel, so mach doch schon!«
Linus-Ida ist ganz verwundert.
»Na, so Knall und Fall hab ich euch doch gar nicht rauswerfen wollen«, sagt sie.
Aber Madita und Lisabet hören nicht mehr zu. Sie sagen kaum Auf Wiedersehen und laufen los, ohne auch nur die Mäntel zugeknöpft zu haben.
Fünf Minuten später klingeln sie an Onkel Berglunds Tür. Da hat Madita vom Laufen wieder Nasenbluten bekommen, und als Onkel Berglund die Tür aufmacht, fährt er erschrocken zurück, so schlimm ist der Anblick, der sich ihm bietet.
»Du liebe Zeit«, sagt er, »bist du bei einer Schlägerei dabei gewesen?«
»Sieht man das?«, fragt Madita.
»Ja«, sagt Onkel Berglund und spricht damit ein wahres Wort.
Maditas Nase ist geschwollen und sitzt ihr im Gesicht wie eine kleine, dicke, rote Karotte. Madita sieht gar nicht mehr aus wie Madita, sondern wie ganz jemand anders. Onkel Berglund schiebt die beiden in sein Sprechzimmer.
»Und ich habe gedacht, diesmal wäre Lisabet die Patientin«, sagt er. »Das hat mir jedenfalls eure Mama gesagt.«

»Hat sie denn angerufen?«, fragt Madita besorgt.
»Ja, aber erst drei Mal«, antwortet Onkel Berglund.
»Auwei!«, sagt Madita.
»Auwei!«, sagt Lisabet.
»Sie wundert sich, wo ihr seid«, sagt Onkel Berglund, »und möchte gern wissen, ob ihr überhaupt noch am Leben seid.«
»Doch, am Leben sind wir noch«, murmelt Madita beschämt.
Onkel Berglund setzt sie auf einen Stuhl und steckt ihr zwei große Wattebäusche in die Nasenlöcher. Darüber muss Lisabet so lachen, dass es in ihr nur so gluckst.
»Du bist verdreht, Madita«, sagt sie. »Du siehst aus wie eine Schnecke, die vorn zwei kleine weiße Hörner hat.«
Aber dann sagt Lisabet gar nichts mehr, denn jetzt kommt Onkel Berglund mit einem komischen kleinen Haken, den er ihr in die Nase steckt. Weh tut es nicht, aber es kitzelt mächtig. Zuerst steckt er Lisabet den Haken in das rechte Nasenloch, dann in das linke und danach wieder in das rechte.
»Weißt du noch, in welches Nasenloch du die Erbse gesteckt hast?«, fragt Onkel Berglund.
»In das hier«, sagt Lisabet und zeigt auf das linke.
Da steckt Onkel Berglund den Haken wieder hinein

und bohrt darin herum, sodass es noch viel toller kitzelt als vorher.

»Komisch«, sagt er schließlich, »ich kann keine Erbse finden.«

»Nein, das ist ja klar«, sagt Lisabet. »Die Erbse ist doch schon rausgesprungen, als ich mich mit Matti geprügelt hab!«

An diesem Abend können Madita und Lisabet nicht gleich einschlafen. Es ist ja am Tag so viel passiert, worüber man im Bett noch reden muss.

Freilich, Mama hat schon ein bisschen geschimpft, als sie nach Hause kamen, aber es war nicht weiter schlimm. Sie war froh, dass sie nicht ganz und gar verloren gegangen waren. Und Papa hat nur gesagt:

»So, jetzt gibt's einen Kuss und dann ein bisschen Haue, und dann geht's marsch ab ins Bett, und dann wird geschlafen!«

Aber Madita und Lisabet bekommen nur einen Kuss und gar keine Haue und schlafen tun sie auch nicht, obwohl die Lampe im Kinderzimmer schon seit Langem ausgepustet ist.

»Darf ich zu dir ins Bett?«, fragt Lisabet.

»Ja, wenn du aufpasst und mir nicht an die Nase puffst.«

Lisabet verspricht aufzupassen, und dann tapst sie zu Madita hinüber.

»Darf ich in deinem Arm liegen?«, fragt sie, und das darf sie. Madita hat es gern, wenn Lisabet in ihrem Arm liegt. Ihr kommt es dann vor, als wäre sie schon groß und Lisabet noch ganz klein, und das ist ein so wohliges Gefühl.

»Diese Matti müsste eins auf die Gusche kriegen«, sagt Lisabet. Sie hat heute allerlei neue, gute Wörter gelernt.

»Und Mia müsste auch eins auf die Gusche kriegen«, sagt Madita.

»Apselut«, sagt Lisabet. »Ist sie in der Schule auch so dumm?«

»Na, es geht«, sagt Madita. »Aber ziemlich dumm ist sie schon. Rat mal, was sie geantwortet hat, als die Lehrerin Biblische Geschichte abgehört hat.«

Das kann Lisabet nicht raten.

»Das war darüber, als Gott die ersten Menschen machte, du weißt doch, im Paradies. Da sollte Mia erzählen, wie er das gemacht hat, und kannst du dir vorstellen, was sie da gesagt hat?«

Nein, das kann Lisabet sich immer noch nicht vorstellen.

»Sie hat gesagt: ›Gott ließ einen tiefen Schlaf fallen auf den Menschen, und dann nahm er eine Schrippe und formte daraus ein Weib.‹«

»Ja, hat er das denn nicht gemacht?«, fragt Lisabet.

»Pff, du bist ja genauso dumm wie Mia. Er hat doch keine Schrippe genommen. Doch kein Brötchen!«

»Was hat er denn genommen?«, fragt Lisabet.

»Eine Rippe natürlich!«

»Wo hat er denn die Schweinerippe hergekriegt?«, will

Lisabet wissen, die genau wie Madita und Mama und Papa und Alva Schweinerippen zu Mittag gegessen hat.
»Pff, weiß ich doch nicht. Das steht nicht in der Biblischen Geschichte. Vielleicht ist da im Paradies gerade ein Schwein rumgelaufen, und da hat er ihm einfach eine Rippe weggenommen.«
»Aber was hat denn das Schwein dazu gesagt?«, fragt Lisabet.
»Pff, weiß ich doch nicht, das steht nicht in der Biblischen Geschichte.«
Lisabet grübelt noch eine ganze Weile über die Sache mit der Schweinerippe, dann sagt sie:
»Mia müsste eins auf die Gusche kriegen. Eine Schrippe, haha, die ist aber dumm!«
Sie sind sich beide darin einig, dass Mia dumm ist, aber da fällt Madita das schlimme Wort ein, das Mia gesagt hat, und plötzlich ist sie ganz verzweifelt. Natürlich meint sie, dass diese Mia eins auf die Gusche kriegen müsste, aber oh, wenn sie nun in die Hölle kommt, bloß weil Lisabet sich eine Erbse in die Nase gesteckt hat! An allem ist nur diese blöde Erbse schuld!
Sonst wären sie ja nie zu Linus-Ida gegangen, und es hätte keine Prügel gegeben, und Mia hätte ihr schlimmes Wort nicht gesagt. Madita erklärt Lisabet das alles.

»Auwei, auwei«, sagt Lisabet.
Schreckgelähmt liegen sie beide im Bett und wissen nicht, was sie machen sollen.
»Vielleicht hilft es, wenn wir den lieben Gott bitten, Mia zu verzeihen«, sagt Madita. »Sie selber kommt bestimmt nicht darauf.«
Madita und Lisabet falten die Hände, sie müssen ja alles versuchen, um Mia zu retten.
»Lieber Gott, vergib ihr noch dies eine Mal, vergib ihr, vergib ihr!«
Und Madita fügt hinzu:
»Lieber Gott, vielleicht hat sie es ja nicht so gemeint. Außerdem weiß ich gar nicht ganz genau, ob sie ›verdammtes Balg‹ gesagt hat … Vielleicht hat sie doch nur ›dammliges Balg‹ gesagt.«
Danach ist ihnen viel wohler. Sie haben Mia vor ewigen Höllenqualen bewahrt, und jetzt müssen sie wohl wirklich schlafen.
Lisabet tapst zu ihrem Bett zurück. Madita befühlt vorsichtig ihre Nase. Sie ist bestimmt schon ein bisschen kleiner geworden, und das ist gut so.
»Eigentlich war heute doch ein famoser Tag«, sagt Madita. »Und daran ist nur die Erbse schuld, wenn man's so bedenkt.«
»Dann war es doch ganz gut, dass ich sie mir in die Nase gesteckt hab«, sagt Lisabet. »Wenn man's so bedenkt.«

»Ja«, sagt Madita. »Aber eigentlich hättest du dir auch eine ins andere Nasenloch stecken können, dann hätten wir es vielleicht doppelt famos gehabt, haha!«
Aber Lisabet ist schon drauf und dran einzuschlafen und zu weiteren Späßen nicht mehr aufgelegt.
»Weißt du was, Madita«, sagt sie verschlafen, »in meiner Schule, da haben die Kinder alle nur ein Nasenloch.«
Dann schlafen Lisabet und Madita ein.

FERIEN AUF SALTKROKAN

Diesen Sommer fährt Pelle mit seinem Papa Melcher, seiner großen Schwester Malin und seinen Brüdern Johann und Niklas auf die kleine Insel Saltkrokan. Dort haben sie ein altes Häuschen gemietet, und es werden für sie die schönsten und aufregendsten Ferien, die sie je hatten.

RUDERN, RUDERN ZUR FISCHERINSEL

Es ist ein Gefühl, als hätten wir immer auf Saltkrokan gelebt, schrieb Malin eine Woche später. Ich kenne die Menschen, die hier leben. Ich weiß ungefähr, was von ihnen zu halten ist. Nisse und Märta, ich weiß, sie sind die nettesten Menschen der Welt – besonders er – und die tüchtigsten der Welt – besonders sie. Er kümmert sich um das Geschäft. Sie kümmert sich auch um das Geschäft, außerdem aber um die Telefonvermittlung, die Post, die Kinder, den Hund und den Haushalt, und außerdem springt sie jedes Mal ein, wenn jemand anders auf der Insel Hilfe braucht. Es ist typisch für Märta, dass sie gleich mit Gulasch bei uns angestürzt gekommen ist. »Nur weil ihr so verloren ausgesehen habt«, sagt sie. Was weiß ich sonst noch? Dass es im Bauch vom alten Söderman »ganz unverantwortlich knurrt«, das hat er mir selbst anvertraut, und er werde wohl an einem der nächsten Tage nach Norrtälje fahren und den Doktor aufsuchen.

Ferner weiß ich, dass Vesterman seinen landwirtschaftlichen Betrieb nicht so führt, wie er müsste, sondern immer nur fischt, auf die Jagd geht und »überhaupt von nichts das Geringste versteht«, das hat Frau Vesterman mir anvertraut.

Märta und Nisse, der alte Söderman, Vestermans, gibt es noch mehr? Oh ja, Janssons natürlich. Sie haben auch einen Hof, und dort holen wir unsere Milch. Es gehört zu unserem ländlichen Vergnügen, abends durchs Gehölz zu wandern und bei Janssons Milch zu holen. Die Insel hat auch einen Volksschullehrer, einen jungen, der Björn Sjöblom heißt. Ihn hab ich kennengelernt, als ich Mittwochabend Milch holte, und es schien, als ob … ja, es ist zwar einerlei, aber er war kein »Quadratekel«, wie Johann es nennt, sondern machte einen sehr angenehmen und rechtschaffenen Eindruck. Irgendwie treuherzig.

Und dann die Kinder hier, dem Himmel sei Dank dafür! Pelle spielt intensiv mit Tjorven und Stina, vor allem mit Tjorven. Ich glaube, da findet ein kleiner Machtkampf um ihn statt, so etwa im Stil wie: »Rühr den Goldklumpen nicht an, ich hab ihn zuerst gesehen!« Aber Tjorven hat die Oberhand. Und wie sollte es anders sein? Sie ist ein merkwürdiges Kind, eins von denen, die immer der Liebling von allen werden, ohne dass man so recht weiß, weshalb. Es wird nur irgend-

wie heller, wo immer ihr gutmütiges Gesicht auftaucht. Papa behauptet, sie habe etwas von der ewigen, kindlichen Sicherheit an sich, von dem Warmen und Sonnigen, das nach Gottes Absicht eigentlich alle Kinder haben sollten, wenn die Wirklichkeit auch leider ein bisschen anders aussieht. Tjorven gehört allen auf Saltkrokan, frei streift sie auf allen Wegen herum und in allen Häusern, und überall wird sie mit einem »Sieh mal an, da ist ja unsere Tjorven« begrüßt, gerade so, als könnte man sich im Augenblick gar nichts Erfreulicheres denken als sie. Wenn sie böse wird – was vorkommt, denn sie ist kein Engel –, dann ist es, als würde eine Naturkraft entfesselt, mit Donner und Blitz, oh, oh, oh! Es geht aber schnell vorüber.
Stina ist anders, sie ist ein kleines lustiges und verschmitztes Kind mit einem auffallenden zahnlosen Reiz. Wie es zugegangen ist, weiß ich nicht, sie hat es aber fertiggekriegt, sich sämtliche Vorderzähne im Oberkiefer auszuschlagen, und das verleiht ihrem Gesicht etwas Wildes und Malerisches, wenn sie lacht. Sie ist die große Märchenerzählerin der Insel, unglaublich ausdauernd. Selbst Papa, der doch im Allgemeinen ganz kinderlieb ist und der sich gern mit anderen Kindern als nur seinen eigenen unterhält, ist, was Stina angeht, bereits vorsichtig geworden und macht einen kleinen Umweg, wenn er sie sieht. Obgleich er es abstreitet.

»Im Gegenteil«, sagte er neulich. »Ich kann mir nichts Besseres vorstellen, als wenn Stina kommt und mir Märchen erzählt. Es ist nämlich so ein schönes Gefühl, wenn sie aufhört.«

Johann und Niklas führen ein glückliches und ungeregeltes Leben mit Teddy und Freddy, die wirklich zwei kleine Amazonen sind, übrigens richtig hübsche. Auf diese Weise sieht man nicht viel von seinen Brüdern, besonders dann nicht, wenn abgewaschen werden soll. Ich höre nur so nebenbei davon reden, dass man »heute zum Angeln rausfahren will« oder »Wir gehen heute schwimmen«, »Wir bauen eine Hütte«, »Wir wollen uns ein Floß machen«, »Wir wollen zur Schäre hinausfahren und Netze auslegen«. Das zum Beispiel tun sie heute Abend. Morgen früh wollen sie hinaus und sie einholen, habe ich gehört. Um fünf Uhr. Falls sie so früh wach werden.

Das taten sie. Um fünf Uhr wurden sie wach und schlüpften schnell in ihre Sachen und waren ebenso schnell unten bei Grankvists Steg, wo Teddy und Freddy mit ihrem Kahn warteten. Bootsmann war auch frühzeitig wach geworden. Jetzt stand er dort auf dem Steg und guckte Teddy und Freddy mit vorwurfsvollen Augen an. Wollten sie wirklich aufs Wasser hinaus, ohne ihn mitzunehmen?

»Na, dann komm schon«, sagte Freddy. »Wo soll ein Bootsmann sein, wenn nicht in einem Boot? Aber du weißt vielleicht: Tjorven wird böse, dass es nur so kracht!«
Es schien, als ob Bootsmann zögerte, als er Tjorvens Namen hörte. Aber nur einen Augenblick. Dann sprang er mit einem weichen Satz in den Kahn, der unter seinem mächtigen Gewicht erzitterte.
Freddy streichelte ihn.
»Du denkst wahrscheinlich, du kommst noch rechtzeitig nach Hause, bevor Tjorven aufsteht, aber da hast du dich geirrt, mein Bootsmännchen.«
Dann ergriff sie die Riemen und begann zu rudern.
»So was können Hunde sich doch nicht überlegen«, sagte Johann. »Bootsmann denkt überhaupt nicht. Er springt ins Boot, nur weil er dich und Teddy da sieht.«
Doch Teddy und Freddy versicherten, dass Bootsmann denken und empfinden könne wie ein Mensch.
»Nur besser«, sagte Teddy.
»Ich möchte wetten, dass es in diesem Hundeschädel nie einen bösen Gedanken gegeben hat«, sagte sie und streichelte den riesigen Kopf.
»Wie ist es denn mit diesem Schädel?«, fragte Johann und fuhr Teddy onkelhaft über den blonden Scheitel. »Der sitzt manchmal knüppeldick voll kleiner boshaf-

ter Gedanken«, gestand Teddy. »Freddy ist besser. Sie schlägt sicher nach Bootsmann.«

Bis zur Schäre brauchten sie fast eine Stunde, und so vertrieben sie sich die Zeit damit, sich zu überlegen, wie es in ihren verschiedenen Schädeln aussah und welche Gedanken es dort gab. »Was denkst du zum Beispiel, Niklas, wenn du so etwas hier siehst?«, fragte Teddy und machte eine Bewegung, die den ganzen wunderbaren, soeben erwachten Morgen mit weißen Sommerwolken am Himmel und flimmerndem Sonnengeglitzer auf dem Wasser umfing.

»Dann denke ich an Essen«, sagte Niklas.

Teddy und Freddy starrten ihn an.

»An Essen? Wieso denn?«

»Na ja, daran denke ich meistens«, sagte Niklas mit einem Grinsen.

Johann pflichtete ihm bei.

»Und außerdem hat er noch höchstens zwei Gedanken, und die liegen hier drinnen und schwappen«, sagte er und klopfte an Niklas' Stirn.

»Aber in Johanns Schädel, da stehen die Gedanken so dicht wie ein Heringsschwarm«, sagte Niklas. »Manchmal quellen sie zu den Ohren heraus, wenn es drinnen zu eng wird. Das kommt bloß daher, weil er so viele Bücher liest.«

»Das tu ich auch«, sagte Freddy. »Wer weiß, eines

Tages fangen die Gedanken an, auch aus mir rauszuquellen. Ich möchte mal wissen, was das für ein Gefühl ist?«

»Wenn ich Theodora bin, dann denke ich anders, als wenn ich Teddy bin«, sagte Teddy.

Johann guckte sie erstaunt an. »Theodora?«

»Denk mal, hast du das nicht gewusst? Ich heiße eigentlich Theodora, und Freddy heißt Frederika.«

»Das war ein Wahnsinnseinfall von Papa«, erklärte Freddy. »Mama hat Teddy und Freddy daraus gemacht.«

»Meine Theodoragedanken sind wie ein Traum, so schön«, sagte Teddy. »Wenn die bei mir vorherrschen, dann schreibe ich Gedichte und nehme mir vor, nach Afrika zu reisen und bei den Aussätzigen zu arbeiten oder Raumforscher zu werden und als Erster auf den Mars zu kommen oder so was.«

Niklas sah Freddy an, die sich an den Riemen abrackerte.

»Und deine Frederikagedanken?«

»Hab keine«, sagte Freddy. »Ich bin die ganze Zeit nur Freddy. Aber meine Freddygedanken sind ziemlich schlau. Wollt ihr den letzten hören?«

Johann und Niklas wurden neugierig. Sie wollten gern den letzten Freddygedanken hören.

»Der lautet so«, sagte Freddy. »Ob nicht einer von

diesen beiden faulen Burschen ein Weilchen rudern könnte?«

Johann beeilte sich, sie an den Riemen abzulösen, aber er machte sich Sorgen, wie es wohl gehen würde. Er und Niklas hatten in dem alten, lecken Kahn des Schreinerhauses abends gerudert. Ganz im Geheimen hatten sie in Janssons Bucht geübt, um nicht allzu ungeschickt zu sein, wenn sie mit Teddy und Freddy zusammen im Boot sitzen würden.

»Wir wissen auch eine ganze Menge über Boote, obwohl wir keine Schärenbewohner sind«, hatte Johann versichert, als sie die Grankvist-Mädchen kennengelernt hatten.

Und Freddy hatte etwas verächtlich gesagt: »Wahrscheinlich Rindenboote geschnitzt, was?«

Teddy und Freddy waren auf Saltkrokan geboren. Sie waren mit Leib und Seele Schärenmädchen. Sie wussten so gut wie alles über Schiffe und Gewässer und Wetter und Winde und wie man mit Stellnetzen fischt und mit Kiemennetzen und Grundleinen und Schleppnetzen. Sie konnten Strömlinge säubern und Barsche schuppen, sie konnten Tauwerk splissen und Schifferknoten schlingen und den Kahn mit einem Riemen wricken, genauso gut, wie sie mit zwei Riemen rudern konnten. Sie wussten, wo die Barsche standen und wo die Schilfbuchten waren, in denen man einen Hecht

fangen konnte, wenn man Glück hatte; sie kannten die Eier sämtlicher Meeresvögel und deren Stimmen, und besser als daheim in der Küche ihrer Mama fanden sie sich in der ganzen verworrenen Welt von Holmen und Schäreninseln und Buchten und Sunden zurecht, die das Schärengebiet um Saltkrokan bildeten.
Sie prahlten nicht mit ihrem Wissen. Wahrscheinlich dachten sie, alles, was sie so gut konnten, war einem angeboren, wenn man ein Schärenmädchen war, so wie die Eidergans mit Schwimmhäuten zwischen den Zehen zur Welt kam und der Barsch mit Kiemen.
»Habt ihr nicht Angst, dass euch auch Kiemen wachsen könnten?«, pflegte ihre Mutter sie zu fragen, wenn sie Hilfe bei der Telefonvermittlung brauchte oder im Geschäft und wie gewöhnlich ihre Töchter aus dem Meer heraufholen musste.
Dort fand man sie bei jedem Wetter, und sie bewegten sich im Wasser genauso leicht und selbstverständlich, wie sie auf Bootsstegen und in Booten herumsprangen oder in den Mastkorb des alten Heringskutters in Janssons Bucht hinaufkletterten.
Johann hatte Blasen an den Händen, als sie auf der Schäre ankamen. Sie brannten, aber er war zufrieden. Hatte er vielleicht nicht gerudert und gut gerudert? Das genügte, um ihn froh und geradezu übermütig zu machen.

»Armer kleiner Junge, er wird wie sein Vater«, sagte Melcher oft. »Ständig mal oben und mal unten.«
Eben jetzt war Johann sehr oben, und das waren sie übrigens alle vier. Wenn Bootsmann es auch war, so verbarg er es jedenfalls gut. Er hatte die gleiche unerschütterlich besorgte Miene wie immer. Aber vielleicht war er trotzdem irgendwo in seiner Hundeseele zufrieden, als er sich auf dem Felshang zurechtlegte mit dem Rücken gegen Vestermans altes Bootshaus, dessen graue Wand die Sonne schon erwärmt hatte. Hier lag er gut, und von hier aus konnte er die Kinder im Kahn sehen, wie sie die Netze heraufholten. Sie schrien und tobten derart, dass Bootsmann unruhig wurde. Waren sie etwa in Seenot und brauchten Hilfe? Es hörte sich so an, und Bootsmann konnte ja nicht wissen, dass sie vor Freude über ihr Fangglück kreischten.
»Acht Dorsche«, sagte Niklas. »Malin wird bestimmt blass. Sie hat gesagt, sie wollte gekochten Dorsch mit Senfsoße zu Mittag machen – aber nicht Tag für Tag die ganze Woche lang.«
Johann wurde immer aufgeräumter.
»Macht das Spaß!«, schrie er. »Findet etwa einer, dass Dorschefangen keinen Spaß macht? Dann soll er es nur sagen!«
»Die Dorsche wahrscheinlich«, sagte Freddy trocken.
Eine kurze Sekunde lang taten Johann die Dorsche

leid, und er kannte jemanden, dem sie noch mehr leidgetan hätten, wenn er hier gewesen wäre.
»Ein Glück, dass wir Pelle nicht mitgenommen haben«, sagte er. »Dem würde das hier nicht gefallen.«
Bootsmann warf vom Bootshaus oben einen letzten forschenden Blick auf den Kahn und die Kinder. Aber als er sah, dass sie seine Hilfe nicht brauchten, gähnte er und ließ seinen Kopf auf die Vorderpfoten sinken. Jetzt wollte er schlafen.
Und wenn es stimmte, was Teddy und Freddy behaupteten, dass Bootsmann wie ein Mensch denken und fühlen konnte, dann überlegte er vermutlich, bevor er in Schlaf fiel, was Tjorven daheim wohl tat und ob sie schon wach war.
Tjorven war wach. Sehr wach. Als sie merkte, dass Bootsmann nicht wie sonst neben ihrem Bett lag, begann sie nachzudenken. Und als sie eine Weile nachgedacht hatte, wurde ihr klar, was geschehen war, und da wurde sie böse, ganz wie Freddy es vorausgesehen hatte.
Tjorven stieg mit gerunzelten Augenbrauen aus dem Bett. Bootsmann war ganz allein ihr Hund, niemand hatte das Recht, mit ihm aufs Meer zu fahren. Aber Teddy und Freddy taten das andauernd, ohne überhaupt zu fragen. So konnte das einfach nicht weitergehen! Tjorven ging spornstreichs ins Schlafzimmer, um

sich zu beschweren. Ihre Eltern schliefen, aber Tjorven marschierte ohne Erbarmen ans Bett ihres Vaters und rüttelte ihn.

»Papa, weißt du was«, sagte sie aufgebracht, »Teddy und Freddy haben Bootsmann mit auf die Schären genommen.«

Nisse öffnete widerwillig ein Auge und warf einen Blick auf den Wecker.

»Musst du morgens um sechs Uhr kommen und mir das erzählen?«

»Ja, früher konnte ich nicht kommen«, sagte Tjorven. »Ich hab es ja jetzt erst gemerkt.«

Ihre Mutter bewegte sich schlaftrunken in dem anderen Bett. »Mach nicht solchen Krach, Tjorven«, murmelte sie. Es war bald Zeit für Märta, aufzustehen und einen neuen, arbeitsreichen Tag zu beginnen. Diese letzte halbe Stunde, bevor der Wecker klingelte, war für sie so kostbar wie Gold, aber das begriff Tjorven nicht.

»Ich mach keinen Krach, ich bin nur böse«, sagte sie. Niemand würde in einem Zimmer schlafen können, in dem Tjorven böse war, es sei denn, er war stocktaub. Märta merkte, wie grausam hellwach sie wurde, und sie sagte ungeduldig:

»Warum machst du so ein Theater? Bootsmann darf doch wohl auch mal ein bisschen Spaß haben.«

Jetzt ging es aber erst richtig los.

»Und ich?«, rief Tjorven. »Soll ich etwa nie ein bisschen Spaß haben? Pfui, ist *das* ungerecht!«
Nisse stöhnte und bohrte den Kopf in das Kissen.
»Geh raus, Tjorven! Geh woanders hin, wenn du böse sein musst! Wir wollen das nicht mitanhören.«
Tjorven stand stumm da. Sie schwieg eine Weile, und ihre Eltern hatten schon fast die Hoffnung, dass diese selige Stille anhalten würde. Sie bemerkten nicht, dass Tjorven nur einen neuen Anlauf nahm. »Oh ja, das ist fein«, schrie sie schließlich. »Aber ich geh schon. Ich gehe und komme nie wieder zurück. Ich will aber hinterher kein Gejammer hören, wenn ihr keine Tjorven mehr habt.«
Nun sah Märta ein, dass dies eine ernste Angelegenheit war, und sie streckte Tjorven versöhnlich die Hand hin.
»Du willst doch nicht etwa ganz und gar verschwinden, Hummelchen?«
»Doch, das ist sicher das Beste«, sagte Tjorven. »Dann könnt ihr immerzu schlafen und schlafen und schlafen.«
Märta erklärte ihr, dass sie ihre liebe kleine Tjorven um jeden Preis behalten wollten, nur vielleicht nicht gerade im Schlafzimmer um sechs Uhr morgens.
Aber Tjorven hörte gar nicht hin. Sie ging hinaus und knallte die Tür hinter sich zu.

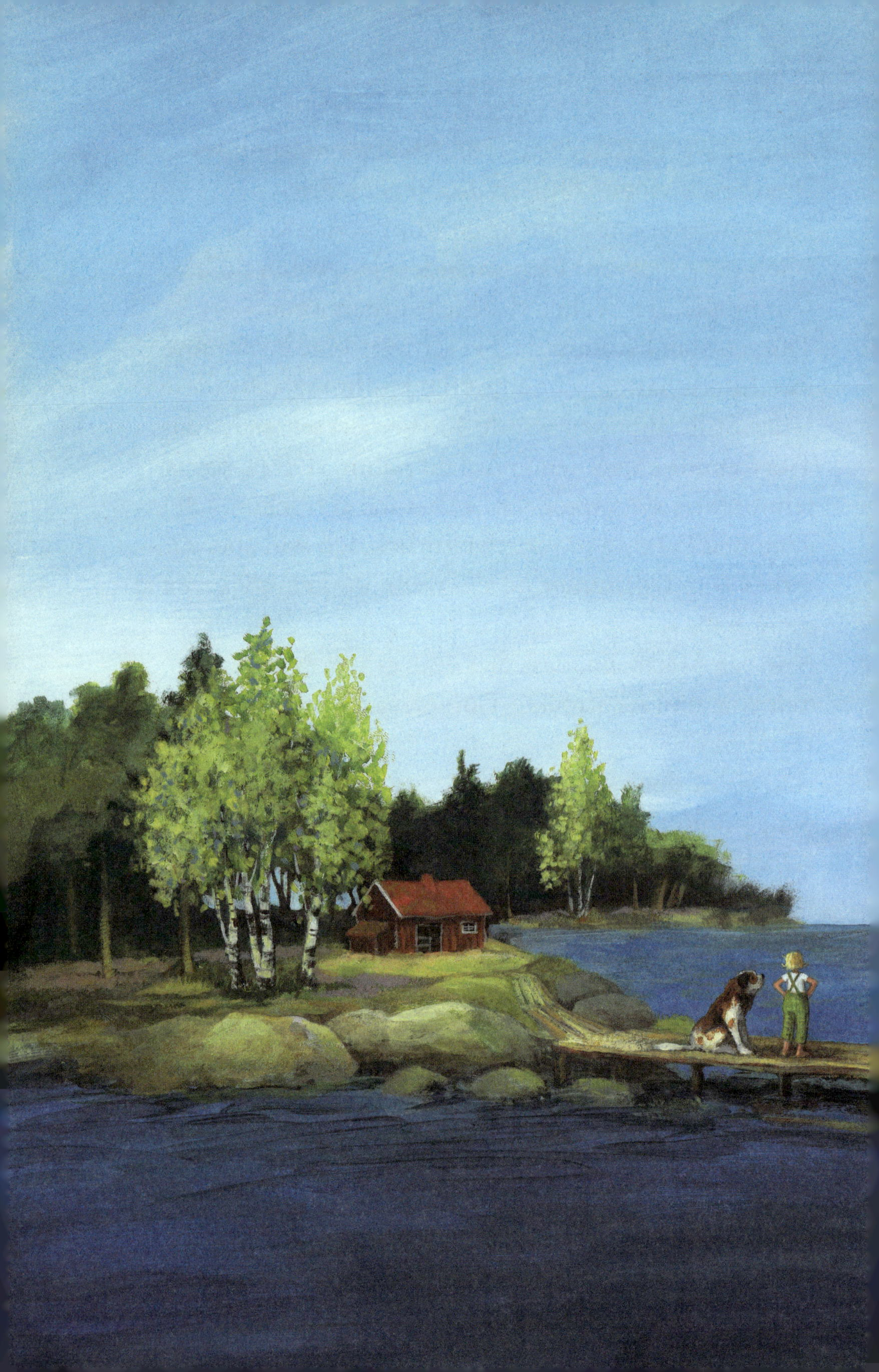

Im bloßen Nachthemd lief sie ins Freie.
»Immerzu schlafen und schlafen«, knurrte sie, und Tränen des Zorns standen in ihren Augen. Aber nach und nach wurde ihr klar, dass sie zu früh aufgewacht war. Dieser Tag wirkte so neu. Sie spürte es an der Luft und an dem betauten Gras, das ihre nackten Füße kühlte, und sie konnte es an der Sonne sehen, die nicht ganz dort stand, wo sie sollte. Nur die Möwen waren wach und kreischten wie gewöhnlich. Eine davon saß auf der Spitze des Fahnenmastes und sah aus, als gehörte ihr ganz Saltkrokan.
So übermütig war Tjorven nicht, im Augenblick nicht. Sie stand nachdenklich da und zupfte mit den Zehen Grashalme aus. Dies war eine finstere Sache. Sie ärgerte sich schon, dass sie eben so kindisch gewesen war. So von zu Hause wegzulaufen, das taten ja nur kleine Kinder, und das wussten Mama und Papa ebenso gut wie sie selber. Aber es wäre so schmachvoll, jetzt zurückzugehen. Sie konnte das nicht so ohne Weiteres tun. Es musste eine ehrenhafte Art und Weise geben, um aus dieser Klemme herauszukommen. Sie dachte angestrengt nach und rupfte viele Grashalme aus, bis sie plötzlich wusste, was sie machen sollte. Da rannte sie zum offenen Schlafzimmerfenster und steckte den Kopf hinein. Ihre Eltern waren dabei, sich an-

zuziehen, und waren so wach, wie sie es sich nur wünschen konnte.

»Ich gehe zu Söderman in Stellung«, sagte Tjorven, und sie fand selber, dass das ein guter Einfall sei. Nun musste es Mama und Papa klar werden, dass sie das die ganze Zeit gemeint hatte und nicht irgendwas Kindisches. Söderman wohnte allein in seiner Kate unten am Wasser. Und er klagte ständig darüber, wie schwer er es habe so ohne Hilfe im Haushalt.

»Kannst du nicht zu mir in Stellung kommen, Tjorven?«, hatte er einmal gesagt. Aber da hatte Tjorven gerade keine Zeit gehabt. Wie gut, dass ihr das jetzt eingefallen war. Eine Stellung im Haushalt, die brauchte man nicht so furchtbar lange zu behalten. Später konnte man zu Mama und Papa nach Hause gehen und wieder ihre Tjorven sein, als wäre nichts gewesen.

Nisse streckte seine väterliche Hand durchs Fenster und klopfte Tjorven auf die Wange.

»Dann bist du also nicht mehr böse, Hummelchen?«

Tjorven schüttelte verlegen den Kopf.

»Nee.«

»Das finde ich aber schön«, sagte Nisse. »Es hat keinen Sinn, böse zu werden, denn siehst du, man wird so jähzornig davon.« Da musste Tjorven ihm recht geben.

»Glaubst du, Söderman will dich als Hausangestellte haben?«, fragte Märta. »Er hat ja Stina.«

Daran hatte Tjorven nicht gedacht. Es war im letzten Winter gewesen, als Söderman sie gefragt hatte. Da hatte es Stina nicht gegeben, da wohnte sie in der Stadt bei ihrer Mama. Tjorven überlegte, aber nicht lange.
»Hausangestellte müssen stark sein«, sagte sie, »und das bin ich.« Dann lief sie los, um Söderman so schnell wie möglich von seinem Glück wissen zu lassen. Aber ihre Mutter rief sie zurück.
»Hausangestellte können nicht im Nachthemd arbeiten«, sagte sie. Und das sah Tjorven ein.
Söderman saß hinter seiner Kate und entwirrte seine Strömlingsnetze, als Tjorven angelaufen kam.
»Die müssen stark sein, tralala«, sang sie. »Ganz infernalisch stark, tralala…« Sie brach ab, denn sie entdeckte Söderman. »Söderman, weißt du was«, sagte Tjorven, »rate mal, wer heute dein Geschirr abwäscht?«
Bevor Söderman noch mit Raten anfangen konnte, tauchte in dem offenen Fenster hinter ihm ein strubbeliger Kopf auf.
»Ich«, sagte Stina.
»Nee«, versicherte Tjorven, »du bist nicht stark genug.«
Es dauerte eine Weile, bis Stina davon überzeugt war, aber zuletzt musste sie sich widerwillig damit abfinden. Tjorven hatte nur verschwommene Vorstellungen

von Hausangestellten, so was hatte noch nie seinen Fuß auf Saltkrokan gesetzt. Ihr schwebte vor, dass es starke, eisenharte Geschöpfe seien, die ungefähr vorgingen wie ein Eisbrecher, der im Winter die Fahrrinne für die Dampfer aufbricht. Und mit ungefähr gleicher Kraft machte Tjorven sich ans Abwaschen in Södermans Küche.

»Ein bisschen *darf* man kaputt machen«, versicherte sie, als Stina wegen ein paar Tellern jammerte, die auf den Fußboden gefallen waren.

Tjorven goss großzügig Spülmittel in die Abwaschwanne, sodass sich der herrlichste Schaum bildete. Sie wusch mit Schwung ab und sang, dass es bis zu Söderman hinaustönte, während Stina ziemlich übel gelaunt auf einem Stuhl saß und zuschaute. Sie war jetzt die Frau des Hauses, »denn die brauchen nicht so stark zu sein«, hatte Tjorven erklärt.

»Jedenfalls nicht so infernalisch stark«, sang Tjorven, aber dann fiel ihr etwas anderes ein. »Ich backe auch gleich Pfannkuchen«, sagte sie.

»Wie macht man das?«, wollte Stina wissen.

»Ganz einfach: Man rührt und rührt und rührt«, sagte Tjorven. Sie war mit dem Abwaschen fertig und nun goss sie das Abwaschwasser rasch aus dem Fenster. Aber darunter lag Matilda, Södermans Katze, und sonnte sich. Sie fuhr mit einem erschrockenen Miauen hoch und kam in die Küche gerast, dass der Schaum um sie herumspritzte.

»Katzen darf man nicht abwaschen«, sagte Stina streng.

»Das war nur ein Unfall«, sagte Tjorven. »Aber wenn man sie abgewaschen hat, dann muss man sie auch abtrocknen.«

Sie nahm das Geschirrtuch, und gemeinsam trockneten sie Matilda ab und versuchten sie zu beruhigen. Man sah es Matilda an, dass sie sich schmählich behandelt fühlte, denn sie miaute ärgerlich von Zeit zu Zeit, und hinterher wollte sie nichts als schlafen.

»Wo habt ihr das Mehl stehen?«, fragte Tjorven, als sie endlich wieder an ihre Pfannkuchen denken konnte. »Hol es mal her!« Stina kletterte gehorsam auf einen Stuhl und zog die Schublade mit dem Mehl aus dem Küchenschrank. Es war schwierig, sie musste sich sehr recken, um heranzulangen, und schwer war es auch. Und tatsächlich, Tjorven hatte recht, Stina war nicht stark genug. »Auwei, ich lasse es fallen«, rief sie. Das Schubfach schwankte in ihren kleinen Händen, sodass der größte Teil vom Mehl herausflog. Und es flog auf Matilda hinab, die auf dem Fußboden darunter lag und gerade eingeschlummert war.

»Sieh mal, das ist eine ganz andere Katze geworden«, sagte Tjorven verdutzt.

Matilda war für gewöhnlich schwarz, aber das Tier, das

jetzt mit einem Satz zur Tür hinausschoss, war weiß wie ein Gespenst und hatte wilde, weit aufgerissene Augen.

»Sie wird allen Katzen auf ganz Saltkrokan einen Todesschrecken einjagen«, sagte Tjorven. »Arme Matilda, sie hat auch einen richtigen Unglückstag.«

Kalle Hüpfanland kreischte in seinem Käfig, es hörte sich an, als lache er über Matildas Unglück. Stina öffnete den Käfig und ließ den Raben heraus.

»Ich bring ihm gerade das Sprechen bei«, erzählte sie Tjorven. »Ich will ihm beibringen zu sagen: ›Zum Kuckuck mit dir!‹«

»Wozu das?«, fragte Tjorven.

»Na, weil Pelles Großvater das kann«, sagte Stina, »und sein Papagei auch.«

Da stand jemand in der Tür, und das war niemand anders als Pelle selbst.

»Was macht ihr?«, fragte er.

»Pfannkuchen«, sagte Tjorven. »Aber Matilda ist mit dem ganzen Mehl weggelaufen. Ich glaub, es gibt doch keine.«

Pelle kam herein. Er fühlte sich bei Söderman wohl, das taten alle Kinder. Auf der ganzen Insel gab es keine kleinere Kate: nur eine Küche und eine kleine Kammer, aber viel Trödel, eine Menge Sachen zum Ansehen. Nicht nur Kalle Hüpfanland, der allerdings

für Pelle am wichtigsten war. Außerdem gab es da noch eine ausgestopfte Eidergans und zwei gebundene Jahrgänge alter Witzblätter und ein aufregendes Bild, auf dem Leute, in Schwarz gekleidet, Särge auf Schlitten übers Eis fuhren. »Die Cholera wütet«, stand darunter. Und dann besaß Söderman eine Flasche, in der ein ganz kleines Segelschiff war. Pelle wurde nicht müde, es anzusehen, und Stina wurde nicht müde, es zu zeigen.
»Wie haben sie das eigentlich gemacht, dass sie das Schiff in die Flasche kriegten?«, erkundigte sich Pelle.
»Ja, du«, sagte Stina. »Das kann dein Großvater nicht.«
»Nee, das ist nämlich das Allerschwerste«, sagte Tjorven. »Seht mich mal an«, sagte sie dann.
Und da vergaßen sie das Schiff in der Flasche, weil sie Tjorven ansehen mussten. Sie stand mitten in der Küche, und auf ihrem Kopf saß der Rabe. Es war ein merkwürdiger, märchenhafter Anblick, der sie verstummen ließ.
Tjorven fühlte, wie sich die Vogelkrallen in ihrem üppigen Haarschopf festklammerten, und sie lachte selig.
»Stellt euch vor, wenn der Eier in meinem Haar legt.«
Doch diese Hoffnung nahm ihr Pelle.
»Das kann er gar nicht. Dafür braucht man ein Weibchen, weißt du.«
»Oh doch«, sagte Tjorven, »wenn er ›Zum Kuckuck

mit dir‹ sagen lernt, dann kann er auch Eierlegen lernen.«

Pelle schaute den Raben sehnsuchtsvoll an und sagte mit einem Seufzer: »Ich möchte so gern ein Tier haben. Ich hab bloß ein paar Wespen.«

»Wo hast du die denn?«, fragte Stina.

»Bei uns im Schreinerhaus. Gleich unterm Dach ist ein Wespennest. Papa ist schon gestochen worden.«

Stina lächelte ein zufriedenes zahnloses Lächeln.

»Ich, ich hab viele Tiere. Einen Raben und eine Katze und zwei Lämmer.«

»Ach was, das sind ja gar nicht deine«, sagte Tjorven. »Die gehören deinem Großvater.«

»Ich darf aber trotzdem so tun, als ob es meine wären, wenn ich bei ihm bin«, sagte Stina. »So!«

Da umdüsterte sich Tjorvens Gesicht, und sie sagte finster: »Aber ich, ich habe einen Hund. Wenn diese Schufte bloß endlich mit ihm nach Hause kommen wollten.«

Ihr Hund, ja, ihr Bootsmann! Der unternahm gerade einen kleinen Spaziergang auf eigene Faust um die ganze Schäre herum, und diese sogenannten Schufte merkten nicht einmal, dass er fort war.

Sie hatten einen herrlichen Morgen gehabt, ach, wie herrlich! »Zuerst baden wir«, hatte Teddy gesagt, und das taten sie dann. Das Wasser war wie immer im Juni.

Nur junge Toren von zwölf, dreizehn Jahren stürzen sich freiwillig in ein so bitterkaltes Nass. Aber genau solche jungen Toren waren sie ja, und sie starben nicht daran, im Gegenteil, sie lebten und sie glühten. Und sie stürzten sich jubelnd von den Felsen und tauchten und schwammen und spielten und platschten im Wasser herum, bis sie vor Kälte blau waren. Da zündeten sie sich auf einem geschützten Felshang ihr Lagerfeuer an und setzten sich drum herum, und in ihrem Blut spürten sie sämtliche Indianer und Neusiedler und Pelztierjäger und Steinzeitmenschen, die um Lagerfeuer gesessen haben, seit das Menschengeschlecht auf dieser Erde lebt. Sie waren jetzt Fischer und Jäger und Fänger, sie führten das freie Leben der Wildnis und grillten ihre Beute über der Glut, während Seeschwalben und Mantelmöwen und Silbermöwen kreischend über ihnen kreisten und versuchten, ihnen zu sagen, dass aller gegrillte Dorsch auf dieser Insel eigentlich ihnen gehöre.

Aber die Eindringlinge blieben unbekümmert sitzen und aßen und aßen ihren vorzüglichen Dorsch und machten den widerwärtigsten Lärm. »Kra, kra, kra«, schrien sie und hörten sich an wie Krähen, ja, denn sie hatten gerade einen geheimen Klub gegründet, dem sie den geheimen Namen »Die Vier Salzkrähen« geben wollten und der für ewig geheim bleiben sollte.

Ihr Kampfruf war *nicht* geheim, alle Seeschwalben und Mantelmöwen und Silbermöwen hörten ihn und mochten ihn gar nicht. »Kra, kra, kra«, tönte es über Felsinseln und Schären und Fjorde, aber mehr erfuhr keiner, denn alles Übrige war ganz geheim, ganz geheim, ganz geheim.

Die Glut ihres Feuers wurde zu Asche, sie aber blieben auf dem sonnenheißen Felsen liegen und unterhielten sich über all das Geheime, das sie miteinander unternehmen wollten, sobald sie Zeit dafür hatten. Und die Stunden vergingen, die Junisonne ließ weiterhin verschwenderisch ihre Strahlen über sie hinfluten, und sie lagen dort und spürten den Sommer im ganzen Körper als etwas wunderbar Schönes und Unbeschreibliches, zum Faulenzen geschaffen.

Bis Freddy draußen auf dem Fjord einen treibenden Kahn entdeckte. Er war so weit entfernt, dass sie ihn kaum noch erkennen konnten, aber dass er leer war, das sahen sie.

»Wie vertäuen eigentlich die Leute ihre Boote?«, fragte Johann.

Da fuhr Teddy hoch, als ob ihr ein entsetzlicher Gedanke gekommen wäre. »Ja, das möchte ich auch mal wissen«, sagte sie, als sie nachgeguckt hatte. In der Felsspalte, in die sie den Kahn hineingezogen hatten, lag kein Kahn mehr. Teddy sah Johann streng an.

»Das möchte ich tatsächlich wissen – wie vertäust du eigentlich ein Boot?«

Johann war es gewesen, der gesagt hatte, *er* wollte das Festmachen übernehmen, damit es ordentlich gemacht werde.

»Ist es nicht sonderbar, dass ein Kind seinem Vater aufs i-Tüpfelchen gleichen kann?«, pflegte Malin von Johann zu sagen. Und es war wirklich sonderbar.

Sie konnten den Kahn noch immer weit draußen im Sonnenschein erkennen. Freddy stand auf einem Stein und winkte dem Boot mit beiden Händen nach.

»Leb wohl, leb wohl, mein kleines Boot, grüß Finnland von uns!«

Aber Johann war rot geworden. Er sah die anderen beschämt an. »Es ist alles meine Schuld. Seid ihr jetzt böse auf mich?«

»Ach was«, sagte Teddy. »So was passiert schon mal.«

»Wie kommen wir aber jetzt hier weg?«, fragte Niklas und versuchte, seine Stimme nicht genauso ängstlich klingen zu lassen, wie ihm zumute war.

Teddy zuckte mit den Schultern.

»Wir müssen eben warten, bis jemand vorbeikommt. Das kann natürlich einige Wochen dauern«, fügte sie hinzu. Es war zu verführerisch, ihm ein bisschen Angst einzujagen.

»Na, dann wird zum Mindesten Bootsmann verhungert sein«, sagte Johann. Er wusste, was für Portionen Tjorvens Hund sich einverleiben konnte.

Da fiel ihnen Bootsmann ein. Wo war er eigentlich? Sie erinnerten sich jetzt, dass sie ihn seit Langem nicht mehr gesehen hatten.

Freddy rief nach ihm, aber er kam nicht. Da schrien sie alle, dass die Möwen erschrocken davonflatterten; aber es kam kein Hund.

»Kein Hund und kein Boot, gibt es sonst noch etwas, was wir nicht haben?«, sagte Teddy.

»Etwas zu essen«, sagte Niklas.

Aber da wies Freddy triumphierend auf ihren Rucksack, den sie in eine Felsspalte gestellt hatte.

»Stellt euch vor, zu essen haben wir doch! Einen ganzen Rucksack voller Butterbrote. Und sieben Dorsche!«

»Acht«, sagte Johann.

»Nein, einen haben wir ja gegessen«, erinnerte Freddy.

»Trotzdem acht«, sagte Johann. »Mich dazugerechnet, der größte Dorsch im nördlichen Schärengebiet.«

Sie standen unschlüssig herum. Der Glanz dieses Tages fing an zu verblassen, und nun hatten sie Sehnsucht nach zu Hause.

»Übrigens«, sagte Freddy und machte plötzlich ein besorgtes Gesicht, »übrigens glaube ich, da draußen kommt Nebel auf.«

Aber im selben Augenblick hörten sie das vertraute Tuckern eines Benzinmotors auf dem Fjord, zunächst schwach, nach und nach aber immer lauter.
»Guckt mal, das ist Björns Boot«, rief Freddy, und sie und Teddy begannen, wie wild zu hopsen und zu schreien. »Und guckt mal, er hat unseren Kahn im Schlepp.«
»Wer ist Björn?«, fragte Niklas, während sie dastanden und warteten und zusahen, wie das Motorboot immer näher kam.
Teddy winkte dem im Boot zu. Es war ein braun gebrannter junger Mann mit einem angenehmen, kräftig geschnittenen Gesicht. Er sah fast aus wie ein Fischer, sein Boot sah auch aus wie ein richtiges Fischerboot.
»Hej, Björn!«, rief Teddy. »Du kommst uns gerade recht! Das ist unser Lehrer«, erklärte sie Niklas.
»Sagt ihr einfach Björn zu ihm?«, fragte Johann erstaunt.
»So heißt er doch«, versicherte Teddy, »und wir kennen ihn ja schließlich.«
Das Boot fuhr jetzt langsamer und steuerte auf den Felsen zu, auf dem die Kinder standen.
»Hier habt ihr euren alten Kahn«, rief Björn und schleuderte Teddy die Fangleine zu. »Wie vertäut ihr eigentlich?«
Teddy lachte. »Ach, das ist verschieden.«
»Soso«, sagte Björn. »Aber mit dieser Art solltet ihr

lieber aufhören. Es ist nämlich nicht sicher, dass ich dauernd vorbeikomme und eure Siebensachen aufsammle.« Und dann fügte er noch etwas hinzu. »Fahrt auf der Stelle nach Hause. Es kommt Nebel auf, und ihr müsst euch beeilen, wenn ihr vor ihm nach Saltkrokan kommen wollt.«
»Na, und du?«, fragte Teddy.
»Ich muss raus nach Harskär«, sagte Björn, »sonst hätte ich euch ins Schlepptau genommen.«
Dann fuhr er davon, und sie hörten, wie sich das Motorengetucker in Richtung von Harskär entfernte. Wäre Bootsmann da gewesen, hätten sie sofort aufbrechen können, und dann hätte Melcher an diesem Abend keine Beruhigungstabletten zu schlucken brauchen. Doch das Leben besteht aus einer Kette von kleinen und großen Geschehnissen, und die hängen zusammen wie Erbsstroh. Ein einziger kleiner Hecht kann viel Unfug anrichten und erwachsene Männer wie Melcher zwingen, Beruhigungstabletten zu nehmen.
So klein war er übrigens gar nicht, dieser Hecht. Es war ein richtig unheimlicher alter Bursche von annähernd vier Pfund, dessen Bekanntschaft Bootsmann bei seinem Spaziergang rund um die Schäre gemacht hatte. Die Bekanntschaft beschränkte sich darauf, dass sie einander über eine Stunde lang ins Auge starr-

ten, Bootsmann auf einer felsigen Uferböschung, der Hecht im seichten Wasser dicht davor. Bootsmann war einem Blick wie diesem aus kalten, starren Hechtaugen noch nie begegnet, er hatte noch nie ein so erstaunliches Tier zu Gesicht bekommen, und er konnte sich nicht davon losreißen. Der Hecht seinerseits sah aus, als ob er dächte: Glotz du nur, du Ungetüm, mir jagst du keine Angst ein, und ich stehe hier, solange es mir passt.
Mit diesem Hecht aber gingen viele kostbare Minuten verloren. Es dauerte viel zu lange, bis Hund und Kinder und Dorsche und Netze und Badeanzüge und Rucksäcke endlich eingesammelt und ins Boot gebracht waren. Unterdessen kam der Nebel immer näher. Große, formlose Nebelbänke wallten vom Meer heran, und die Kinder waren noch nicht weit von der Schäre weg, als sie auch schon von Nebel umfangen waren wie von weichen, grauen, wolligen Armen.
»Das ist, wie wenn man träumt«, sagte Johann.
»So einen Traum hab ich nicht besonders gern«, versicherte Niklas.
Irgendwo in weiter Ferne hörten sie ein Nebelhorn dumpf tuten, sonst war alles still. Ob Niklas es nun gern hatte oder nicht, aber es war genauso still wie in einem Traum.

VERIRRT IM NEBEL

Daheim auf Saltkrokan schien noch immer die Sonne, und Melcher war dabei, die Gartenmöbel anzustreichen. Er habe seit seiner Kindheit nichts mehr anstreichen dürfen, seit er einmal einen bösen kleinen Mann in roter Farbe auf die Tapete im Salon gemalt habe, beklagte er sich bei Malin. Das war eine Ungerechtigkeit, und die sollte jetzt sofort aus der Welt geschafft werden. Heutzutage sei das Streichen leicht, erklärte er ihr. Man brauche sich nicht mit Pinseln und Farbtöpfen abzumühen, jetzt brauche man nur eine handliche kleine Spritze, rasch ginge es und gut würde es, versicherte Melcher.

»Das denkst du«, sagte Malin.

Sie hatte Nisse Grankvist auf verschiedene Dinge vorbereitet, die Melcher wahrscheinlich bei ihm kaufen wollte und die er auf keinen Fall in die Hand bekommen dürfte.

»Keine Sense, kein Beil, kein Brecheisen«, hatte sie gesagt.

»Kein Brecheisen?«, sagte Nisse. »Mit einem Brecheisen kann er doch aber kein Unheil anrichten.«

»Du würdest nicht so reden, wenn du neunzehn Jahre mit ihm zusammengelebt hättest«, versicherte Malin. »Na ja, dann gib ihm nur das Brecheisen, aber sorge dafür, dass deine Regale voll Verbandstoff für Erste Hilfe und schmerzstillender Mittel sind.«

Eine Farbenspritze hatte sie vergessen zu erwähnen, und daher stand Melcher nun hier, glücklich wie ein Kind, und bespritzte einen Gartenstuhl, der sicher nicht mehr gestrichen worden war, seit es der fröhliche Schreiner getan hatte.

Tjorven hatte nach zwei Stunden ausdauernder und treuer Dienste ihre Stellung gekündigt. Jetzt scharten sie sich um Melcher, sie und Pelle und Stina. Das sah so lustig aus, diese Anstreicherei, am liebsten hätten sie alle drei mitgeholfen.

»Untersteht euch«, sagte Melcher. »Dies ist mein Spielzeug, jetzt hab ich ausnahmsweise mal Spaß.«

»Bist du ein Spritzmaler, Herr Melcher?«, fragte Tjorven. Melcher ließ einen Strom von Farbe über den Stuhl rinnen.

»Nein, das bin ich nicht. Aber, siehst du, ein tüchtiger Mann muss so gut wie alles können.«

»Bist du das denn?«, fragte Tjorven.

»Ja, das ist er«, versicherte Pelle.

»Das bin ich«, sagte Melcher zufrieden. »Ein sehr tüchtiger Mann, wenn ich das von mir selber sagen darf.«

In diesem Augenblick kam eine von Pelles Wespen angesurrt, und da Melcher schon einmal gestochen worden war, fuchtelte er jetzt mit der Spritze herum, um sie zu verscheuchen. Wie er es angestellt hatte, war hinterher nicht festzustellen. Das war fast nie möglich bei Melchers Missgeschicken, es blieb stets ein Geheimnis. Malin in der Küche hörte jedenfalls den Aufschrei, und als sie ans Fenster stürzte, sah sie Melcher draußen stehen, die Augen fest zusammengekniffen und das Gesicht verkleistert. Tüchtig, wie er war, hatte er sich selber mit der Spritze bemalt, und er war weiß im Gesicht wie eine Sahnetorte.
Oder wie Matilda, dachte Tjorven und lachte leise vor sich hin.
Aber Pelle weinte.
Nun war es nicht so schlimm mit Melcher, wie Pelle dachte. Er hatte so viel Verstand besessen, die Augen rasch zusammenzukneifen, und er hielt sie noch immer fest geschlossen, als er auf die Küchentür zuwankte, um sich von Malin helfen zu lassen. Er tastete mit den Händen, und den Kopf hielt er vorgestreckt, so weit er konnte, einmal, weil die Farbe nicht aufs Hemd hinunterrinnen sollte, und andererseits, damit Malin sofort erkennen konnte, um welchen Körperteil es sich diesmal handelte. Da stieß er gegen einen Baum.

Einen Apfelbaum, den der fröhliche Schreiner wahrscheinlich mit Liebe und Freude gerade hier eingepflanzt hatte. Melcher hatte Apfelbäume auch sehr gern, aber jetzt waren seine Klagerufe so wild und verzweifelt, wie Malin sie noch nie von ihrem Vater gehört hatte. Und sie hatte schon viele gehört.
Pelle weinte noch mehr, und Stina fing ebenfalls an. Aber als Tjorven Herrn Melchers Sahnetortegesicht sah, das nun noch mit Moos und Flechte garniert war wie andere Torten mit Mandelsplittern, da war sie so gescheit, um die Hausecke zu laufen. Denn sie merkte, dass ein lautes Lachen aus ihr herauswollte, und sie wollte Herrn Melcher nicht noch trauriger machen, als er schon war.
Hinterher – nachdem Malin ihn gesäubert und seine Augen mit Borwasser ausgewischt hatte – wollte Melcher den Apfelbaum umhauen.
»Hier stehen zu viele Bäume«, rief er, »ich lauf zu Nisse und kauf eine Axt.«
»Nein, danke«, sagte Malin, »jetzt möchte ich ein bisschen Ruhe und Frieden haben.«
Ach, wenn sie gewusst hätte, wie wenig Ruhe und Frieden sie an diesem Tage haben würden!

Es fing damit an, dass Melcher plötzlich Johann und Niklas vermisste.

»Wo stecken die Jungen?«, fragte er Malin.
»Draußen auf der Schäre, das weißt du doch«, sagte Malin. »Aber ich finde, sie müssten jetzt bald zu Hause sein.«
Das hörte Tjorven, und sie verzog böse den Mund.
»Das finde ich auch. Die Dummköpfe! Ich finde, sie könnten endlich Bootsmann bringen. Bloß, sie können wohl nicht wegen dem Nebel.«
Melcher hatte beschlossen, ein paar Tage mit den Gartenmöbeln zu warten. Jetzt saß er auf der Treppe des Schreinerhauses und blinzelte unaufhörlich. Trotz der Behandlung mit Borwasser hatte er ein Gefühl, als hätte er Sand in den Augen.
»Was redest du von Nebel?«, fragte er Tjorven. »Die Sonne scheint ja, dass einem die Augen brennen.«
»Ja, hier«, sagte Tjorven. »Aber hinter Lillasken liegt der Nebel so dick wie Brei.«
»Ja, das hat Großvater auch gesagt«, erklärte Stina. »Und Großvater und ich, wir wissen alles, wir hören immer Radio.«
Es dauerte etwa zwei Stunden, bis das, was Malin das Große Beben nannte, bei Melcher ausbrach. Es war genau wie immer und genau so, wie sie es erwartet hatte.
Malin wusste, ihr Vater war ein mutiger Mann. Wie mutig, das wusste wahrscheinlich nur sie allein, denn

sie hatte ihn in entscheidenden Augenblicken des Lebens gesehen. Andere sahen vielleicht nur den nachgiebigen und kindlichen, manchmal geradezu lächerlich kindischen Melcher; aber hinter all seinem Gebaren verbarg sich ein anderer Mensch, der stark war und völlig furchtlos, das heißt in allem, was ihn selbst betraf.

»Aber sobald es um deine Kinder geht, benimmst du dich geradezu läppisch«, sagte Malin.

Das sagte sie, als er dasaß und wegen Johann und Niklas jammerte. Aber bevor es so weit gekommen war, war er dreimal bei Nisse und Märta gewesen.

»Es ist nicht so, dass ich unruhig bin«, hatte er mit verlegenem Lächeln versichert, als er das erste Mal hingegangen war.

»Eure Kinder sind ja mit dem Meer vertraut, ihretwegen sorge ich mich kein bisschen«, beteuerte er das zweite Mal. »Aber Johann und Niklas draußen in dieser dicken Milchsuppe ...« Denn jetzt hatte der Nebel Saltkrokan erreicht, und er flößte ihm Furcht ein.

»Meine Kinder stecken in genau derselben Milchsuppe«, sagte Nisse.

Als Melcher zum dritten Mal in den Kaufmannsladen kam, lachte Nisse und sagte: »Was darf es denn heute sein? Ich hab prima Brecheisen, mit denen kannst du dir eins auf den großen Zeh hauen, damit du zur Abwechslung mal über etwas anderes zu jammern hast.«

»Danke, ich brauch kein Brecheisen«, sagte Melcher. Dann lächelte er wieder sein verlegenes Lächeln.

»Wie gesagt, es ist nicht, weil ich unruhig bin, hätte man aber nicht allen Grund, den Seerettungsdienst zu alarmieren?«

»Weshalb denn?«, fragte Nisse.

»Na ja, weil ich so wahnsinnig unruhig bin«, sagte Melcher.

»Das ist kein Grund«, meinte Nisse. »Der Seerettungsdienst kann in dieser Waschküche auch nichts sehen. Und was kann den Kindern zustoßen? Der Nebel lichtet sich wohl bald, und das Wasser ist ja völlig still.«

»Ja, das Wasser schon«, sagte Melcher. »Ich wünschte, ich wäre es auch.«

Missgestimmt ging er zum Bootssteg hinunter, und als er dieses Graue, Formlose sah, das wie in Wogen auf ihn zurollte, da packte ihn ein Grauen, und er schrie, so laut er konnte:

»Johann! Niklas! Wo seid ihr? Kommt nach Hause!«

Aber Nisse, der ihm gefolgt war, schlug ihm freundlich auf die Schulter. »Mein guter Melcher, man kann nicht in den Schären wohnen, wenn man sich so anstellt. Und es wird auch nicht das kleinste bisschen besser, weil du hier stehst und wie ein Nebelhorn heulst.

Komm mit zu Märta hinein, wir wollen Kaffee trinken und Wecken essen, komm nur.«

Aber Melcher war von Kaffee und Wecken so weit entfernt, wie ein Mensch davon entfernt sein konnte. Er sah Nisse mit verzweifelten Augen an.

»Sie sind vielleicht noch draußen auf der Schäre – glaubst du nicht auch? Sie sitzen vielleicht in Vestermans Bootsschuppen und haben es warm und schön und gemütlich. Sag, dass du das glaubst«, bat er beschwörend.

Nisse sagte, er glaube es. Aber gerade da kam ein Motorboot durch den Nebel getöfft und machte am Ponton fest. Es war Björn, der von Harskär zurückkam, und der verdarb alles. Auf der Schäre seien keine Kinder, beteuerte er, denn er sei eben da vorbeigefahren und habe nachgesehen.

Da ging Melcher murmelnd fort. Er traute sich nicht zu sprechen, weil niemand die Tränen in seiner Stimme hören sollte.

Auch als er zu Malin hineinkam, sagte er nichts. Sie saß mit Pelle im Wohnzimmer. Pelle zeichnete. Malin strickte. Und die alte Amerikaneruhr an der Wand tickte leise, die Glut vom abendlichen Feuer leuchtete im Kamin, der ganze Raum war voll tiefstem Frieden.

So ruhig, so friedvoll, so wunderbar könnte das Leben

sein, dachte Melcher, wenn man nur nicht zwei Kinder in Seenot draußen auf dem Meer hätte.
Melcher sank aufs Sofa und seufzte schwer. Malin warf ihm einen forschenden Blick zu. Sie wusste genau, wie es um ihn stand, und das Große Beben würde nicht lange auf sich warten lassen. Dann brauchte er sie, aber bis dahin saß sie schweigend da und strickte. Und Melcher nahm sie nicht mehr wahr. Weder sie noch Pelle, sie gingen ihn nichts an. In diesem Augenblick hatte er nur zwei Kinder, und die kämpften draußen auf dem Meer um ihr Leben. Er sah sie viel deutlicher vor sich als Malin und Pelle. Aber sie verhielten sich dauernd anders. Mal lagen sie halb tot vor Hunger und Kälte auf dem Boden des Kahns und riefen mit schwacher Stimme nach ihrem Vater. Mal lagen sie im Wasser und versuchten mit letzter Kraft, eine kleine Felsinsel zu erklimmen. Sie krallten sich mit den Nägeln fest und schrien voller Angst nach ihrem Vater. Nun aber kam eine riesige Woge – wo die nun herkommen mochte, da es doch ganz still war? –, aber sie kam und riss seine beiden Kinder mit sich, und sie versanken, und ihre Haare wogten wie Seegras unter Wasser, ach Herrgott, weshalb konnten Kinder nicht für immer drei Jahre alt bleiben und auf dem Sandhaufen sitzen mit Eimer und Schaufel, damit einem solche Qual erspart blieb!

Er seufzte schwer ein über das andere Mal, da endlich erinnerte er sich an Malin und Pelle, und er sah ein, dass er sich zusammennehmen musste. Er sah Pelles Zeichnung an. Sie stellte ein Pferd dar, das sah er; das Pferd sah aber im Gesicht genauso aus wie der alte Söderman. Normalerweise hätte Melcher gelacht, jetzt sagte er nur:
»Na, Pelle, du zeichnest? Und du, Malin – was strickst du denn da?«
»Einen Pullover für Niklas«, antwortete Malin.
»Da wird er sich aber freuen«, sagte Melcher; er schluckte jedoch heftig, denn er wusste ja, dass Niklas auf dem Meeresgrund lag und nie mehr einen Pullover brauchen würde. Niklas, Niklas, sein lieber Junge! Wenn man bedenkt, wie er damals, als er zwei Jahre alt war, aus dem Fenster gefallen war. Schon damals hatte Melcher begriffen, dass er so ein engelhaftes Kind war, dem kein langes Leben beschieden sein würde. Ach, das war ja Pelle gewesen, fiel ihm plötzlich ein, und er warf dem armen Pelle, dessen einziger Fehler der war, dass er nicht auf dem Meeresgrunde lag, einen missbilligenden Blick zu.
Aber Pelle war ein gescheiter kleiner Kerl, der mehr verstand, als Melcher und Malin jemals klar wurde. Nachdem er sich lange genug die stummen Seufzer angehört hatte, die sein Vater in regelmäßigen

Abständen ausstieß, legte er die Zeichnung beiseite. Er wusste, erwachsene Menschen brauchten auch manchmal Trost, und so ging er denn ohne ein Wort zu Melcher und schlang die Arme um seinen Hals.

Da fing Melcher an zu weinen. Er drückte Pelle heftig an sich und weinte stumm und verzweifelt und mit abgewandtem Gesicht, damit Pelle es nicht merkte.

»Es wird schon alles gut werden«, sagte Pelle tröstend. »Ich geh jetzt raus und seh nach, ob der Nebel sich verzogen hat.«

Das war nicht der Fall, eher das Gegenteil. Aber Pelle fand unten am Ufer einen Stein, einen kleinen, feinen braunen Stein, der ganz rund war und sich seidig anfühlte. Den zeigte er Tjorven.

Sie war auch draußen im Nebel. Es war ein aufregendes und dramatisches Wetter, und sie mochte es eigentlich, nur heute nicht ganz so gern, da Bootsmann nicht bei ihr war, sondern irgendwo draußen in dieser dicken, grauen Watte.

»Vielleicht ist es ein Wunschstein«, sagte Pelle. »Man nimmt ihn in die Hand und wünscht sich etwas, und dann geht es in Erfüllung.«

»Und das soll ich glauben?«, sagte Tjorven. »Wünsch dir, dass wir zwei Kilo Bonbons kriegen, dann wirst du ja sehen.«

Pelle schnaubte. »Man muss sich etwas Richtiges wünschen, wenn man sich etwas wünscht.«
Und er hielt den Stein in seiner ausgestreckten Hand und *wünschte* so feierlich und richtig, wie er nur konnte. »Ich *wünsche*, dass meine Brüder bald von dem unendlichen Meer zurückkommen.«
»Und Bootsmann auch«, sagte Tjorven. »Tja, und Freddy und Teddy natürlich auch. Aber sie sind ja im selben Boot, das braucht man sich nicht extra zu wünschen.«
Es war Abend geworden. Aber nicht wie Juniabende sonst sind, nicht hell und glasklar und ein Wunder Gottes, sondern schummrig und unnatürlich. Nebel über allen Fjorden und über allen Inseln und Schären, Nebel über Söderöra und Kudoxa, Nebel über Rödlöga und Svartlöga und Blidö und Möja, Nebel über allen Fahrrinnen und allen Schiffen, die ganz langsam dahinkrochen und mit ihren Nebelhörnern Warnrufe aussandten. Und Nebel über Grankvists kleinem Kahn, der längst schon hätte an seinem heimatlichen Steg liegen müssen, was er aber nicht tat.

>»Büsche büsche boll,
> kocht den Kessel voll,
> drei Schiffe fuhren übers Meer …«,

sang Freddy.

»Ich seh kein einziges«, sagte Teddy und ruhte sich auf den Riemen aus. »Hab noch nie so wenig Schiffe gesehen. Was glaubt ihr, wie lange wir gerudert haben?«
»Eine Woche ungefähr«, sagte Johann. »So kommt es einem jedenfalls vor.«
»Aber es ist bestimmt schön, nach Russland zu kommen«, sagte Niklas. »Wir sind wohl bald da.«
»Das glaub ich auch«, sagte Teddy. »So wie wir gerudert haben! Hätten wir bloß den richtigen Kurs gehalten, dann wären wir gegen zwei Uhr am Bootssteg zu Hause in voller Fahrt vorbeigezischt und wären jetzt bei Janssons Kuhweide auf Grund gelaufen.«
Darüber lachten sie alle vier. Gelacht hatten sie in den letzten fünf Stunden ziemlich viel. Gerudert und gerudert hatten sie, gefroren hatten sie, sich ein bisschen gezankt, ein bisschen vor sich hin gedämmert, Butterbrote gegessen, gesungen, um Hilfe gerufen, gerudert und gerudert und den Nebel gehasst und sich nach Hause gesehnt, aber trotzdem hatten sie ziemlich viel gelacht.
Es war Melcher, der im Augenblick ein großes Unglück auf See erlebte, und nicht die Kinder.
Jetzt aber kam der Abend, und da fiel ihnen das Lachen schwerer. Sie froren mehr als zuvor und wurden immer hungriger und sahen kein Ende von all dem Jammer. Dieser Nebel war unnatürlich, ein norma-

ler Juninebel hätte sich schon längst lichten müssen; dieser aber lag noch immer da und hielt sie in seinem grauen, gespenstischen Griff, als ob er sie nie loslassen wollte. Um sich warm zu halten, hatten sie sich an den Riemen abgewechselt, aber das half nichts mehr, und das Rudern kam ihnen jetzt auch so trostlos vor, da man nicht wusste, wohin es ging. Vielleicht trug jeder Riemenschlag sie nur weiter ins offene Meer hinaus, und dieser Gedanke machte ihnen Angst. Das Meer lag zwar völlig still da, aber sollte sich der Nebel, den sie jetzt so sehr hassten, dass sie ihn am liebsten mit den bloßen Händen zerfetzt hätten, sollte sich dieser Nebel jemals lichten, dann war Wind nötig. Und wenn Wind aufkäme – und kräftig genug – und sie waren weit draußen auf dem Meer in einem kleinen Kahn, dann gäbe es wirklich nicht mehr viel zu lachen.
»Dieses ganze Schärengebiet ist mit Inseln übersät«, sagte Freddy. »Dass wir aber auch nur über eine einzige stolpern – kein Gedanke!«
Sie sehnten sich sehr danach, festen Boden unter den Füßen zu spüren. Kaum zu glauben, dass man danach eine solche Sehnsucht haben konnte! Eine einzige kleine Insel, das war alles, was sie begehrten. Sie brauchte nicht besonders groß oder schön zu sein oder sonst irgendwie bemerkenswert, versicherte Teddy,

es durfte ruhig eine kleine, verstrüppte sein, aber immerhin so, dass man an Land gehen und ein Feuer anmachen und vielleicht erkennen konnte, wo man war, und vielleicht eine Art Dach über dem Kopf bekommen konnte, vielleicht sogar Menschen begegnete, vielleicht sogar unnatürlich freundlichen Menschen, die einem mit heißem Kakao und warmen Pfannkuchen entgegenkamen.

»Jetzt fängt sie an zu spinnen«, sagte Johann.

Aber es war schön, von Essen zu spinnen, das merkten sie. Sie fingen alle miteinander an und unterstützten sich gegenseitig, große Mengen von Fleischklößen und Kohlrouladen und Beefsteaks und Schweinekoteletts und Bratwürsten zusammenzuspinnen.

»Und vielleicht ein kleines Pilzomelett«, schlug Freddy vor.

Dem Pilzomelett stimmten sie alle begeistert zu. Auch Bootsmann, wie es schien, denn er bellte kurz auf. Mehr hatte er ja die ganze Zeit nicht von sich gegeben. Ihm gefiel dieses Unternehmen nicht, wie es keinem gescheiten Hund gefallen konnte. Aber er lag dort auf der Ducht, schweigend und geduldig, wie es sich ebenfalls für einen gescheiten Hund gehörte, wenn diese unbegreiflichen Menschen auf solche unbegreiflichen Zerstreuungen verfielen.

»Armer Bootsmann«, sagte Freddy, »er ist hungriger

als wir, denn er hat einen viel größeren Magen zum Hungrigsein.«

Sie hatten ihre Butterbrote mit ihm geteilt, und als die Brote alle waren, hatten sie ihm Dorsch angeboten, aber den hatte er dankend abgelehnt.

»Das wundert mich gar nicht«, sagte Johann. »Ich würde lieber verhungern als ungekochten Dorsch essen.«

»Ist nichts, nichts, nichts mehr im Rucksack?«, fragte Teddy.

»Eine Flasche Wasser«, sagte Freddy.

Eine Flasche Wasser! Nach all ihren lieblichen Träumen von heißem Kakao und Beefsteaks und Pfannkuchen empfanden sie es als unerträglich armselig, nur eine Flasche Wasser zu haben.

Sie saßen lange Zeit schweigend und mutlos da. Niklas überlegte, was schlimmer sei, zu erfrieren oder zu verhungern. Im Augenblick war es die Kälte, die ihn am meisten plagte. Die dicke Jacke nützte nichts, er fror bis ins Mark und er erinnerte sich plötzlich an ihr Lagerfeuer draußen auf der Schäre. Dies Lagerfeuer musste lange her in einem anderen Leben gewesen sein, so fern wirkte es jetzt. Aber ihm fiel die Streichholzschachtel ein, die er in der Tasche hatte, und er holte sie heraus. Mit klammen Fingern riss er ein Streichholz an. Es brannte mit einer klaren, tröstlichen

kleinen Flamme, und er bog seine Hand drum herum, um für einen Augenblick zu spüren, was Wärme war.
»Spielst du das kleine Mädchen mit den Schwefelhölzern?«, fragte Freddy.
»Wie konntest du das erraten?«, sagte Niklas. Aber in dem Augenblick fiel sein Blick auf etwas.
»Was ist das, was ihr da unter der Achterducht habt? Ist das nicht ein Spirituskocher?«
»Ja, tatsächlich«, sagte Teddy. »Wer um Himmels willen hat denn den da vergessen?«
»Papa wahrscheinlich«, sagte Freddy. »Als er und Mama vorgestern abend draußen waren und Grundnetze ausgelegt haben. Er hatte Mama damit gelockt, dass er ihr im Boot Kaffee kochen würde, wenn sie mitkäme, weißt du noch?«
»Hört mal, könnten wir nicht auch …«, sagte Niklas.
»Wir haben keinen Kaffee«, sagte Freddy. »Nur Wasser.«
Niklas überlegte. Heißes Wasser würde sie trotzdem wärmen, und im Augenblick hatten sie Wärme nötiger als irgendetwas anderes. Er sah sich nach der Kelle um, die sie als Schöpfgefäß im Kahn benutzten. Es war ein gewöhnlicher Blechschöpfer, den konnte man als Kochtopf verwenden. Niklas sagte den anderen, was er vorhatte, und sie schauten gespannt zu, wie er den Spirituskocher anzündete und Wasser aus Teddys Flasche in die Kelle füllte.

»Büsche büsche boll, kocht den Kessel voll«, sang Freddy, und da kam Johann auf eine Idee.
»Wir könnten doch Dorsch da drin kochen«, sagte er. Freddy warf ihm einen aufrichtig bewundernden Blick zu.
»Johann, du bist ein Genie«, sagte sie.
Jetzt bekamen sie alle Hände voll zu tun. Sie reinigten und spülten in wahnsinniger Eile alle ihre sieben Dorsche, schnitten sie in Scheiben und hatten eine fast glückliche Stunde, während sie den Fisch in der Kelle kochten. Die Prozedur nahm lange Zeit in Anspruch, denn es passten immer nur vier Scheiben auf einmal in den Blechschöpfer. Aber schließlich war aller Fisch gekocht und auch mit großer Befriedigung verzehrt. Den größten Teil verschlang Bootsmann, aber auch die anderen bekamen reichlich genug.
»Könnt ihr begreifen«, fragte Freddy, »dass man vier Scheiben Dorsch essen kann ohne das kleinste Krümchen Salz und dann auch noch finden kann, es wäre fast das Beste, was man je gegessen hat?«
»Wieso nicht?«, sagte Johann. »Wenn man Fischbrühe trinken kann und *das* gut findet? Aber dann hat man sie natürlich nicht mehr alle.«
Es war aber, als kehre wieder Leben in sie zurück, nachdem sie die kräftige, dampfend heiße Fischsuppe getrunken hatten. Oh, die wärmte bis in die Zehen

hinunter! Alles war mit einem Mal leichter zu ertragen. Sie fingen wieder an zu hoffen, auf irgendetwas, dass der Nebel weichen oder dass ein Dampfer kommen und sie auflesen würde oder dass sie daheim erwachten und alles nur geträumt hätten.

Aber die Stunden verrannen, und der Nebel lag nach wie vor über dem Wasser. Es kam kein Dampfer, und es war kein Traum, denn im Traum konnte man nicht so frieren. Die Fischbrühe hielt nur ein kurzes Weilchen vor, und der Spirituskocher war endgültig ausgegangen. Jetzt kam die Kälte wieder angekrochen und mit ihr die Müdigkeit und Mutlosigkeit. Es hatte keinen Sinn, noch weiterzuhoffen. Sie würden die ganze Nacht hindurch hier wie Gefangene im Nebel sitzen müssen, vielleicht bis in alle Ewigkeit.

Da zuckte Freddy plötzlich zusammen und fuhr hoch. »Hört mal!«, sagte sie. »Hört mal!«

Und sie hörten: Irgendwo weit weg im Nebel tuckerte ein Motor. Sie horchten, als hinge das Leben davon ab, und dann schrien sie. Es konnte Björns Boot sein, und es konnte das Boot von jemand anders sein, aber wessen es auch war, sie *mussten* versuchen, es heranzurufen.

Und tatsächlich, es kam näher. Immer näher. Jetzt war es nahe – nahe. Und sie schrien sich heiser. Zuerst in wildem Jubel, aber dann vor Verzweiflung und Wut.

Keuchend vor Verbitterung saßen sie da und hörten, wie das Motorengetucker wieder leiser wurde und langsam erstarb. Und schließlich nichts mehr. Nichts mehr als Nebel. Da gaben sie auf und krochen schweigend zusammen auf der Ducht neben Bootsmann, damit er ihnen ein wenig von seiner Wärme abgab.

Nisse Grankvists Kaufmannsladen auf Saltkrokan war wohl einer der friedlichsten Orte der Welt. Nicht dass es dort etwa still und ausgestorben war, im Gegenteil. Hier versammelten sich die Leute von Saltkrokan und von den Inseln rundum. Hierher kamen sie, um einzukaufen und um sich zu unterhalten und Neuigkeiten zu erfahren und um Post zu holen und zu telefonieren. Hier war das Herz von Saltkrokan. Die Leute hatten Nisse und Märta gern, weil sie vergnügt waren und anständig und hilfsbereit, und in ihrem engen kleinen Laden war es gemütlich, wo es so gut nach Kaffee und Backobst und Hering und Seife und allerlei anderen Dingen roch. Es war hier Tag für Tag von früh bis spät ein Summen und Schwatzen, und mitunter gab es gewaltige Wortgefechte über die Angelegenheiten der Insel. Aber immer ging es friedfertig zu, es war ein Ort des Friedens, dieser Kaufmannsladen.
An diesem Abend allerdings nicht. Heute herrschte hier Jammer und Angst und Verzweiflung. Denn

Melcher Melcherson hatte das Große Beben und machte mehr Lärm, als die gesamte Bevölkerung der Insel jemals zustande gebracht hatte.
»Jetzt muss etwas getan werden«, schrie er. »Ich will, dass alle Zollboote und Lotsenstationen und Leuchtturmwärter und Helikopter und Flugzeugambulanzen im ganzen Norden *jetzt* eingesetzt werden! Jetzt auf der Stelle!« Er starrte Nisse an, als ob dieser die Pflicht hätte, für all das zu sorgen.
Malin nahm ihren Vater flehentlich am Arm.
»Lieber Papa, beruhige dich ein bisschen!«
»Wie soll ich mich beruhigen, wenn ich im Begriff bin, vaterlos zu werden!«, brüllte Melcher. »Ich meine – ach was, ihr wisst, was ich meine! Im Übrigen ist es wohl schon zu spät. Ich glaube, dass keins von ihnen noch am Leben ist.«
Die anderen standen dabei, stumm und bedrückt, und hörten zu, Nisse und Märta und Malin und Björn Sjöblom. Selbst Nisse und Märta waren jetzt ängstlich. Sie waren keine unnatürlichen Eltern. Unnatürlich war dieser dichte Nebel im Monat Juni, so etwas war seit Menschengedenken nicht vorgekommen.
»Ich war ein Rindvieh! Weshalb hab ich die Kinder nicht gleich mitgenommen, als ich ihnen ihren Kahn wiederbrachte«, sagte Björn.
Deswegen hatte er ein schlechtes Gewissen, und das

hielt ihn hier im Laden von Saltkrokan bei den Eltern zurück, obgleich er längst schon nach Hause hätte aufbrechen müssen, nach Norrsund.
Übrigens waren nicht nur sein Gewissen und die armen Eltern der Grund, weshalb er blieb. Von dieser Malin, die jetzt so ernst und der fröhlichen, die er neulich Abend kennengelernt hatte, gar nicht mehr ähnlich war, konnte er nur schwer den Blick wenden. Stumm und hilflos stand sie da und hörte dem Ausbruch ihres Vaters zu. Mit einer müden Bewegung strich sie sich das blonde Haar aus der Stirn, und er sah ihre Augen, dunkel und gequält. Sie tat ihm leid. Weshalb konnte ihr Vater sich nicht ein wenig mehr beherrschen, da *sie* es doch konnte?
Nisse hatte den Zollkreuzer in Furusund alarmiert, nicht weil er an eine unmittelbare Lebensgefahr glaubte, doch es war schon schlimm genug, wenn die Kinder die Nacht draußen im Nebel zubringen mussten.
»Ein einzelner Zollkreuzer, was kann der schon ausrichten?«, schrie Melcher, der verlangte, dass der Seerettungsdienst des ganzen Nordens an diesem nebligen Juniabend ins Schärengebiet um Saltkrokan beordert werden sollte. Nachdem er aber lange Zeit getobt und gewettert hatte, war es, als ginge ihm die Luft aus. Er ließ sich auf einen Sack mit Kartoffeln niedersinken

und blieb dort sitzen, so bleich und verstört, dass Märta Mitleid mit ihm hatte.

»Möchtest du eine Beruhigungstablette haben, Melcher?«, fragte sie freundlich.

»Ja, bitte«, sagte Melcher. »Eine ganze Schachtel!«

Es fiel ihm im Allgemeinen schwer, Tabletten einzunehmen, und er hatte auch kein Vertrauen zu ihnen, aber im Augenblick war er bereit, Fuchsgift zu schlucken, falls ihm das eine Weile Ruhe und Gelassenheit verschaffen könnte.

Märta holte eine kleine weiße Tablette und ein Glas Wasser für ihn. Und er legte, wie immer, die Tablette auf die Zunge, trank einen Schluck Wasser und schluckte heftig. Und richtig, das Wasser rann hinunter, und die Tablette blieb liegen. Er war nicht weiter erstaunt, denn so machten seine Tabletten es immer. Er versuchte es noch einmal, aber die verdammte Tablette lag nach wie vor auf der Zunge, bitter und widerlich.

»Nimm einen Riesenschluck«, sagte Malin. Da tat Melcher es. Er nahm einen Riesenschluck, und er schaffte es, dass ihm das Ganze in den falschen Hals geriet. Auch die Tablette, denn diesmal war sie mitgegangen.

»Rrrkkss«, machte Melcher. Er prustete wie ein Seehund, und da rutschte die Tablette hoch und blieb irgendwo stecken. Und da blieb sie den ganzen Abend.

Aber man merkte nicht, dass sie ihn sonderlich beruhigte.
Malin hatte sich den ganzen Tag sehr zusammengenommen, jetzt aber fühlte sie plötzlich, dass sie anfangen würde zu weinen. Nicht gerade wegen der Beruhigungstablette hinter Melchers Nase, sondern weil alles so zum Verzweifeln war. Sie durfte ihren Vater nichts merken lassen, und deswegen lief sie nach draußen.
Die Tränen kamen, sobald sie zur Tür hinaus war, und jetzt durften sie kommen. Sie lehnte den Kopf gegen die Wand und weinte leise.
Dort fand Björn sie.
»Kann ich irgendetwas tun?«, fragte er teilnahmsvoll.
»Ja – rede bitte nicht so freundlich mit mir«, murmelte Malin, ohne aufzublicken, »sonst weine ich, dass es hier eine Überschwemmung gibt.«
»Dann werde ich nichts mehr sagen«, antwortete Björn. »Nur, dass du ziemlich hübsch bist, wenn du weinst.«
Er machte sich auf den Heimweg nach Norrsund. Dort war die Schule, in die die Kinder von allen Inseln ringsum kamen, damit er ihnen ein wenig Wissen eintrichtern konnte, und dort im oberen Stock des Schulhauses hatte er seine einsame Junggesellenbude. Von Saltkrokan aus brauchte er nicht mehr als zehn Minuten bis dorthin. Malin sah ihn zum Bootssteg hinunter verschwinden.

»Morgen wird es besser«, rief er, »glaub mir!«
Gleich darauf hörte sie das Tuckern von seinem Boot draußen auf dem Sund.
Und es war dasselbe Tuckern, das die Kinder im Kahn ein paar Minuten später hörten und das auf so schändliche Weise verschwand.
»Nein, jetzt kriege ich aber die Wut«, sagte Johann und richtete sich von der Ducht auf, wo er in der letzten halben Stunde gehockt hatte, dicht an Bootsmann gedrückt.
»Willst du ins Wasser springen?«, fragte Niklas, und seine Zähne schlugen so sehr aufeinander, dass er kaum sprechen konnte.
»Nein, ich will euch nur bis zum nächsten Bootssteg rudern und euch absetzen«, sagte Johann finster.
Freddy hob ihr blau gefrorenes Gesicht.
»Ach bitte, ja, das wäre schön. Und wo liegt dieser kleine Steg?«
Johann biss die Zähne aufeinander.
»Das weiß ich nicht. Ich werde ihn aber jetzt suchen oder tot umfallen. Ich lass doch nicht irgendeinen ekelhaften alten Nebel darüber bestimmen, wie lange ich auf dem Wasser sein soll.«
Er setzte sich an die Riemen. Der Nebel lag nach wie vor so dick wie Watte. Oh, wie er ihn verabscheute! Weshalb machte er nicht, dass er auf die Nordsee

hinauskam oder wo er hingehören mochte? »Ich werd's dir zeigen«, murmelte er erbost. Es schien fast so, als wäre der Nebel sein persönlicher Feind.
Er machte fünf kräftige Ruderschläge. Da stieß der Kahn gegen einen Stein.
»Peng«, sagte Teddy, »da hätten wir den Steg!«
Es war kein Steg. Aber es war Land. Sie hatten mindestens zwei Stunden lang nur fünf Ruderschläge vom Land entfernt gelegen.
»Von so was wird man verrückt«, sagte Teddy, und wie die Verrückten stürzten sie ans Ufer. Sie schrien und hüpften, und Bootsmann bellte, sie waren völlig außer Rand und Band. Dass sie wirklich wieder festen Boden unter den Füßen hatten! Was für ein fester Boden es nun sein mochte. War es so eine Insel, wo die Leute mit heißen Pfannkuchen ankamen, oder ein unbewohnter Holm, wo sie unter einer Tanne schlafen mussten?
Teddy hatte ja gesagt, es dürfe ruhig eine kleine hässliche und verstrüppte Insel sein, und das passte sehr gut auf diese hier. Verstrüppt war es hier und steinig, so weit sie im Nebel und im Halbdunkel sehen konnten. Aber bevor sie ein Lager für die Nacht aufschlugen, wollten sie erforschen, ob es hier vielleicht irgendetwas Dachähnliches gab.
Johann vertäute den Kahn und schwor, er werde

niemals mehr seinen Fuß dahinein setzen. Und dann begannen sie ihre mühevolle Wanderung. Sie gingen am Ufer entlang, so gut es zwischen den vielen Steinen und all dem Gestrüpp gehen wollte, das sie aufzuhalten suchte.

»Schön wär's, wenn wir einen alten Strandschuppen fänden«, sagte Teddy.

»Gibt's denn in Russland auch solche?«, fragte Johann. Er war jetzt aufgedreht und übermütig. War er es denn nicht gewesen, der sie an Land gebracht hatte?

»Ihr braucht es nur zu sagen, dann finde ich auch noch ein kleines Blockhaus, wo wir übernachten können«, rief er.

Er ging voran und fühlte sich als Anführer. Dies war eine Expedition durch eine unerforschte Wildnis mit unbekannten Gefahren, die hinter jeder Biegung lauerten. Ein Anführer war vonnöten, und das war er. Allen voran bog er um eine Landspitze, und da sah er etwas, das ihn jäh stehen bleiben ließ. Er sah ein Hausdach, das genau vor ihm über einige Bäume hinwegragte.

»Dieses Blockhaus zum Beispiel«, sagte er.

Die anderen hatten ihn eingeholt, und er zeigte stolz auf seinen Fund.

»Bitte schön! Dort habt ihr euer Haus! Wahrscheinlich voller warmer Pfannkuchen.«

Da fingen Teddy und Freddy an zu lachen. Unbändig und befreiend. Dieses Gelächter setzte gewissermaßen den Schlusspunkt für ihr ganzes schauriges Abenteuer im Nebel, und Johann und Niklas mussten mitlachen, obgleich sie nicht wussten, worüber.
»Ich möchte mal wissen, was das für ein Haus ist«, sagte Niklas, als sie sich endlich sattgelacht hatten.
»Mach deine Augen tüchtig auf, dann wirst du es erfahren«, sagte Teddy. »Es ist unsere Schule.«

Niemand bei Grankvists und niemand bei Melchersons kam an diesem Abend vor Mitternacht ins Bett. Das heißt, Pelle und Tjorven waren zur gewohnten Zeit eingeschlafen, aber sie wurden aus ihren Betten gezerrt, damit sie bei dem Schmaus dabei sein konnten, der in Grankvists Küche abgehalten wurde, um den glücklichen Ausgang dieses unruhigen Tages zu feiern.
Unruhig war er bis zuletzt gewesen. Als Björn mit seinem Boot bei Grankvists Steg anlegte und Melcher seine verlorenen Söhne, wohlbehalten und in Decken eingewickelt, darin sitzen sah, da liefen ihm die Tränen übers Gesicht, und er sprang mit einem Satz an Bord, um sie in seine Vaterarme zu schließen. Er war jedoch etwas zu forsch abgesprungen, und nach einer kurzen Zwischenlandung auf der Achterducht schoss er auf

der anderen Seite ins Wasser hinein, und da nützte es ihm nichts, dass er eine Beruhigungstablette hinter der Nase hatte.

»Das hat mir noch gefehlt«, rief er. »Jetzt ist es aber genug!«

Malin wimmerte, als sie ihn wütend auf den Steg zuschwimmen sah. Nur Melcher konnte an einem einzigen Tag so viel passieren.

Tjorven stand dabei, sie war nicht so richtig wach. »Weshalb badest du in deinen Sachen, Herr Melcher?«, murmelte sie. Aber dann entdeckte sie Bootsmann, und da vergaß sie alles andere.

»Bootsmann, komm her, Bootsmann!«

Sie rief ihn mit ihrer zärtlichsten Stimme, und er sprang an Land und stürzte auf sie zu, und sie schlang die Arme um ihn, als wollte sie ihn nie wieder loslassen.

»Siehst du nun, dass mein Wunschstein etwas genützt hat?«, sagte Pelle. Sie hatten sich gerade um den großen Klapptisch in Grankvists Küche niedergelassen. Der ganze Pelle strahlte. Oh, was für eine Nacht! Was für ein Leben sie hier auf Saltkrokan führten! Was für Einfälle! Mitten in der Nacht Leute aus den Betten zu zerren, damit sie aufstanden und Schweinekoteletts aßen, was für ein fantastischer Einfall! Und außerdem waren Johann und Niklas auch nach Hause gekommen.

»Man sollte es nicht glauben, dass einem ganz schwindlig im Kopf werden kann vom Essen«, sagte Teddy mit vollem Mund.
Freddy hatte ein Schweinekotelett in jeder Hand. Sie biss abwechselnd in das eine und in das andere.
»Herrlich finde ich das«, sagte sie. »Ich *will* schwindlig im Kopf sein vom Essen.«
»Von *richtigem* Essen«, sagte Johann, »nicht von solchem, das man sich zusammenschmort, wenn man draußen auf dem Wasser ist.«
»Aber eigentlich war das auch gar nicht so übel«, sagte Niklas.
Sie aßen und genossen und fanden immer mehr, dass dies trotz allem wohl ein schöner Tag gewesen war.
»Hauptsache, man bewahrt die Ruhe«, sagte Melcher und nahm sich noch ein Kotelett. Er hatte sich umgezogen und war trocken und so glücklich, dass es um ihn herum leuchtete.
»Soso, findest du«, sagte Malin.
Melcher nickte nachdrücklich. »Ja, sonst kann man nicht in den Schären leben. Ich geb zu, ich war nahe daran, ein bisschen unruhig zu werden, aber dank deiner Beruhigungstablette, Märta …«
»Da bist du wenigstens hinter der Nase ruhig geworden«, sagte Nisse. »Aber im Übrigen …«
»Im Übrigen bin ich voll des Dankes«, sagte Melcher.

Und wahrlich, das war er. Das Gemurmel um den Tisch nahm zu, die Kinder waren berauscht vom Essen und der Wärme und davon, dass sie wieder daheim waren nach dem Nebel, der wie ein Albtraum gewesen war. Melcher hörte die Stimmen seiner Kinder, und deshalb war er voller Dank. Er hatte sie alle um sich, keines war untergegangen und trieb unter Wasser mit Haaren wie wogendes Seegras.

»Und alle atmen sie, froh und gesund,
und keiner fehlt in unserem Kreis«,

sprach er leise vor sich hin. Malin guckte schräg über den Tisch zu ihm hinüber.
»Was murmelst du da vor dich hin, Papa?«
»Nichts«, sagte Melcher.
Erst als Malin sich wieder Björn zuwandte, sprach er leise die Fortsetzung:

»Der Tag geht zur Neige, das Feuer verglimmt,
bald ist es erloschen.
Schnell ist sie vorüber, die glückliche Zeit,
da keiner fehlt in unserem Kreis.«

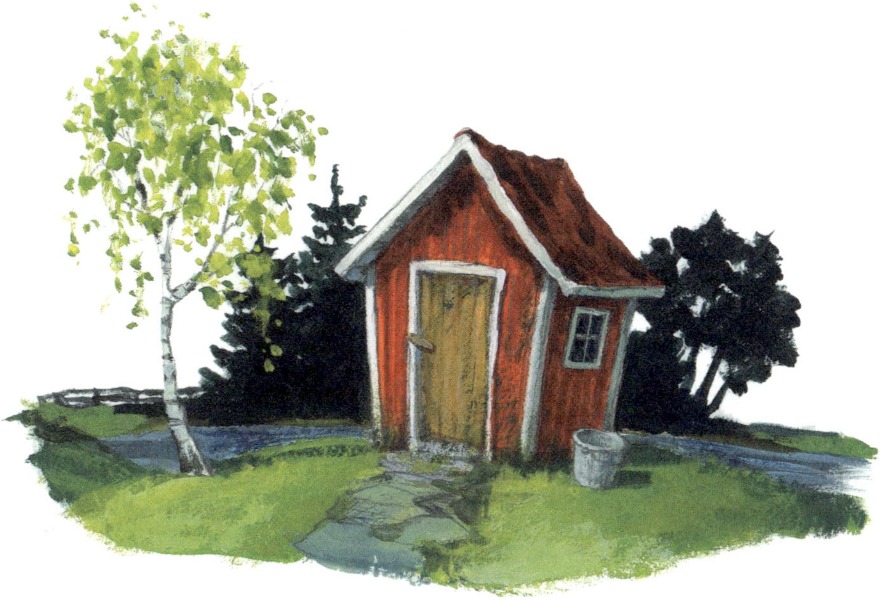

DIE KINDER AUS DER KRACHMACHERSTRASSE

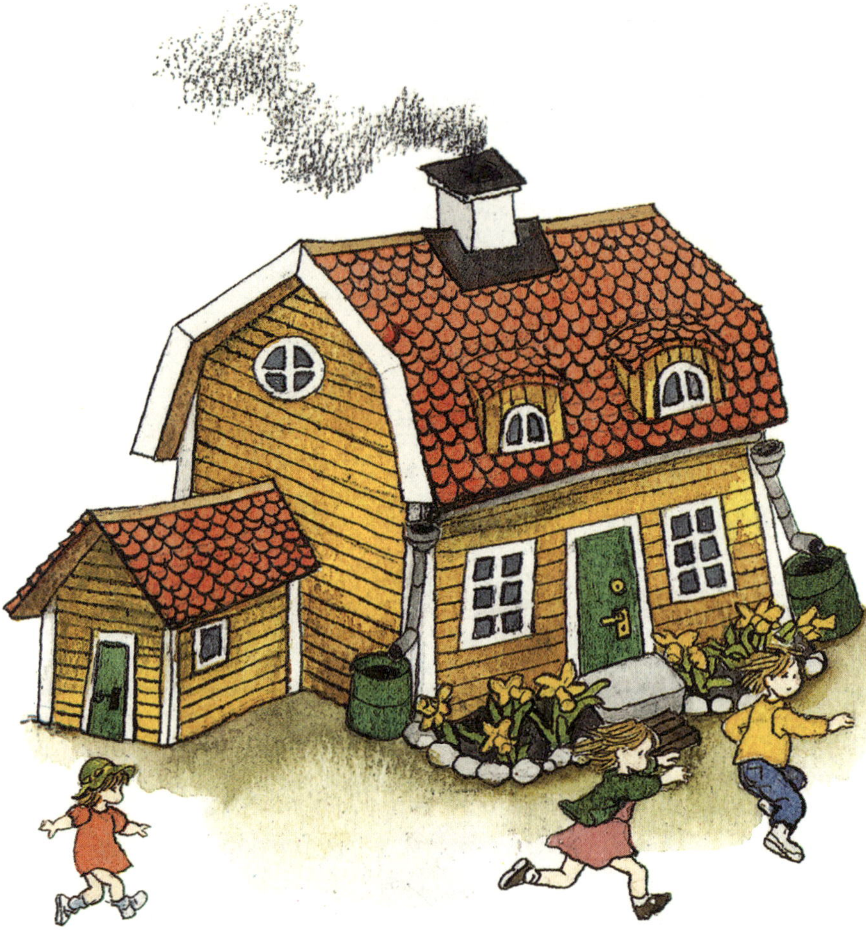

LOTTA IST NOCH KLEIN UND DUMM

Mein Bruder, der heißt Jonas, und ich, ich heiße Mia-Maria, und unsere kleine Schwester, die heißt Lotta. Sie ist erst etwas über drei Jahre, die Lotta. Papa sagt, als noch keine Kinder im Haus waren, da war es ganz ruhig. Aber später war immer solch ein Krach. Mein Bruder wurde vor mir geboren. Und Papa sagt, der Krach im Haus habe beinahe gleich angefangen, als Jonas so groß war, dass er mit der Klapper gegen den Bettrand hauen konnte, sonntagmorgens, wenn Papa schlafen wollte. Und dann hat Jonas mehr und mehr Krach gemacht. Dann kam ich, und dann kam Lotta.
Wir wohnen in einem gelben Haus in einer kleinen Straße, die heißt Krugmacherstraße.
»Möglich, dass in alter Zeit Krugmacher in dieser Straße gewohnt haben, aber heutzutage wohnen hier nur Krachmacher«, sagt Papa. »Ich denke, wir taufen die Straße um und nennen sie die Krachmacherstraße«, sagt er.

Lotta ist böse, weil sie nicht so groß ist wie Jonas und ich. Jonas und ich dürfen ganz allein bis zum Marktplatz gehen, aber Lotta darf das nicht. Jonas und ich gehen samstags auf den Markt und kaufen Bonbons bei den Marktfrauen, die dort stehen. Aber wir bringen Lotta auch Bonbons mit; das müssen wir nämlich. Einmal an einem Samstag regnete es so furchtbar, dass wir fast nicht auf den Markt gehen konnten. Aber wir nahmen Papas großen Regenschirm und gingen trotzdem, und wir kauften uns rote Bonbons. Als wir nach Hause gingen, da gingen wir unterm Regenschirm und aßen Bonbons, und das machte Spaß.
Aber Lotta konnte nicht einmal auf den Hof rausgehen, nur weil es so furchtbar regnete.
»Wozu muss es regnen?«, fragte Lotta.
»Damit Korn und Kartoffeln wachsen können und wir was zu essen bekommen«, sagte Mama.
»Wozu muss es denn auf dem Markt regnen?«, fragte Jonas. »Ist es wegen der Bonbons, damit die wachsen können?«
Da hat Mama nur gelacht.
Als wir abends im Bett waren, sagte Jonas zu mir: »Du, Mia-Maria, wenn wir zu Großvater und Großmutter fahren, dann wollen wir nicht Mohrrüben auf unser Gartenbeet säen, sondern Bonbons, das ist viel besser.«

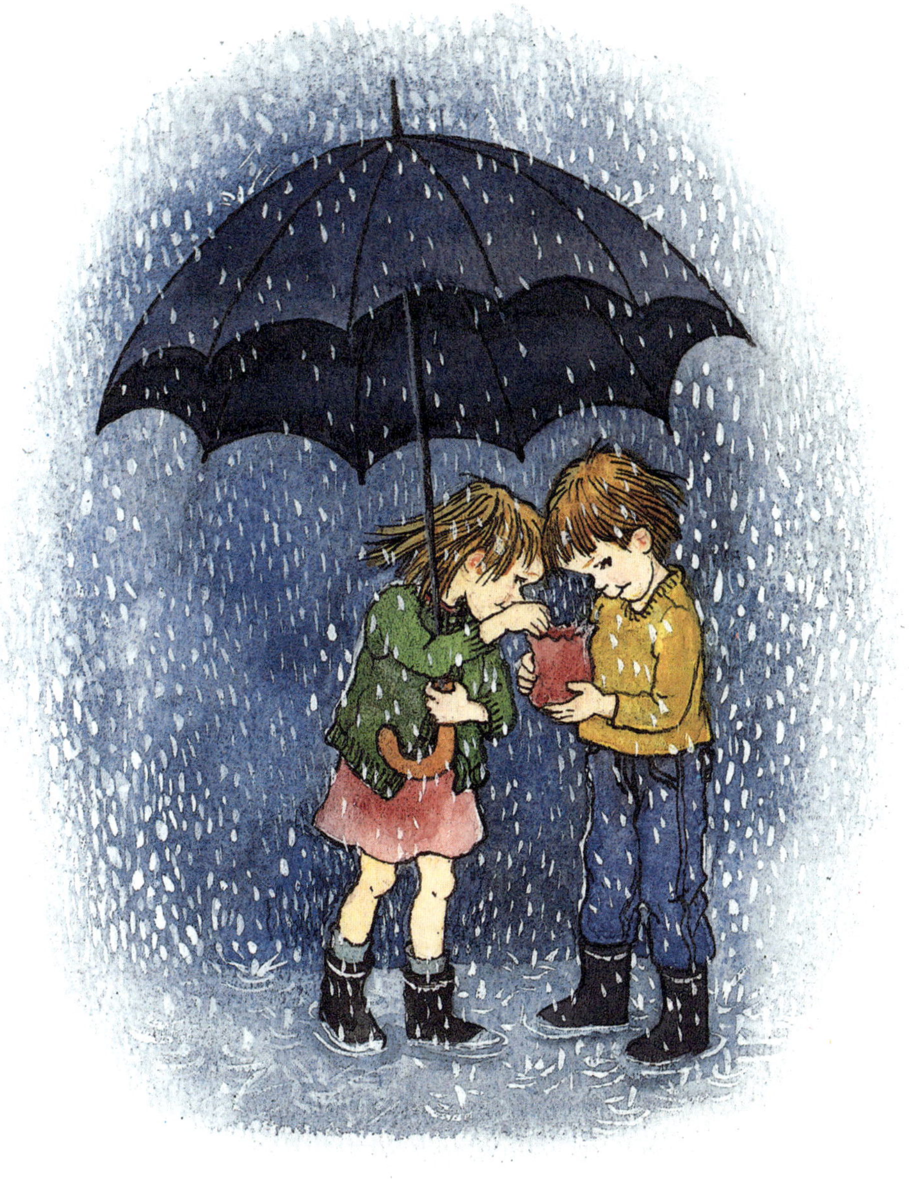

»Ja, obwohl Mohrrüben besser für die Zähne sind«, sagte ich. »Aber wir können sie mit meiner kleinen grünen Gießkanne begießen, die Bonbons, meine ich.« Ich wurde so vergnügt, als mir meine kleine grüne Gießkanne einfiel, die ich bei Großvater und Großmutter auf dem Lande habe. Sie steht auf einem Wandbrett im Keller. Wir sind immer bei Großvater und Großmutter, wenn Sommer ist.

Könnt ihr raten, was Lotta einmal bei Großvater und Großmutter auf dem Lande gemacht hat?

Hinter der Scheune ist ein großer Dunghaufen, wo Onkel Johannson Dung holt und ihn aufs Feld streut, damit alles gut wachsen kann.

»Wozu muss man Dung haben?«, fragte Lotta.

Und da sagte Papa, alles wächst so gut, wenn Dung drauf kommt.

»Und Regen muss auch kommen«, sagte Lotta, denn ihr fiel wohl ein, was Mama gesagt hatte, als es an dem Samstag neulich regnete.

»Ganz recht«, sagte Papa.

Nachmittags fing es an zu regnen.

»Hat einer von euch Lotta gesehen?«, fragte Papa.

Aber wir hatten Lotta eine ganze Weile nicht gesehen, und wir gingen los und suchten sie. Erst suchten wir überall drinnen im Haus und in allen Wandschränken, aber da war keine Lotta. Und Papa wurde unruhiger –

er hatte nämlich Mama versprochen, auf sie aufzupassen. Schließlich gingen wir raus und suchten, Jonas und Papa und ich, in der Scheune und auf dem Heuboden und überall.

Aber dann gingen wir hinter die Scheune, und stellt euch vor, da stand Lotta mitten im Regen und mitten auf dem Dunghaufen, und sie war durch und durch nass.

»Aber liebe kleine Lotta, warum stehst du denn da?«, fragte Papa.
Da weinte Lotta und sagte:
»Weil ich wachsen will und so groß werden will wie Jonas und Mia-Maria!«
Oh, wie ist sie doch noch klein und dumm, die Lotta!

WIR SPIELEN GANZE TAGE LANG

Jonas und ich, wir spielen und wir spielen und wir spielen, ganze Tage lang. Ja, Lotta darf auch mitspielen, wenn wir etwas spielen, wobei sie mitmachen kann. Aber manchmal, da spielen wir Seeräuber, und dann ist Lotta nur im Weg. Sie fällt nämlich bloß vom Tisch runter, den wir als Schiff nehmen. Aber sie schreit und will trotzdem mitspielen.
Neulich, als wir Seeräuber spielten und Lotta uns nicht in Ruhe ließ, da sagte Jonas:
»Weißt du, was man tut, wenn man Seeräuber spielt, Lotta?«
»Man steht auf dem Tisch und hopst und ist Seeräuber«, sagte Lotta.
»Ja, aber es gibt noch eine andere Art, und die ist viel besser«, sagte Jonas. »Man liegt unterm Bett auf dem Fußboden ganz, ganz still.«
»Warum denn?«, fragte Lotta.
»Ja, man liegt da und ist ein Seeräuber, und dann sagt

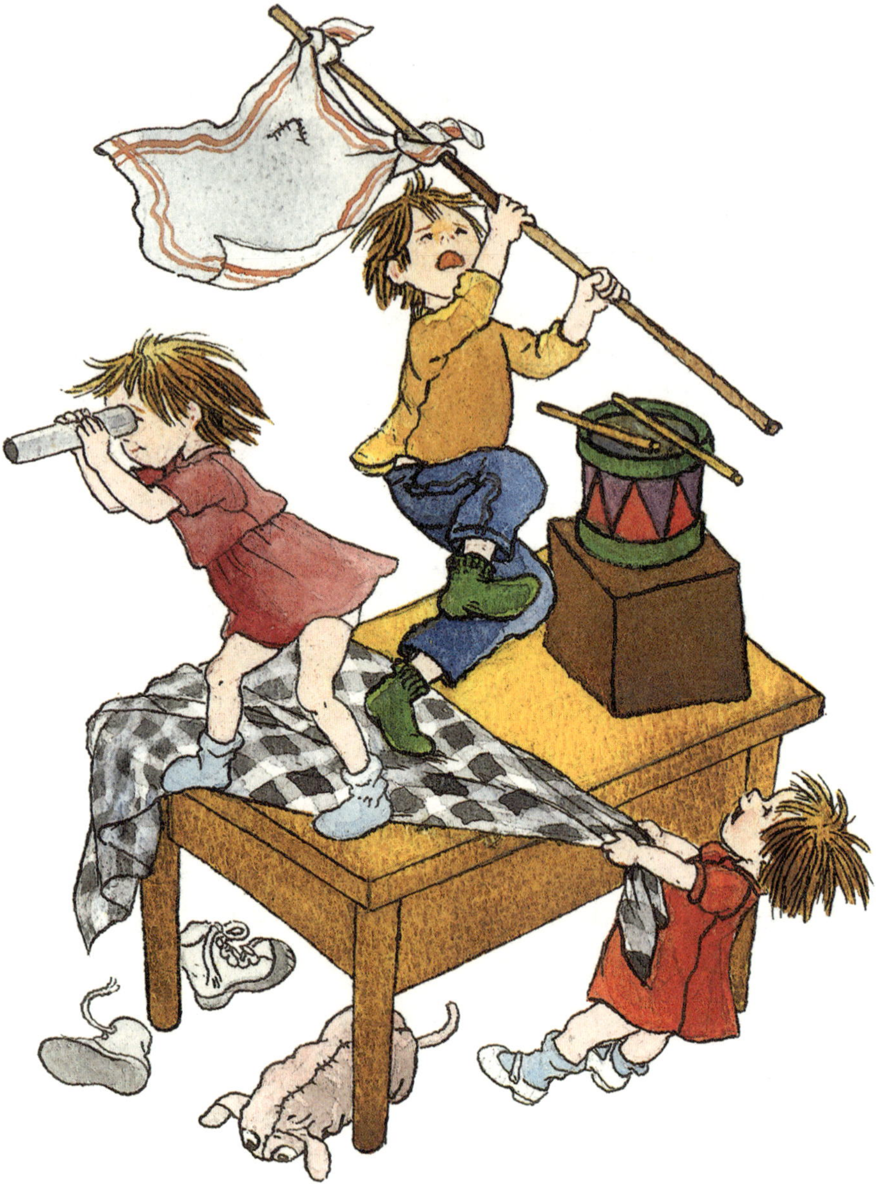

man die ganze Zeit leise: ›Mehr Essen, mehr Essen, mehr Essen.‹ Das machen die Seeräuber so«, sagte Jonas. Endlich glaubte Lotta, dass die Seeräuber es so machen, und sie kroch unter ihr Bett und fing an und sagte: »Mehr Essen, mehr Essen, mehr Essen.«
Und Jonas und ich kletterten auf den Kinderzimmertisch und segelten aufs Meer hinaus – ja, das haben wir natürlich nur gespielt.
Lotta lag die ganze Zeit unter ihrem Bett und sagte: »Mehr Essen«, und es machte uns fast mehr Spaß, sie anzugucken, als Seeräuber zu sein.
»Wie lange liegen Seeräuber unter ihrem Bett und sagen ›Mehr Essen‹?«, fragte Lotta schließlich.
»Bis es Weihnachten wird«, sagte Jonas.
Da kroch Lotta hervor und stand vom Fußboden auf und sagte:
»Ich will kein Seeräuber sein. Die sind ja dumm.«
Aber manchmal ist Lotta gut zu gebrauchen, wenn wir spielen wollen. Manchmal spielen wir, dass wir Engel sind, Jonas und ich. Wir sind Schutzengel, und dann müssen wir jemand zum Beschützen haben, und dann nehmen wir Lotta und beschützen sie. Sie muss sich ins Bett legen, und wir stehen daneben und schwenken die Arme und tun so, als ob es Flügel seien, mit denen wir flattern, und wir fliegen hin und her. Aber Lotta findet, das ist kein lustiges Spiel, weil sie

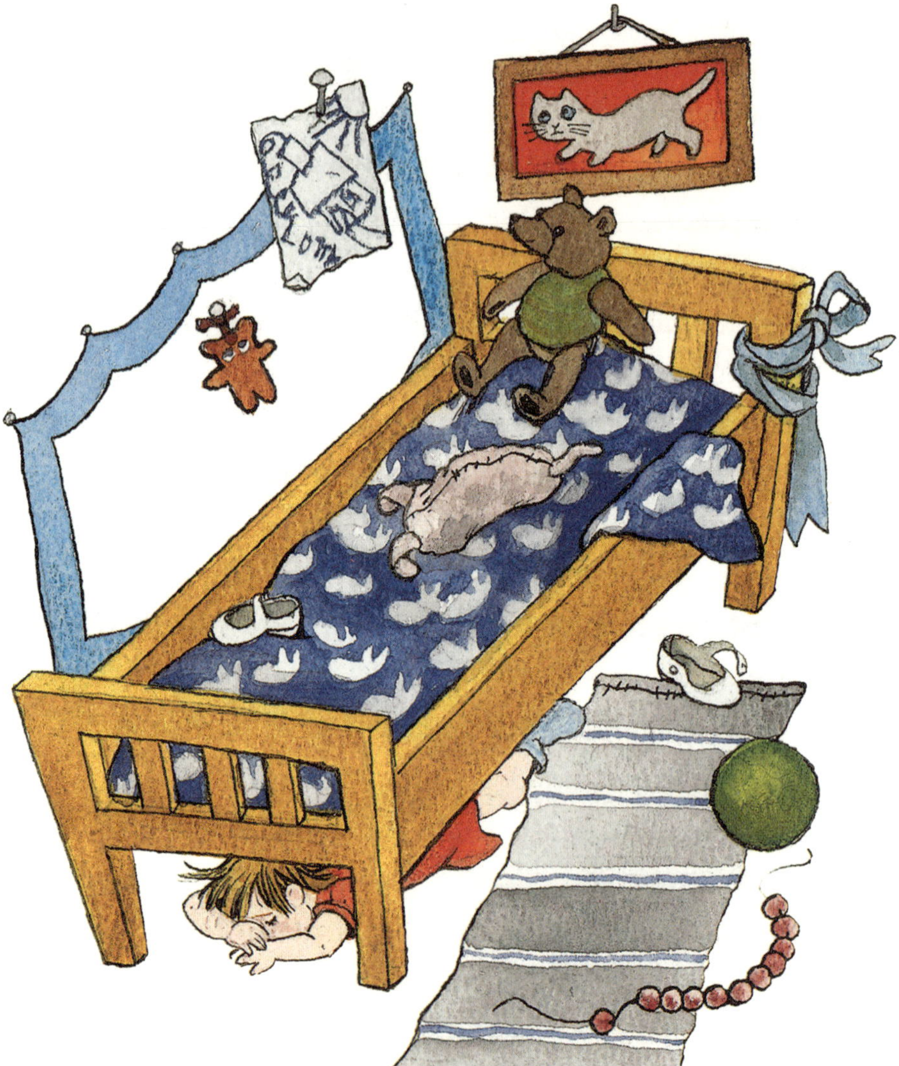

bloß immer still daliegen muss. Und wenn man darüber nachdenkt, dann ist es für sie ja beinahe ebenso, wie wenn sie Seeräuber spielt, bloß dass sie dann *unterm* Bett liegt und sagt: »Mehr Essen«; sonst ist es genau dasselbe.

Wir spielen auch Krankenhaus. Dann ist Jonas der Doktor, und ich bin die Krankenschwester, und Lotta ist ein krankes Kind, das im Bett liegt.

»Ich *will* nicht im Bett liegen«, sagte Lotta, als sie neulich ein krankes Kind spielen sollte. »Ich will der Doktor sein und Mia-Maria einen Löffel in den Hals stecken.«

»Du kannst nicht der Doktor sein«, sagte Jonas.

»Du kannst ja noch kein Riseft schreiben.«
»Was kann ich nicht schreiben?«, fragte Lotta.
»Ein Riseft, worauf der Doktor schreibt, wie man kranke Kinder pflegen muss, das weißt du doch«, sagte Jonas. Jonas kann Druckbuchstaben schreiben, dabei geht er noch gar nicht in die Schule. Und er kann auch lesen. Schließlich kriegten wir Lotta so weit, sich ins Bett zu legen und ein krankes Kind zu sein, obgleich sie nicht wollte.
»Na, wie geht's uns denn?«, fragte Jonas, und es hörte sich genauso an, wie der Onkel Doktor spricht, der zu uns kommt, wenn wir krank sind und Masern haben.
»Mehr Essen, mehr Essen, mehr Essen«, sagte Lotta.
»Ich spiele, dass ich ein Seeräuber bin.«
»Ach, wie dumm du bist!«, schrie Jonas. »Lass das sein! Du darfst nicht mitspielen, wenn du so dumm bist!«
Und da wurde Lotta ein krankes Kind, und wir machten ihr einen Umschlag um den Arm, und Jonas hielt eine große Garnrolle gegen ihre Brust und hörte durch die Garnrolle, dass sie furchtbar krank auf der Brust war. Und er steckte ihr einen Löffel in den Hals und sah, dass sie da auch krank war.
»Ich muss ihr eine Spritze geben«, sagte Jonas.
Denn als Jonas einmal krank war, gab ihm der Doktor eine Spritze in den Arm, damit er wieder gesund werden sollte.

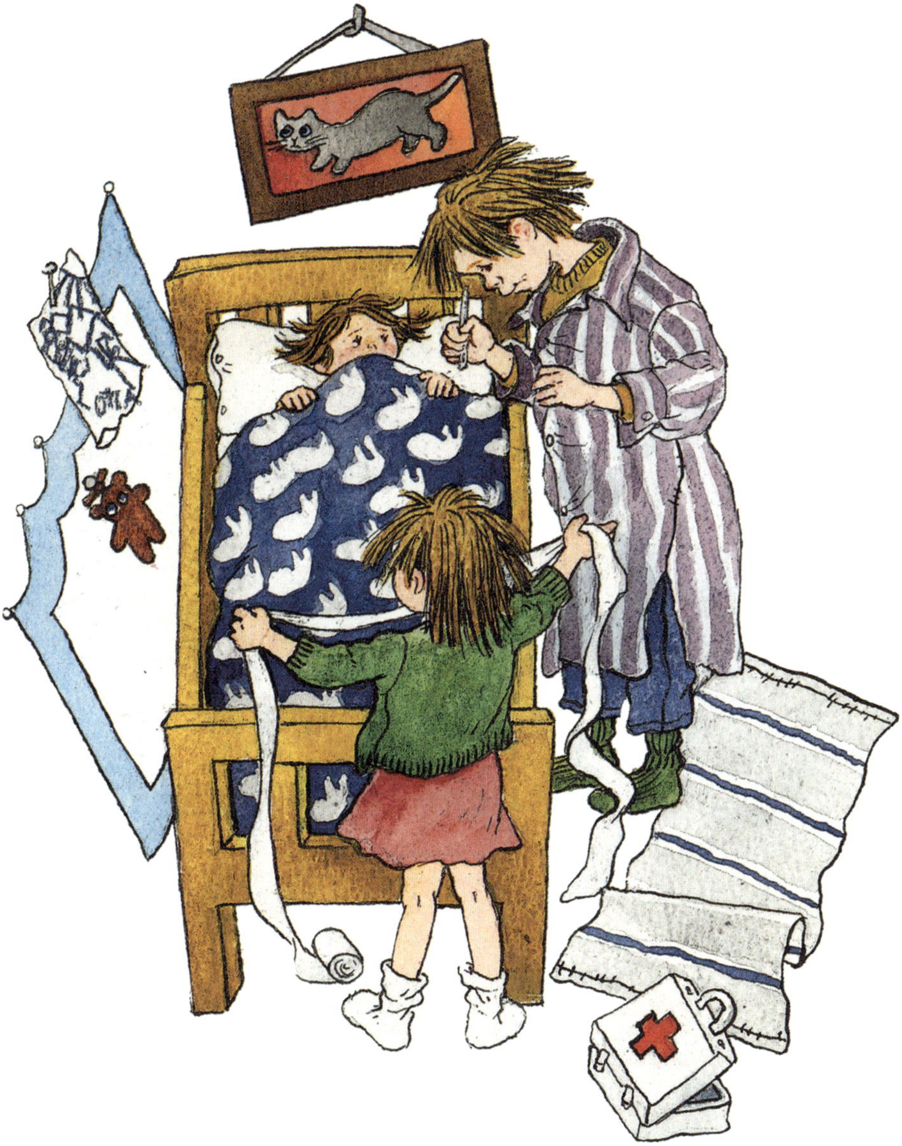

Deshalb wollte er Lotta auch eine Spritze geben. Und er nahm eine Stopfnadel, und wir taten so, als ob es eine Spritze wäre, wie der Doktor sie hat.
Aber Lotta wollte keine Spritze haben. Sie strampelte mit den Beinen und schrie:
»Ihr *dürft* mich nicht spritzen!«
»Ach, du dumme Nuss, wir *tun* doch nur so«, sagte Jonas. »Ich pike dich nicht richtig; das kannst du dir doch denken!«
»Ich will aber trotzdem keine Spritze haben!«, schrie Lotta.
Wir konnten also fast nicht weiter Krankenhaus spielen.
»Ich werde jedenfalls ein Riseft schreiben«, sagte Jonas. Und dann setzte er sich an den Kinderzimmertisch und schrieb mit Blaustift auf ein Stück Papier.
Er schrieb mit Druckbuchstaben, aber ich kann noch keine Buchstaben lesen. Der Zettel sah so aus:
Jonas und ich finden, Krankenhaus spielen macht Spaß. Aber Lotta findet das nicht.

KRANKES METCHEN MUS GUHT GEFLEEG WERN. ES MUS NE SPRIITSE KRIGN.
DOCTOR JONAS MALM

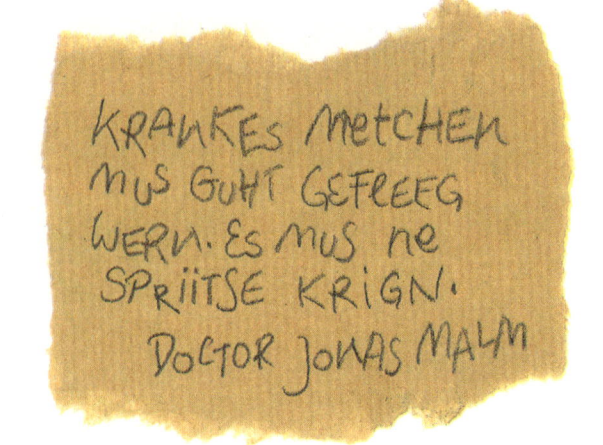

LOTTA IST EIGENSINNIG WIE EINE ALTE ZIEGE

Unser Papa macht so viel Spaß mit uns. Wenn er vom Büro nach Hause kommt, stehen wir auf dem Flur und sagen ihm Guten Tag, Jonas und ich und Lotta. Und dann lacht Papa und sagt:
»Oh, was hab ich für viele Kinder!«
Einmal haben wir uns auf dem Flur zwischen den Mänteln versteckt und standen ganz, ganz still, und da sagte Papa zu Mama:
»Warum ist denn kein Krach im Haus? Sind die Kinder krank?«
Da kamen wir hinter den Mänteln hervor und lachten Papa aus, und da sagte er:
»Ihr dürft einem doch nicht so einen Schreck einjagen. Krach und Radau muss sein, wenn ich nach Hause komme, sonst mache ich mir Sorgen.«
Aber meistens braucht er sich keine Sorgen zu machen. Einmal stießen zwei Lastautos auf der Straße gerade vor unserem Haus zusammen, und da gab es so einen

furchtbaren Krach, dass Lotta aufwachte, und dabei war sie eben erst eingeschlafen.
Und da sagte Lotta: »Was hat Jonas jetzt gemacht?« Sie denkt wohl, immer ist es Jonas, der den ganzen Krach und Radau in der Welt macht. Lotta ist so niedlich und hat so dicke Beine. Jonas und ich, wir streicheln und drücken und küssen Lotta immer, aber das will sie nicht.
Es gibt vieles, was sie nicht will, die Lotta. Medizin will sie nicht nehmen, aber sie muss, wenn sie krank ist. In der vorigen Woche hatte Lotta Husten, und da wollte Mama, sie sollte Hustenmedizin nehmen. Aber Lotta kniff nur den Mund zusammen und schüttelte immerzu den Kopf.
»Du bist ein bisschen dumm, Lotta«, sagte Jonas.
»Ich bin gar kein bisschen dumm«, sagte Lotta.

»Doch, du willst keine Hustenmedizin nehmen, und darum bist du dumm«, sagte Jonas. »Wenn *ich* Medizin nehmen muss, dann *beschließe* ich selber, dass ich sie nehmen *will*, und dann nehme ich sie auch.«
Da sagte Lotta:
»Wenn ich Medizin nehmen muss, dann *beschließe* ich selber, dass ich sie *nicht* nehmen will, und dann nehm ich sie *nicht*.«
Sie kniff wieder den Mund zusammen und schüttelte den Kopf hin und her.

Mama streichelte sie und sagte:
»Nun ja, dann musst du eben im Bett liegen und husten, arme kleine Lotta!«
»Ja, und kein bisschen schlafen«, sagte Lotta ganz zufrieden.
Lotta will abends nicht ins Bett gehen, und das will ich eigentlich auch nicht. Ich finde Mama so komisch, denn sie will, wir sollen abends ins Bett gehen, wenn wir noch ganz hellwach sind, aber morgens, wenn wir schlafen, dann will sie, wir sollen aufstehen.
Es wäre wohl doch gut gewesen, wenn Lotta trotzdem die Medizin genommen hätte, denn am Tag darauf war sie noch hustiger und verschnupfter, und Mama sagte, sie dürfte nicht rausgehen.
Aber ich musste für Mama im Nähladen was besorgen, und als ich dort stand und wartete, bis ich an der Reihe war, kam Lotta zur Tür herein, und sie hatte eine Laufnase.
»Geh nach Hause«, sagte ich.
»Das tue ich grade nicht«, sagte Lotta. »Ich will auch in den Nähladen gehen.«
Sie zog in einem fort die Nase hoch und schnaufte dabei, und zuletzt sagte eine Dame, die auch im Laden war, zu ihr:

»Hast du denn kein Taschentuch?«
»Doch«, sagte Lotta, »aber das verleihe ich nicht an jemand, den ich nicht kenne.«
Ich muss noch mehr von Lotta erzählen. Einmal nahm Mama uns mit zum Zahnarzt, Jonas und mich und Lotta. Mama hatte gesehen, dass Lotta in einem Zahn ein kleines Loch hatte, und das sollte der Zahnarzt zumachen.
»Wenn du beim Zahnarzt ganz tapfer bist, dann kriegst du ein Geldstück«, sagte Mama zu Lotta. Mama musste im Wartezimmer bleiben, während wir drinnen beim Zahnarzt waren. Zuerst sah er sich meine Zähne an, aber ich hatte keine Löcher, und da durfte ich zu Mama ins Wartezimmer gehen.
Wir mussten da ganz, ganz lange sitzen und auf Jonas und Lotta warten, und Mama sagte:
»Nicht zu glauben, dass Lotta gar nicht schreit!«
Nach einer Weile ging die Tür auf, und Lotta kam heraus.
»Na, bist du nun tapfer gewesen?«, sagte Mama.
»Doch, ja«, sagte Lotta.
»Was hat der Zahnarzt gemacht?«, fragte Mama.
»Er hat einen Zahn gezogen«, sagte Lotta.
»Und du hast nicht geschrien? Oh, bist du aber tapfer«, sagte Mama.
»Nöö, ich hab nicht geschrien«, sagte Lotta.

»Du bist wirklich ein tapferes Mädchen«, sagte Mama. »Hier hast du dein Geldstück.«
Lotta nahm das Geld und steckte es in die Tasche und machte ein zufriedenes Gesicht.
»Kann ich mal sehen, ob es blutet?«, sagte ich.
Lotta sperrte den Mund auf, aber ich konnte nicht sehen, dass ihr ein Zahn fehlte.

»Er hat ja gar keinen Zahn gezogen«, sagte ich.
»Dooch … bei Jonas«, sagte Lotta.
Nachher kam Jonas heraus und der Zahnarzt auch.
Der Zahnarzt zeigte auf Lotta und sagte:
»Bei diesem kleinen Fräulein konnte ich nichts machen, sie wollte den Mund nicht öffnen.«
»Mit diesem Kind muss man sich überall schämen«, sagte Jonas, als wir nach Hause gingen.
»Ich hab ihn doch gar nicht gekannt«, sagte Lotta.
»Ich kann nicht bei Leuten den Mund aufsperren, die ich nicht kenne.«
Papa sagt, Lotta ist eigensinnig wie eine alte Ziege.

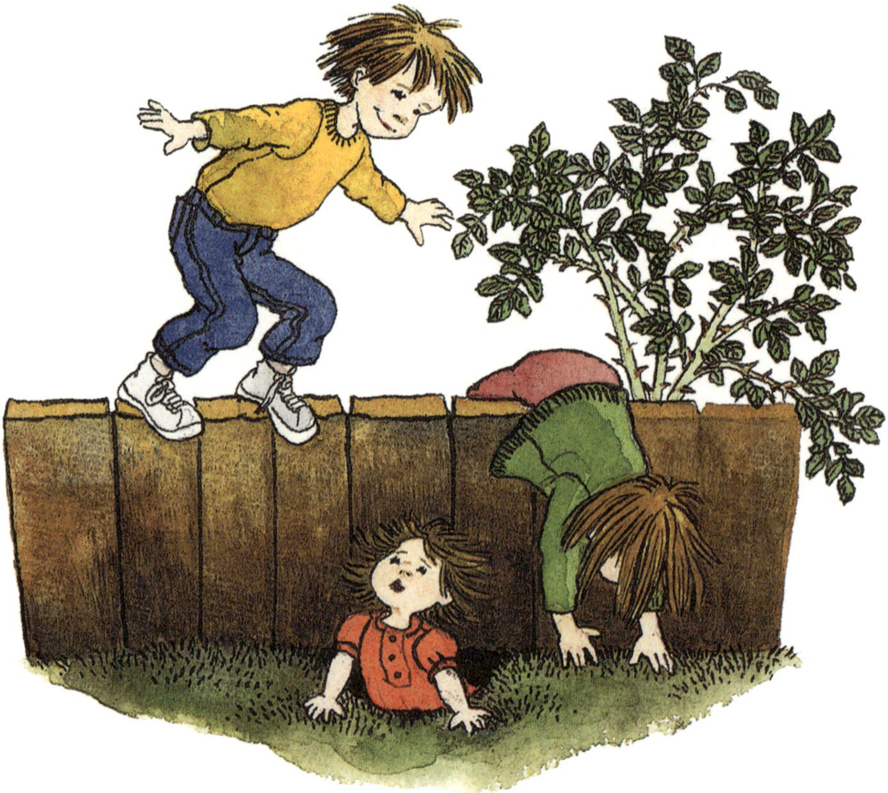

TANTE BERG IST DIE BESTE, DIE ES GIBT

Im Haus nebenan wohnt Tante Berg. Die besuchen wir ab und zu. Zwischen ihrem Garten und unserem Garten ist ein Holzzaun, aber wir können darüberklettern, Jonas und ich. Lotta kann nicht darüberklettern, aber Tante Bergs Hund hat an einer Stelle unterm Zaun die Erde weggekratzt, sodass da jetzt ein Loch ist, und da kriecht Lotta durch.
Neulich waren wir bei Tante Berg, und es war so schön. Sie hat einen Schreibtisch mit einer Klappe, und der hat lauter kleine Schubfächer, in denen hübsche Sachen liegen.
»Liebe Tante Berg, dürfen wir uns alle die feinen Sachen ansehen?«, fragte Jonas.
Und das durften wir. Zuerst durften wir die kleine Puppe sehen, mit der Tante Berg gespielt hat, als sie noch ein Kind war. Sie heißt Rosa, die Puppe.
Tante Berg ist so alt, so alt, aber nicht so alt, wie Lotta denkt. Lotta sagte zu ihr:

»Tante Berg, hattest du Rosa bei dir in der Arche Noah?«

Gerade am Abend vorher hatte Papa uns nämlich von der Arche Noah erzählt. Er erzählte, wie der alte Noah sich ein großes Schiff gebaut hat, das die Arche genannt wurde. Und dann regnete es mehrere Wochen lang, und alle, die nicht bei Noah in der Arche waren, mussten ertrinken, und das war vor vielen Tausend Jahren. Tante Berg lachte und sagte:

»Kleine Lotta, ich war nicht mit in der Arche Noah, weißt du.«

»Wieso bist du dann nicht ertrunken?«, fragte Lotta.

Rosa liegt in einem der vielen kleinen Schubfächer im Schreibtisch, und das ist ihr Bett. Sie liegt auf rosa Watte und hat ein Stück grüne Seide zum Zudecken, und sie selber hat ein blaues Kleid an.

Und stellt euch vor, in einem anderen Schubfach hat Tante Berg ein ganz kleines Körbchen aus Glas mit rosa Rosen darauf. Wir durften mit Rosa spielen, und sie durfte den Glaskorb am Arm tragen, und wir spielten, dass sie Rotkäppchen sei, die zur Großmutter

ging mit Essen und einer Flasche Saft im Korb. In einer Schale auf dem Klavier hatte Tante Berg Schokolade. Manche Stücke waren wie kleine Flaschen mit Silberpapier drum herum. So eine Flasche legten wir in Rotkäppchens Korb und dann noch ein paar Rosinen und Mandeln, die wir von Tante Berg bekamen. Und Tante Bergs Hund, Skotty, sollte der Wolf sein, und ich war die Großmutter, und Jonas war der Jäger, der kam und den Wolf totschoss.
»Aber ich«, sagte Lotta, »soll ich denn gar nichts sein?«
Lotta durfte Rosa tragen und alles sagen, was Rotkäppchen sagen musste, denn Rosa kann ja nicht selber reden. Aber als Rotkäppchen in Großmutters Haus kam, das in Tante Bergs guter Stube war, da war keine Rosine mehr im Glaskorb übrig und keine Mandel.
»Wo ist das Essen für die Großmutter?«, fragte Jonas.
»Das hat Rosa aufgegessen«, sagte Lotta.
Da wollte Jonas nicht mehr, dass Lotta bei Rotkäppchen mitspielte. Und Skotty wollte nicht mitmachen und so tun, als ob er die Großmutter auffräße. Jonas hielt ihn fest, aber er zappelte und zappelte, und schließlich riss er sich los und kroch unters Sofa und steckte nur ab und zu die Nase ein bisschen hervor und guckte uns böse an. Skotty mag es eigentlich nicht, wenn wir bei Tante Berg sind.

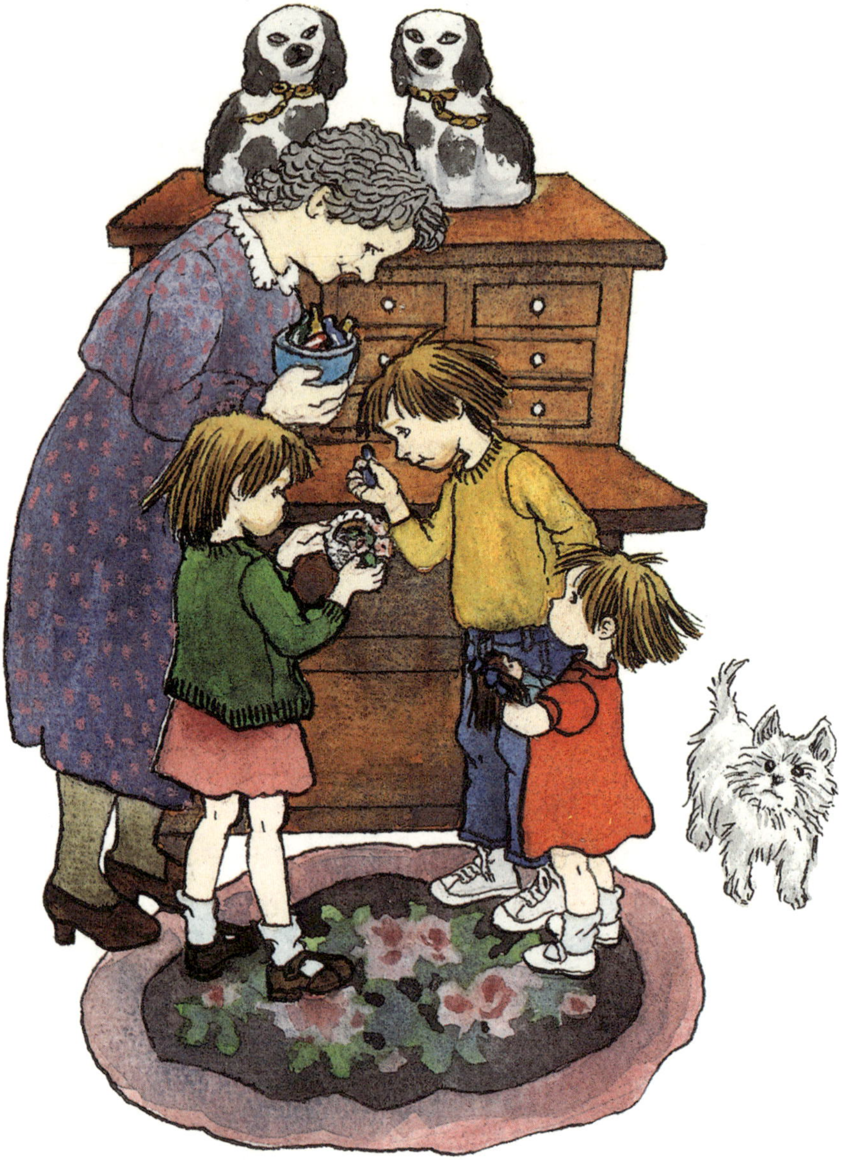

Aber wir hatten es so schön, und wir sahen uns all die anderen Sachen in Tante Bergs Schreibtisch an. Tante Berg hat ein Nadelkissen aus roter Seide, das sieht aus wie ein Herz. Und dann hat sie noch ein kleines Bild in einem Goldrahmen, und auf diesem Bild ist ein wunderschöner Engel mit langem blondem Haar und einem weißen Nachthemd und zwei großen weißen Flügeln auf dem Rücken. Lotta mag das Bild so gern und ich auch.

»Aber wie hat der Engel es gemacht, dass das Nachthemd über die Flügel ging?«, fragte Lotta.

Jonas sagte, vielleicht habe das Nachthemd hinten einen Reißverschluss.

Tante Berg hatte Waffeln für uns gebacken. Das tut sie manchmal, wenn wir kommen und sie besuchen, aber nicht immer.

»Es ist so herrliches Frühlingswetter, da können wir draußen im Garten sitzen und Schokolade trinken und Waffeln essen«, sagte Tante Berg.

Während Tante Berg in der Küche war und Waffeln backte, waren wir allein in der Wohnstube und spielten. Die Stube hat zwei Fenster, und die standen offen, weil es so warm war. Jonas und ich steckten jeder den Kopf aus einem Fenster, und Jonas warf mir eine Murmel zu, die er in der Hosentasche hatte. Und ich warf sie ihm wieder zurück, und wir warfen sie

immer hin und her. Aber zuletzt ließ ich die Murmel fallen, und sie kullerte auf den Rasen.
Dann wollten Jonas und ich mal sehen, wer von uns sich am weitesten aus dem Fenster lehnen könnte. Wir wetteten und lehnten uns immer weiter hinaus, und mit einem Mal fiel Jonas aus dem Fenster. Ich bekam so einen Schreck. Und Tante Berg erschrak auch. Sie kam gerade in die Stube, als Jonas hinausfiel. Sie lief ans Fenster und rief ganz laut:
»Aber Jonas, wie konnte denn das passieren?«
Jonas saß auf dem Rasen und hatte eine große Beule an der Stirn.
»Mia-Maria und ich wollten mal sehen, wer sich am weitesten aus dem

Fenster lehnen kann, und ich hab gewonnen«, sagte Jonas und sah sehr zufrieden aus.

Aber während Jonas und ich uns um die Wette aus dem Fenster lehnten, hatte Lotta auf dem Sofa Tante Bergs Strickzeug gefunden. Tante Berg strickt Pullover und Jacken, die die Leute ihr abkaufen. Und denkt bloß, die dumme Lotta hatte die Stricknadeln herausgezogen und alles aufgeribbelt, was Tante Berg gestrickt hatte. Sie saß auf dem Sofa und war ganz und gar in Wolle eingewickelt, und sie riss und zerrte daran.

Und Tante Berg rief:
»Aber Lotta, was hast du da gemacht?«
»Pullover«, sagte Lotta. »Die Wolle ist ganz lockig geworden.«
Da sagte Tante Berg, es wäre wohl das Beste, wir gingen in den Garten hinaus und äßen Waffeln, und dann wäre es wohl das Beste, wir gingen nach Hause.
Wir saßen in Tante Bergs Garten und tranken Schokolade und aßen viele Waffeln mit Zucker darauf. Es war so wunderschön in der Sonne, und um uns herum hüpften kleine Spatzen und bekamen Krümel von uns ab. Aber dann war Tante Berg müde und sagte, wir sollten nach Hause gehen. Und wir kletterten über den Zaun, Jonas und ich, und Lotta kroch durch das Loch, und wir gingen nach Hause und gleich in die Küche, weil wir sehen wollten, was es zum Mittagessen gab.
»Wir essen heute gekochten Fisch«, sagte Mama.
Da sagte Jonas:
»Dann ist es ja gut, dass wir so viele Waffeln im Bauch haben.«
»So, so, wart ihr bei Tante Berg«, sagte Mama. »Hat sie sich gefreut?«
»Na klar«, sagte Jonas. »Sie hat sich zweimal gefreut. Erst hat sie sich gefreut, als wir kamen, und dann hat sie sich gefreut, als wir gingen.«
Tante Berg ist die Beste, die es gibt.

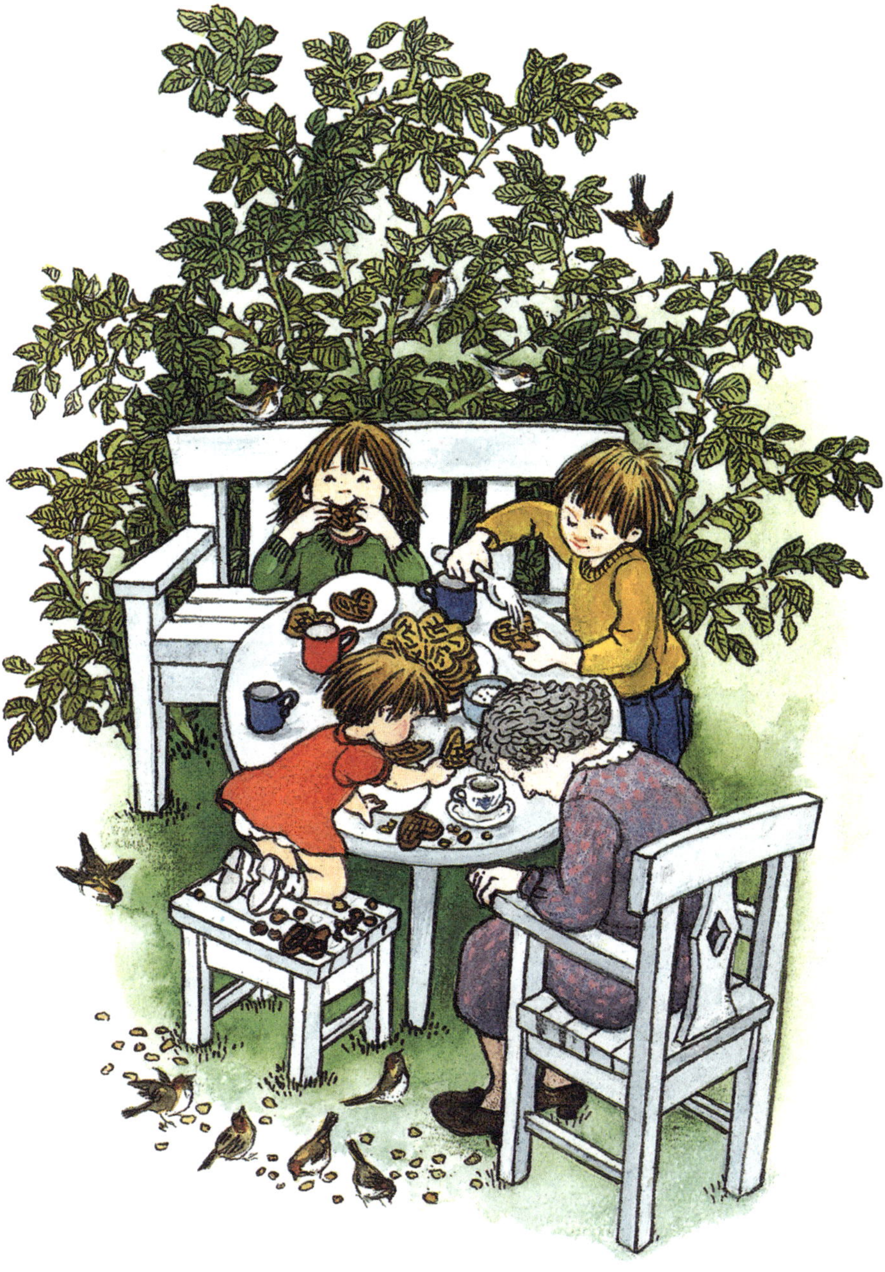

WIR MACHEN EINEN AUSFLUG

Eines Tages sagte Papa:
»Sonntag wollen wir einen Ausflug machen!«
»Hurra!«, riefen Jonas und ich.
»Hurra, wir machen einen Ausflug!«, rief Lotta.
Am Sonntag stand Mama früh auf und backte Pfann-

kuchen und machte Butterbrote und tat Kakao in Thermosflaschen und Kaffee, der für sie und Papa sein sollte. Limonade nahmen wir auch mit.
Als Papa mit dem Auto vorgefahren war, sagte er: »Nun müssen wir mal sehen, ob wir alles in diesem kleinen schäbigen Auto unterbringen können. Nun müssen wir mal sehen, ob ich Mama und Jonas und Mia und Lotta und sechsundzwanzig Pfannkuchen und Gott weiß wie viele Butterbrote verstauen kann …«
»Und den Teddy«, sagte Lotta.
Der Teddy, das ist ein großes rosa Stoffschwein, das gehört Lotta, und das

will sie überallhin mitnehmen. Sie denkt, es ist ein Bär, und darum nennt sie es Teddy.

»Aber es ist ein Schwein, und das ist es immer gewesen«, sagt Jonas.

Dann schreit Lotta und sagt, es ist ein Bär.

»Bären sind aber nicht rosa«, sagt Jonas. »Denkst du, es ist ein Eisbär oder ein gewöhnlicher Bär?«

»Es ist ein Schweinsbär«, sagt Lotta.

Lotta durfte ihren Schweinsbären auf den Ausflug mitnehmen. Als wir im Auto saßen, sagte sie:

»Mama, können Schweine kleine Kinder bekommen?«

»Meinst du den Teddy, oder meinst du richtige Schweine, wie Großvater und Großmutter sie auf dem Lande haben?«, fragte Mama.

Da sagte Lotta, sie meine richtige, lebendige Schweine und nicht solche Bären wie den Teddy.

Mama sagte, richtige, lebendige Schweine können natürlich Kinder bekommen.

»Das können sie aber nicht«, sagte Jonas.

»Das können sie aber doch«, sagte Mama.

»Nee, die können keine Kinder bekommen«, sagte Jonas. »Die können bloß kleine Ferkel kriegen.«

Da lachten wir alle miteinander, und Papa sagte, so schlaue Kinder wie die aus der Krachmacherstraße gäbe es nicht noch mal.

Wir fuhren zu einem kleinen See. Papa ließ das Auto

auf einem Waldweg stehen, und dann trugen wir alles Essen zum See. Da war ein langer Steg, der in den See hinausging, und Jonas und ich und Lotta wollten auf den Steg gehen und nachsehen, ob Fische im Wasser wären. Mama legte sich sofort ins Gras und sagte zu Papa:
»Hier bleibe ich den ganzen Tag liegen und rühre mich nicht vom Fleck. Du musst auf die Kinder aufpassen!«
Papa ging mit uns auf den Steg hinaus, und wir lagen auf dem Bauch und sahen viele kleine Fische, die ganz schnell schwimmen konnten. Und Papa machte Angelruten für uns aus langen Stöcken, die er im Wald schnitt, und machte eine Leine daran fest und eine Nadel als Haken. Und wir steckten Brotkrumen auf den Haken und saßen lange und angelten, aber wir fingen keine Fische.
Dann gingen wir in den Wald, doch Mama sagte, wir dürften nicht weit gehen.
Wir sahen einen kleinen Vogel, der in einen Busch hineinflog, und dann flog er wieder weg.
Wir gingen hin und schauten nach, und zwischen den Zweigen des Busches, fast ganz unten auf der Erde, war ein Vogelnest mit vier kleinen blauen Eiern darin. Oh, es waren die niedlichsten Eier, die ich je gesehen habe!

Lotta wollte bleiben und die ganze Zeit das Vogelnest angucken, und sie hielt den Teddy hoch, damit er es auch sehen konnte. Aber Jonas und ich, wir fanden einen feinen Kletterbaum gleich daneben, und wir wollten hingehen und darin herumklettern. Lotta musste also mitkommen, wenn sie auch nicht wollte.

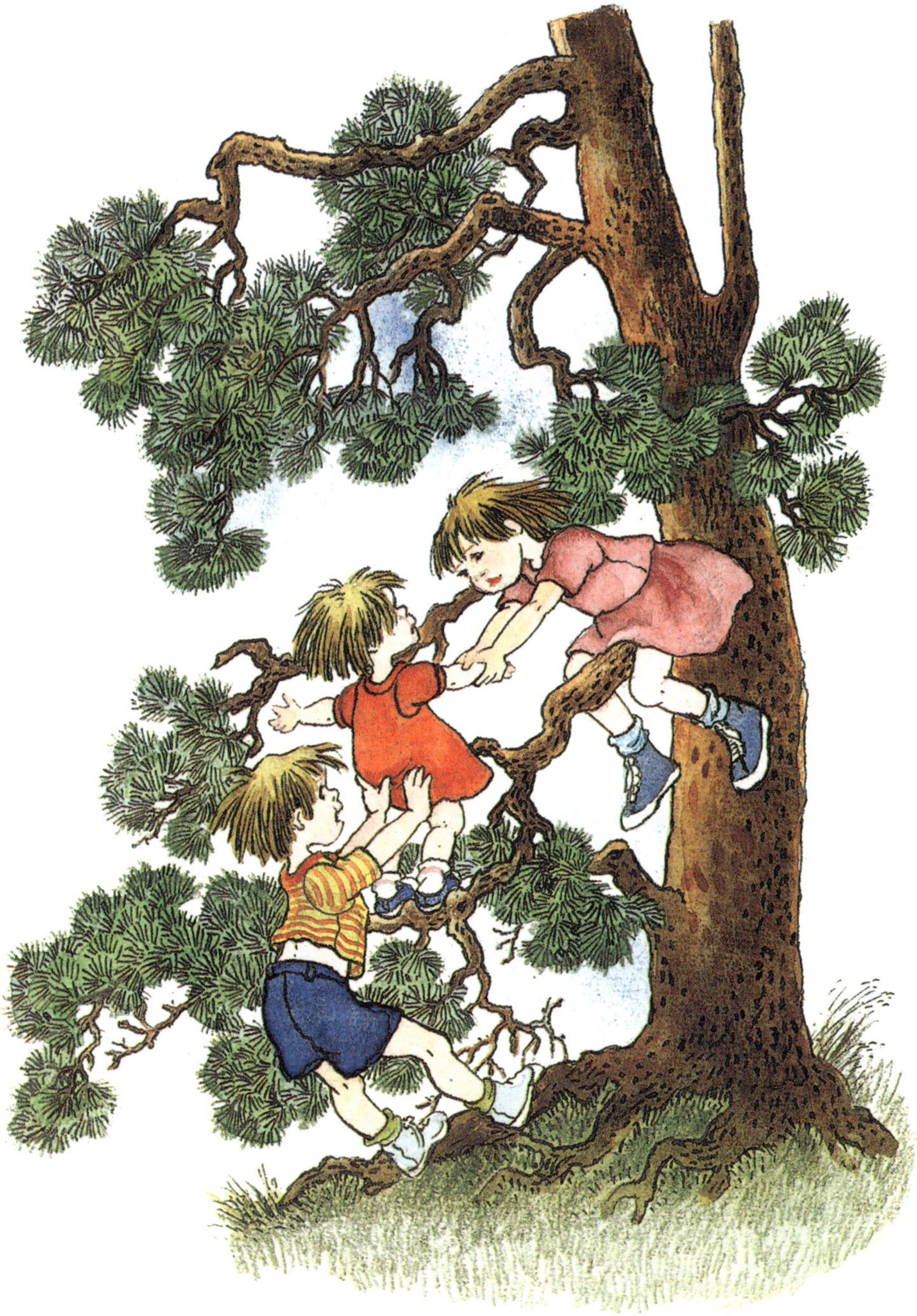

Ich trau mich wohl, auf Bäume zu klettern, und Jonas traut sich das auch, Lotta aber nicht. Wir halfen ihr, ein ganz, ganz kleines Stückchen raufzuklettern, aber da schrie sie:
»Lasst mich runter, lasst mich runter!«
Und als sie runterkam, da guckte sie den Baum ganz böse an und sagte:
»Es ist ja der reinste Wahnsinn, auf solche Bäume zu klettern!«
Dann rief uns Mama, weil wir essen sollten, und wir liefen zum See zurück. Und sie hatte ein Tischtuch aus Plastik ins Gras gelegt und auch noch Himmelsschlüsselchen in einem Glas auf das Tischtuch gestellt und alle Butterbrote und Pfannkuchen und alles miteinander ausgebreitet.
Wir saßen im Gras und aßen. Das macht viel mehr Spaß, als wenn man um einen Tisch herum sitzt.
Die Pfannkuchen waren so gut, weil wir nämlich Marmelade und Zucker darauf hatten. Die Butterbrote waren auch gut. Ich mochte am liebsten die, auf denen Frikadellen waren, und Jonas mochte am liebsten die, auf denen Ei und Kaviarpaste waren. Da tauschten wir und er bekam mein Eibrot, und ich bekam sein Frikadellenbrot.
Lotta mag alle Sorten Butterbrote am liebsten und wollte mit keinem tauschen. Sie isst viel, die Lotta.

Nur einmal, als sie krank war, da hatte sie keine Lust zum Essen, und Mama war so betrübt, weil sie nicht essen wollte. Da sagte Lotta eines Abends, als sie beten sollte:
»Lieber Gott, mach, dass ich wieder essen mag. Aber keine Fischfrikadellen!«
Wir kriegten jeder unsere Limonade, Jonas und ich und Lotta. Lotta ging ans Ufer und nahm ein bisschen Sand und tat ihn in ihre Limonade, und als wir sie fragten, weshalb sie das täte, da sagte sie, sie wolle nur mal probieren, wie es schmeckt.
Nach dem Essen streckte Papa sich im Gras aus und sagte:
»Wie ist es schön hier in der Sonne. Ich glaube, ich schlafe mal ein Weilchen. Die Kinder können ein bisschen auf sich selber aufpassen. Aber ihr geht nicht auf den Steg hinaus, hört ihr!«
Wir gingen nicht auf den Steg hinaus. Aber ein bisschen weiter weg war ein ziemlich hoher Felsvorsprung am See, und auf den gingen wir hinauf.
Jonas sagte, er wolle uns mal zeigen, wie Papa es macht, wenn er einen Kopfsprung macht.
»So macht er's«, sagte Jonas und streckte die Arme in die Luft und machte einen kleinen Sprung.
Und denkt euch, da plumpste er ins Wasser, und dabei hatte er das gar nicht gewollt. Und obendrein hatte

Mama gesagt, wir dürften nicht baden, weil das Wasser noch viel zu kalt sei.

Jonas ging unter, und Lotta und ich, wir schrien, so laut wir konnten. Aber ich holte einen Ast, der auf dem Felsvorsprung lag, und hielt ihn ins Wasser, und als Jonas wieder hochkam, kriegte er den Ast zu fassen und hielt sich daran fest. Und da lachte Lotta. Gerade jetzt kamen Papa und Mama angelaufen, und Papa holte Jonas aus dem Wasser.

»Jonas, was machst du denn nur?«, sagte Mama, als Jonas völlig durchnässt ans Ufer kam.

»Er wollte nur zeigen, wie Papa es macht«, sagte Lotta und lachte ganz furchtbar über Jonas. Denn seine Hosen sähen so komisch aus, sagte sie.

Jonas musste sich alle Sachen ausziehen, und Mama hängte sie an einen Baum zum Trocknen.

Aber als wir nach Hause fahren wollten, waren die Sachen noch nicht trocken. Deshalb wurde

Jonas in eine Decke gewickelt. Und darüber lachte Lotta auch.

Aber später lachte sie wahrhaftig nicht mehr. Als wir nämlich abfahren wollten, konnten wir den Teddy nicht finden. Wir suchten und suchten überall, aber der Teddy war weg, und Mama sagte, wir müssten ohne den Teddy nach Hause fahren. Da schrie Lotta viel mehr als vorhin, als Jonas in den See gefallen war.

»Der Teddy kann eine schöne und angenehme Nacht im Wald haben und ganz für sich allein«, sagte Papa. »Und morgen kann ich wieder herfahren und ihn suchen.«

Aber Lotta schrie nur.

»Da kann die Hexe kommen und dem Teddy einen Schreck einjagen«, sagte sie. »Wenn der Teddy eine Hexe trifft, dann wird die Hexe bestimmt die meiste Angst haben«, sagte Papa.

»Weißt du, wann du den Teddy zuletzt gehabt hast?«, fragte Mama.

Lotta überlegte.

»Um zwölf«, sagte sie.

Und dabei kennt Lotta die Uhr noch nicht ein bisschen. Das war also nur Schwindel. Papa sagt, Lotta ist ein eigensinniges Kind, das lauter dummes Zeug zusammenredet.

Aber mir fiel ein, dass Lotta den Teddy gehabt hatte,

als wir beim Vogelnest waren. Wir gingen zusammen zu dem Kletterbaum zurück. Jonas und ich wussten, dass das Vogelnest gleich daneben war.
Und neben dem Strauch mit dem Vogelnest, da saß doch wirklich der Teddy, und Lotta nahm ihn und gab ihm einen Kuss auf den Rüssel und sagte:
»Lieber kleiner Teddy, hast du die ganze Zeit hier gesessen und dir die niedlichen, süßen Eier angeguckt?«
Jonas sagte, die arme Vogelmama hätte sich wohl den ganzen Tag nicht getraut, zu ihren Eiern zurückzufliegen, denn Schweinsbären seien die besten Vogelscheuchen, die es gebe.
Da wurde Lotta böse und sagte:
»Teddy hat nichts angefasst. Er hat nur dagesessen und die niedlichen, süßen Eier angeguckt.«
Dann fuhren wir nach Hause, und Jonas saß die ganze Zeit in seine Decke gewickelt.
Mama und Papa kamen abends ins Kinderzimmer, um uns Gute Nacht zu sagen, wie immer am Abend. Und Papa stellte sich an Lottas Bett. Da lag sie mit ihrem schmutzigen Teddy neben sich.
»Na, Lotta«, sagte Papa, »was war denn nun das Schönste vom ganzen Tag? Das war doch sicher, als wir den Teddy gefunden haben?«
»Nee, das Schönste war, als Jonas in den See gefallen ist«, sagte Lotta.

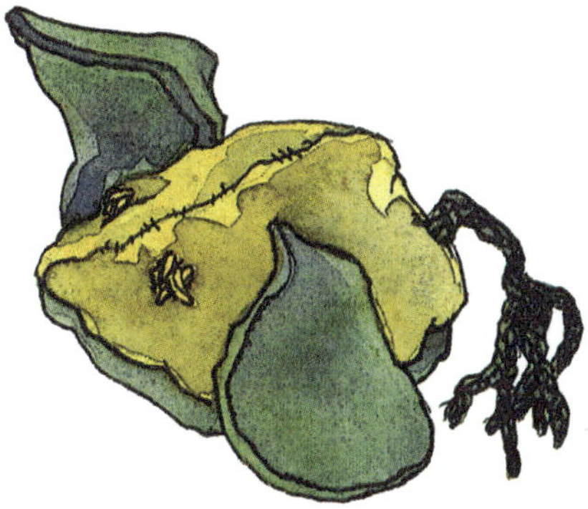

IM WALD
SIND KEINE RÄUBER

IM WALD SIND KEINE RÄUBER

»Im Wald sind keine Räuber!«, schrie Peter und lief die Treppe zu Großmutters weißem Haus hinauf. »Im Wald sind keine Räuber!«
Er war draußen gewesen und hatte mit Janssons Jungen gespielt. Aber nun fing es an, dunkel zu werden, und es war bestimmt schon eine halbe Stunde vergangen, seit Großmutter ihren Kopf zum Fenster hinausgesteckt und ihn gerufen hatte.
Peter schwang sein Holzschwert und feuerte seine Platzpatronenpistole ab. Bei Großmutter war es lustig, und mit den Jungen von Janssons zu spielen, machte viel mehr Spaß, als mit den Jungen zu Hause zu spielen.
»Im Wald sind keine Räuber …«
In der Küche war Großmutter nicht.
»Im Wald sind keine Räuber …«
Im Wohnzimmer war sie auch nicht. Hinter den Klappen des Kachelofens brannte ein Feuer. Im Zimmer

war kein Licht. In allen Ecken war es dunkel. Großmutters Schaukelstuhl stand neben dem Nähtischchen. Auf dem Sofa lag »Tausendundeine Nacht« noch genau so aufgeschlagen, wie Peter es verlassen hatte, als die Jungen von Janssons ihn abgeholt hatten.
»Im Wald sind keine Räuber …«
Peter stieß das Holzschwert ins Sofa, und eine kleine weiße Feder kroch aus der Füllung hervor.
»Im Wald sind keine Räuber …«
Hinten in der Ecke stand das Puppenhaus, das Mama gehört hatte, als sie klein gewesen war. Es war ein sehr schönes Puppenhaus, da gab es unten eine Küche und ein Esszimmer und im oberen Stockwerk ein Schlafzimmer und einen Salon. Im Salon saß eine kleine Puppe, die ein blaues Kleid anhatte. Sie hieß Mimmi. Peter zielte mit seiner Platzpatronenpistole auf Mimmi und schrie wieder:
»Im Wald sind keine Räu-be-e-er!«
Da stand Mimmi von ihrem Stuhl auf und ging auf Peter zu.
»Da hast du aber gelogen«, sagte sie. »Im Wald sind *doch* Räuber!«
Sie sah so böse aus, dass Peter fast vergaß, erstaunt zu sein. Denn *eigentlich* war es ja ein bisschen merkwürdig, dass eine Puppe sprechen konnte. So etwas gab es nur in Märchen und Geschichten. Peter beschloss,

näher darüber nachzudenken, wenn er Zeit hatte. Jetzt hatte er keine Zeit, denn Mimmi wackelte mit den Augenbrauen und sagte:
»Du rennst hier herum und schreist, dass im Wald keine Räuber sind, und dabei wimmelt es dort nur so von Räubern. Komm her und guck durch mein Schlafzimmerfenster. Dann sollst du mal sehen!«
Sie nahm Peter bei der Hand und führte ihn aus dem Salon ins Schlafzimmer. Peter beschloss, näher darüber nachzudenken – sobald er Zeit hatte –, wie es möglich war, dass er ins Puppenhaus passte. Jetzt hatte er keine Zeit, denn Mimmi zog ihn zum Fenster.
»Guck vorsichtig durch die Gardinen, damit Fiolito dich nicht sieht«, sagte sie.
Peter guckte sehr vorsichtig. *Eigentlich* hätte er nichts anderes sehen dürfen als Großmutters Schaukelstuhl und das Nähtischchen, als er durch das Schlafzimmerfenster vom Puppenhaus sah. Aber er sah etwas ganz anderes. Einen dunklen Wald sah er nämlich. Und hinter einem der vordersten Bäume stand ein Kerl mit schwarzem Schnurrbart in Schlapphut und Pelerine.
»Was sagst du nun?«, fragte Mimmi triumphierend. »Ist das etwa kein Räuber? Das nächste Mal denk erst nach, bevor du so unüberlegt drauflosredest.«
»Ist das da – ist das Fiolito?«, fragte Peter.
»Darauf kannst du dich verlassen«, sagte Mimmi.

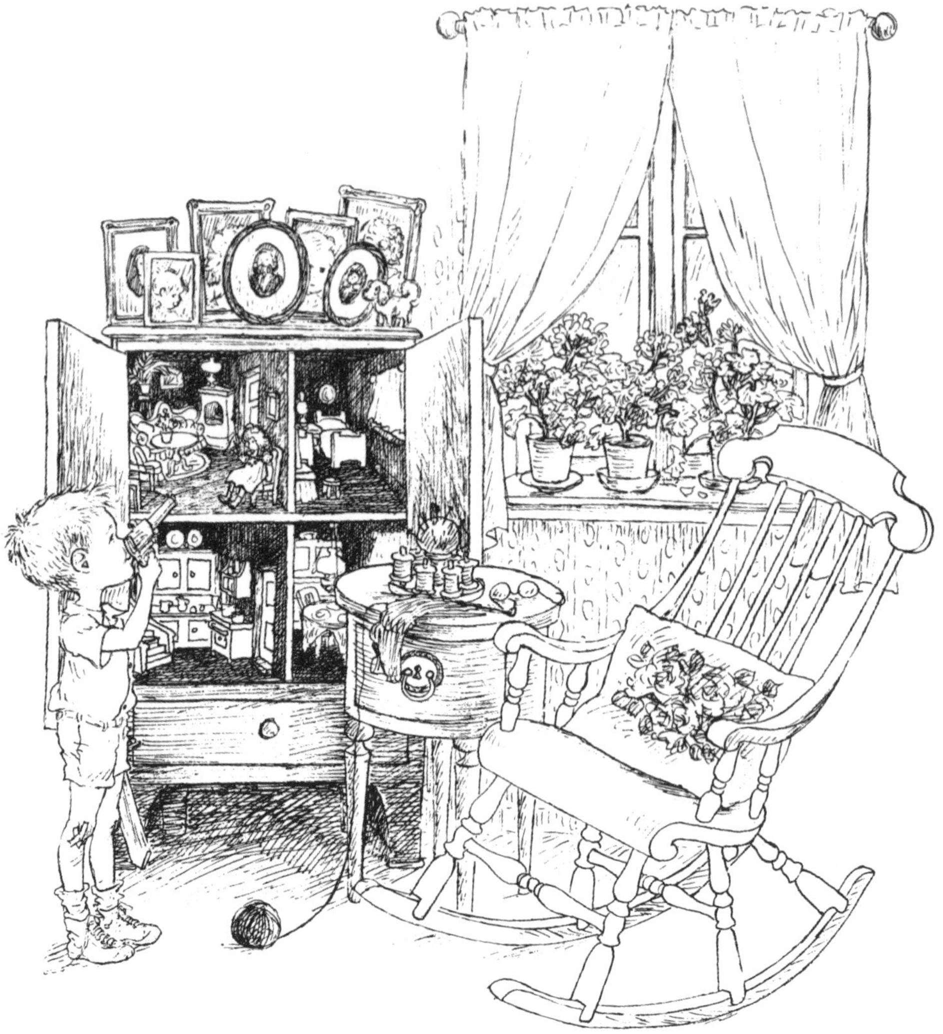

»Fiolito, der Räuberhauptmann. Er hat vierzig Räuber, die ihm auf den kleinsten Wink gehorchen.«
Und jetzt sah Peter fast hinter jedem Baum einen Räuber stehen.
»Hast du die Türen abgeschlossen?«, fragte er besorgt.
»O ja, ich bin ja nicht ganz blöd!«, sagte Mimmi. »Das ist doch klar, dass ich die Türen abgeschlossen habe. Ein einsames, elternloses Mädchen in einem Haus voll mit echten Perlen! *Natürlich* hab ich die Türen abgeschlossen!«
»Hast du so viele echte Perlen?«, fragte Peter verwundert.
»Voll, alles voll«, sagte Mimmi. »Guck mal hier.«
Sie zeigte auf eine Perlenkette, die in zwei Reihen um ihren Hals lag. Sie bestand aus roten, grünen, blauen und weißen Perlen.

Als Peters Mama sieben Jahre alt und noch Großmutters kleines Mädchen gewesen war, hatte sie einmal in einem Spielzeuggeschäft für zehn Öre einen Beutel Glasperlen gekauft und sie selbst zu dieser Halskette für Mimmi aufgezogen. Peter hatte die Geschichte viele Male gehört. *Eigentlich* konnte man also nicht sagen, dass es echte Perlen waren, dachte er.

»Perlen von unschätzbarem Wert – jawohl, so ist es«, sagte Mimmi. »Und hinter denen ist Fiolito her, verstehst du?«

Peter war sehr besorgt. Mimmi aber sah nicht ein bisschen ängstlich aus.

»Ist egal. Jetzt gehen wir hinunter in die Küche und kochen uns Kakao«, sagte sie.

Eine Treppe führte nach unten. Mimmi schwang ein Bein über das Geländer und rutschte hinunter. Mit einem Plumps landete sie auf dem Fußboden des Esszimmers. Peter rutschte hinterher.

Eine Weile später saßen sie am Küchentisch und tauchten Milchbrötchen in den Kakao.

»Möchtest du noch ein Brötchen haben?«, fragte Mimmi.

In dem Augenblick hörten sie, wie sich jemand an die Küchentür heranschlich.

»Fiolito«, flüsterte Mimmi und warf ihre Kakaotasse um. Jetzt sah sie ängstlich aus.

»Bist du sicher, dass die Tür abgeschlossen ist?«, flüsterte Peter.
Sie sahen, wie der Türgriff heruntergedrückt wurde, und hörten, wie jemand an der Tür rüttelte. Aber die Tür ging nicht auf.
»Haha, hast du dir so gedacht«, sagte Mimmi zufrieden.
Sie hörten schleichende Schritte, die sich entfernten. Und sie liefen zum Küchenfenster. Draußen im Wald war es jetzt ganz dunkel.
Aber die Räuber hatten ein Lagerfeuer gemacht, das einen unheimlichen Schein verbreitete.
»Die wollen sicher die ganze Nacht warten«, sagte Mimmi. »Schieß einmal mit deiner Platzpatronenpistole, damit wir sehen, ob sie Angst bekommen.«
Peter öffnete das Küchenfenster und schoss in die Dunkelheit hinein. Peng! Es hörte sich schauerlich an. Alle Räuber sprangen vom Lagerfeuer auf und machten wilde Gesichter. Mimmi beugte sich aus dem Fenster.
»So«, schrie sie, »jetzt weißt du, was du zu erwarten hast, Fiolito! Dieser Herr hier« – sie zeigte auf Peter –, »dieser Herr wird mich bis zum letzten Blutstropfen verteidigen!«
Sie nahm Peter bei der Hand.
»Nicht wahr, das wirst du doch?«, fragte sie aufgeregt.
Peter nickte. Ja, bis zum letzten Blutstropfen, es blieb

ihm nichts anderes übrig. Mit einem Knall schloss Mimmi das Küchenfenster. Sie gähnte.

»Das Beste ist, wir versuchen, ein bisschen zu schlafen«, sagte sie. »Aber zuerst werde ich die Perlenkette verstecken, falls …«

»Falls – was?«, fragte Peter.

»Falls Fiolito kommt, wenn wir schlafen«, sagte Mimmi. Sie sah nachdenklich aus.

»Ich hab's«, sagte sie schließlich. »Komm, ich zeig's dir!«

Auf dem Tisch im Salon stand ein Blumentopf. Darin wuchs eine Azalee. Mimmi hob die Blume mit all der Erde, die an den Wurzeln saß, hoch und legte ihre Halskette auf den Boden des Blumentopfes. Dann setzte sie die Azalee wieder darauf.

»Jetzt kann er suchen, Herr Hohlkopf Fiolito«, sagte sie. »Ich wette, dass er nie auf den Gedanken kommt, sie in einem so guten Versteck zu suchen. Dazu ist er sicher zu dumm.«

Sie gähnte noch einmal und lief ins Schlafzimmer. Dort warf sie sich auf das eine Bett. Peter legte sich auf das andere. Sein Schwert und seine Platzpatronenpistole hatte er bei sich im Bett. Wer weiß, wann er sie brauchte!

»Es ist zu warm hier«, sagte Mimmi. »Ich muss das Fenster aufmachen.«

»Ja, aber – Fiolito«, sagte Peter warnend.
»Ach, der kann doch nicht ins obere Stockwerk hinaufklettern«, sagte Mimmi und riss das Fenster sperrangelweit auf.
Die frische, kühle Nachtluft war herrlich. Peter wollte gerade einschlafen, da richtete sich Mimmi plötzlich kerzengerade in ihrem Bett auf.
»Hast du gehört?«, flüsterte sie.
Da hörte Peter draußen an der Wand ein tastendes Geräusch.
Gleichzeitig stürzten Mimmi und Peter zum Fenster.

Und da draußen, da standen all die vierzig Räuber aufeinandergestapelt. Ganz obenauf stand Fiolito. Sein langer Schnurrbart hing schon auf dem Fenstersims. Da schwang Peter sein Schwert und schlug es Fiolito so auf den Schädel, dass ihm der Schlapphut herunterfiel. Und dann gab es ein entsetzliches Gepolter. Das waren die vierzig Räuber, die durcheinanderpurzelten. Alle außer Fiolito. Der ließ das Fenstersims nicht los. Im Gegenteil. Er zog sich höher und höher, und schließlich steckte er ein langes Bein ins Schlafzimmer. Und dann lachte er – einfach fürchterlich! Ungefähr so:
»HA HA HA!«
»Schnell raus in den Salon!«, schrie Mimmi Peter zu. Und gerade als Fiolito das andere Bein über das Fensterbrett zog, schlugen Mimmi und Peter die Tür zwischen Schlafzimmer und Salon zu. Mimmi drehte den Schlüssel im Schloss herum.
»Wir müssen auch noch die Möbel vor die Tür schieben«, sagte sie.
Sie hörten schon, wie Fiolito mit aller Kraft am Türgriff rüttelte. Und sie beeilten sich, die Kommode vor die Tür zu schleppen und alle Stühle, die im Zimmer standen, obendrauf zu stapeln. Sie konnten hören, wie Fiolito da draußen knurrte, während er gegen die Tür schlug. Und leider war die Tür weder besonders dick noch besonders stark. Sie gab nach. Die Kommode

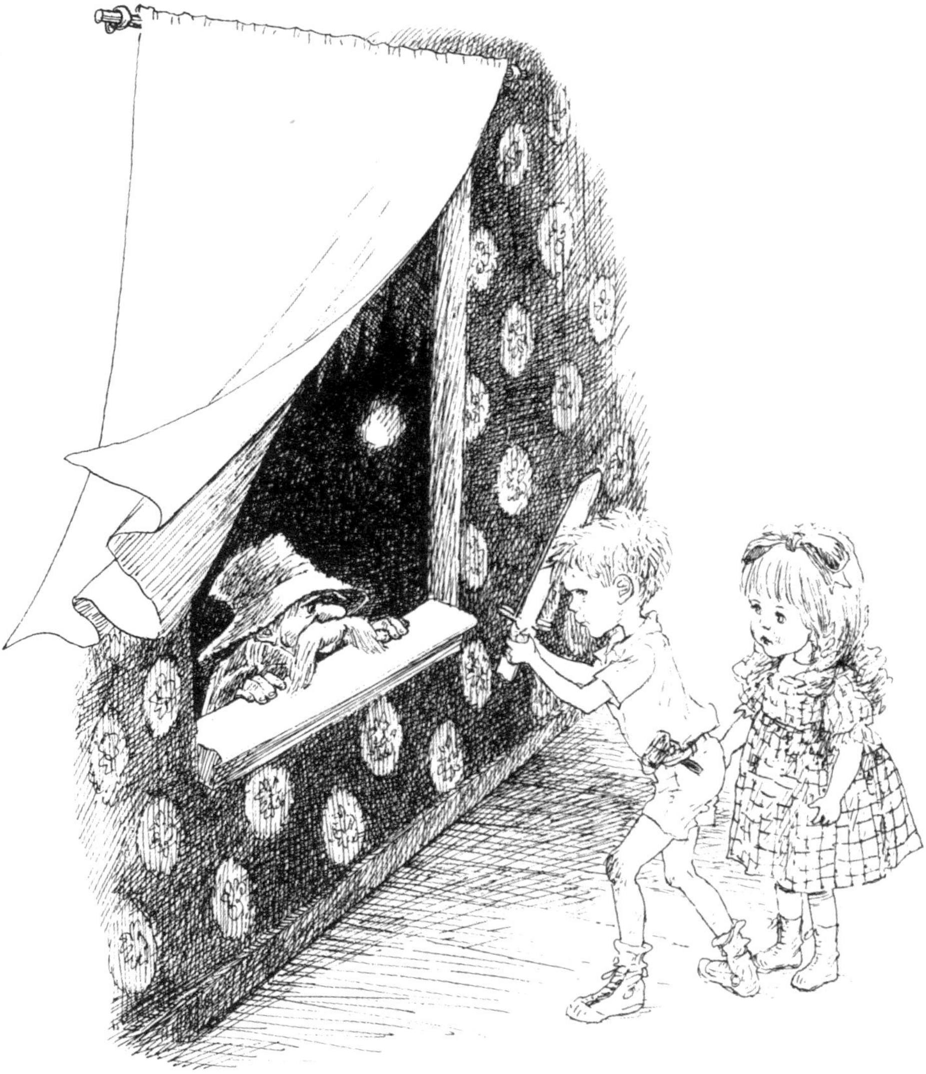

rutschte zur Seite, und Fiolito steckte seinen grässlichen Schnurrbart durch den Spalt. Da prasselten sämtliche Stühle auf seinen Kopf herunter.
»Wenn ich nicht so große Angst hätte, würde ich mich totlachen«, sagte Mimmi.
Mutig stellte sich Peter mit hoch erhobenem Schwert vor sie hin. Er brauchte nicht lange zu warten, bis Fiolito auf ihn zusprang. Fiolito hatte auch ein Schwert.
»Wehe dir, Unglücklicher!«, schrie er Peter mit seiner heiseren Räuberstimme zu und hob sein Schwert.
»Wehe dir selbst, du Blödmann!«, sagte Mimmi und machte Fiolito eine lange Nase.
Das wurde ein Kampf. Vierzehn Mal trieb Fiolito Peter im heftigsten Gefecht durch den Salon. Schließlich geschah das Entsetzliche. Fiolito schlug Peter das Schwert aus der Hand, sodass es auf den Fußboden fiel. Und sofort setzte Fiolito seinen Fuß darauf.
»Geh nach Hause und leg dich schlafen, Fiolito«, sagte Mimmi wütend. »Warum kommst du überhaupt her und machst Streit? Die Perlenkette bekommst du ja doch nicht!«
»HA HA HA!«, lachte Fiolito, fürchterlicher als je zuvor. »Wollen wir doch mal sehen! – Wollen wir doch mal sehen!«
Und dann fing er an zu suchen. Mimmi und Peter setzten sich auf das Fensterbrett, um zuzusehen.

»Er findet sie *niemals*«, flüsterte Mimmi Peter zu. Fiolito suchte in der Kommode, und er suchte unter dem Teppich, und er suchte hinter den Kissen auf dem Sofa, und er suchte auf der Lampe, und er suchte hinter den Bildern, und er suchte im Kamin. Aber im Blumentopf suchte er nicht. Denn wie hätte er sich denken sollen, dass da eine Kette lag?

Schließlich suchte er im ganzen übrigen Haus, und Mimmi und Peter liefen neben ihm her und guckten zu und kicherten, als sie sahen, an was für dummen Stellen er suchte.

»Wenn ich so dumm wäre wie du, Fiolito«, sagte Mimmi, »würde ich mich an meinem eigenen Schnurrbart aufhängen!«

Da wurde Fiolito wütend, ja, er wurde so wütend, dass er sich nach etwas umsah, womit er nach Mimmi schmeißen konnte. Sie waren jetzt wieder im Salon, denn Fiolito wollte nachsehen, ob die Perlenkette vielleicht an einem Nagel drinnen im Kamin hing. Hier war es also, wo er so wütend auf Mimmi wurde. Und das Einzige, was er fand, um damit nach Mimmi zu schmeißen, war der Blumentopf. Er hob ihn hoch über seinen Kopf. Peter und Mimmi schrien vor Entsetzen auf – natürlich nur, weil sie an die Halskette dachten. Fiolito warf mit dem Blumentopf nach Mimmi: Aber sie sprang zur Seite. Krachend fiel der Topf zu Boden und ging kaputt. Und da, da lag die Perlenkette!

»HA HA HA!«, lachte Fiolito, als er sie entdeckte. »Ich hab sie! Endlich!«

Und dann nahm er Mimmis kostbare Halskette mit seinen grässlichen Räuberfingern. Und Peter konnte nicht das Geringste tun, um ihn daran zu hindern.

»HA HA HA!«, lachte Fiolito immer noch, als er aus dem Schlafzimmerfenster kletterte. Die vierzig Räuber hatten sich wieder aufeinandergestapelt, damit Fiolito hinunterklettern konnte. Mimmi lief zum Fenster. Sie streckte die Hand aus und zog Fiolito an seinem Schnurrbart. Fiolito konnte sich nicht wehren, nur ein bisschen mit den Beinen strampeln; denn es tat natürlich weh. Und da purzelten alle vierzig Räuber wieder durcheinander und blieben in einem großen Knäuel unter dem Fenster liegen.

Aber die Perlenkette, ach, die Perlenkette, die hatte Fiolito! Und mit ihr und all seinen vierzig Räubern verschwand er tief in den dunklen Wald.

»Bist du sehr traurig wegen deiner Kette?«, fragte Peter.

Da klatschte sich Mimmi auf den Bauch und schüttelte sich vor Lachen.

»Die Perlenkette, die Fiolito hat, ist nicht mehr wert als zehn Öre. Dafür kriegt man sie in jedem beliebigen

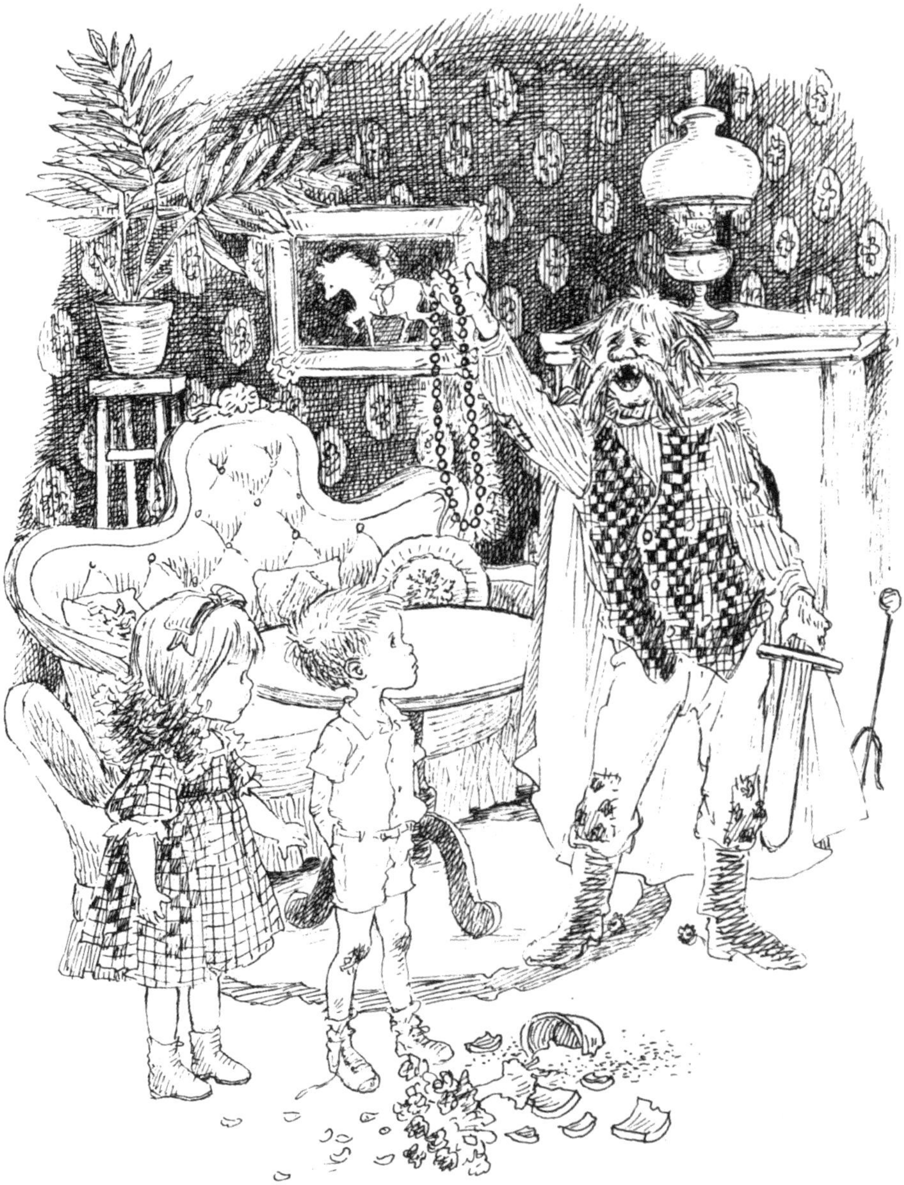

Spielzeugladen. Das ist nur eine Imitation. Die echte Perlenkette habe ich hier.«

Sie ging zum Salonfenster, wo noch ein Blumentopf stand, in dem eine Pelargonie wuchs. Sie hob die Pelargonie heraus und nahm eine Halskette hervor. Sie hatte rote und grüne und blaue und weiße Perlen. Sie sah genauso aus wie die, die Fiolito gestohlen hatte. Da fiel Peter ein, dass seine Mama gesagt hatte, dass sie *zwei* Perlenketten für Mimmi aufgezogen hatte. Damals, als sie sieben Jahre alt und Großmutters kleines Mädchen gewesen war. Es waren ja so viele Perlen in dem Beutel gewesen.

»Perlen von unschätzbarem Wert«, sagte Mimmi und legte sich die Kette zweimal um den Hals. Dann guckte sie Peter an.

»So ein Dummkopf!«, sagte sie. »Es sind *doch* Räuber im Wald! Und wie viele! Merk dir das fürs nächste Mal!«

Eine Tür wurde geöffnet. Es war Großmutter, die ins Wohnzimmer kam. Sie machte Licht. Hinten beim Puppenhaus saß Peter und guckte zu Mimmi hinein, der kleinen Puppe im blauen Kleid, mit der seine Mama so oft gespielt hatte, als sie noch klein gewesen war.

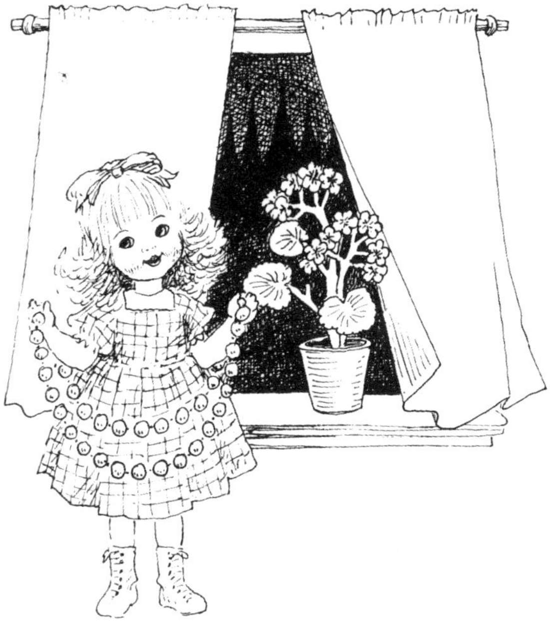

KALLE BLOMQUIST MEISTERDETEKTIV

I. KAPITEL

Blut! Daran gab's keinen Zweifel!
Er starrte durch das Vergrößerungsglas auf den roten Fleck. Dann schob er die Pfeife in den anderen Mundwinkel und seufzte. Natürlich war es Blut. Was sollte denn auch sonst kommen, wenn man sich in den Daumen geschnitten hatte?
Dieser Fleck da hätte der endgültige Beweis dafür sein sollen, dass Sir Henry seine Frau durch den abscheulichsten Mord beiseitegebracht hatte, den ein Detektiv jemals aufklären musste. Aber leider – es war anders! Das Messer war ausgerutscht, als er seinen Bleistift anspitzen wollte – das war die traurige Wahrheit. Und das war wahrhaftig nicht Sir Henrys Schuld. Vor allen Dingen deswegen, weil Sir Henry, das Rindvieh, nicht einmal existierte. Traurig – das war es! Warum hatten so viele Menschen das Glück, in den Slumbezirken Londons oder in den Verbrechervierteln von Chicago geboren zu werden, wo Mord und Schießerei zur Tagesordnung gehörten? Während er selbst … Er hob seinen Blick

widerwillig von dem Blutfleck und schaute aus dem Fenster.

Die Hauptstraße lag im tiefsten Frieden und träumte in der Sommersonne. Die Kastanien blühten. Es war kein lebendes Wesen zu sehen außer der grauen Katze vom Bäcker, die auf der Bordsteinkante saß und sich die Pfoten leckte. Nicht einmal das allergeübteste Detektivauge konnte etwas entdecken, was darauf hindeutete, dass ein Verbrechen begangen worden war. Es war wirklich ein hoffnungsloses Unternehmen, in dieser Stadt Detektiv zu sein! Wenn er groß war, würde er, sobald sich eine Möglichkeit bot, in die Londoner Slumbezirke ziehen. Oder vielleicht lieber nach Chicago?

Vater wollte, dass er im Geschäft anfangen sollte. Im Geschäft! Er! Ja, das könnte denen so passen, allen Mördern und Banditen in London und Chicago! Da konnten sie drauflosmorden, ohne dass ihnen jemand auf die Finger sah, während er im Geschäft stand und Tüten drehte und grüne Seife oder Hefe abwog. Nein, wahrhaftig, er hatte nicht die Absicht, Rosineneinpacker zu werden! Detektiv oder gar nichts! Vater konnte wählen! Sherlock Holmes, Asbjörn Krag, Hercule Poirot, Lord Peter Wimsey, Karl Blomquist! Er schnalzte mit der Zunge. Und er, Kalle Blomquist, hatte die Absicht, der Beste von allen zu werden.

»Blut! Daran gibt's keinen Zweifel«, sagte er zufrieden.
Draußen auf der Treppe polterte es, und eine Sekunde später wurde die Tür aufgerissen, und Anders kam schwitzend und keuchend herein. Kalle betrachtete ihn kritisch und machte seine Beobachtungen.
»Du bist gerannt«, sagte er schließlich in einem Ton, der keinen Widerspruch duldete.
»Klar bin ich gerannt«, sagte Anders gereizt. »Hast du gedacht, ich komme in der Sänfte?«
Kalle versteckte seine Pfeife. Keineswegs deswegen, weil es ihm etwas ausmachte, dass Anders ihn beim heimlichen Rauchen überraschte. Es war nur so, dass er keinen Tabak in der Pfeife hatte. Aber ein Detektiv braucht seine Pfeife, wenn er sich mit Problemen herumschlägt. Auch wenn der Tabak im Augenblick alle war.
»Kommst du ein bisschen mit raus?«, fragte Anders und warf sich auf Kalles Bett.
Kalle nickte zustimmend. Natürlich wollte er mit raus. Er musste ja unbedingt noch einmal vor dem Abend durch die Straßen patrouillieren und sehen, ob etwas Verdächtiges aufgetaucht war. Natürlich gab es Polizisten, aber so viel hatte man ja gelesen, dass man wusste, was von ihnen zu halten war. Sie erkannten keinen Mörder, selbst wenn sie über ihn stolperten.

Kalle legte das Vergrößerungsglas in seine Schreibtischschublade. Dann stürmten sie beide die Treppe hinunter, sodass das Haus in seinen Grundfesten erzitterte.
»Kalle, vergiss nicht, dass du heute Abend das Erdbeerbeet gießen sollst!«
Das war die Mutter, die ihren Kopf zur Küchentür heraussteckte. Kalle winkte beruhigend. Klar, dass er die Erdbeeren gießen würde. Später.
Wenn er sich davon überzeugt hatte, dass keine dunklen Gestalten, die Böses im Sinn hatten, in der Stadt herumschlichen. Die Aussicht dafür war nicht groß, leider, aber man muss immer auf dem Posten sein. Das hatte man im »Fall Buxton« erlebt, was passieren kann. Da ging man friedlich durch die Gegend, und – peng – fällt ein Schuss in der Nacht, und ehe man mit den Augen zwinkern konnte, waren vier Morde geschehen. Damit rechneten die Halunken, dass niemand in so einer kleinen Stadt an einem so schönen Sommertag Verdacht schöpfen würde. Aber da kannten sie Kalle Blomquist nicht!
Im Erdgeschoss lag das Geschäft. »Viktor Blomquists Lebensmittelgeschäft« stand auf dem Schild.
»Bitte deinen Vater um ein paar Bonbons«, schlug Anders vor.
Kalle hatte selbst schon dieselbe gute Idee gehabt. Er steckte den Kopf durch die Tür. Hinter dem Laden-

tisch stand »Viktor Blomquists Lebensmittelgeschäft« in höchsteigener Person – das war der Vater.
»Papa, ich nehm ein paar von den Gestreiften!«
»Viktor Blomquists Lebensmittelgeschäft« warf einen liebevollen Blick auf seinen blonden Sprössling und grunzte gutmütig. Kalle steckte die Hand in die Bonbonbüchse. Das Grunzen bedeutete, dass man nehmen durfte. Dann zog er sich schnell zu Anders zurück, der auf der Schaukel unterm Birnbaum saß und wartete. Aber Anders hatte im Augenblick kein Interesse für die »Gestreiften«. Er starrte mit einem einfältigen Ausdruck in den Augen auf etwas in Bäckermeisters Garten. Das Etwas war Bäckermeisters Eva-Lotta. Sie saß auf ihrer Schaukel in einem rot karierten Baumwollkleid. Sie schaukelte und aß eine Zimtwecke. Außerdem sang sie, denn sie war eine Dame, die viele Künste beherrschte.
»Es war einmal ein Mädchen, und das hieß Josefin, Josefin-fin-fin, Jose-Jose-Josefin.«
Sie hatte eine klare und liebliche Stimme, die man sehr gut bis zu Anders und Kalle hören konnte. Kalle starrte sehnsüchtig zu Eva-Lotta, während er Anders abwesend einen Bonbon anbot. Anders nahm einen ebenso abwesend und starrte ebenso sehnsüchtig Eva-Lotta an.
Kalle seufzte. Er liebte Eva-Lotta ganz abgöttisch. Das

tat Anders auch. Kalle hatte sich in den Kopf gesetzt, Eva-Lotta als seine Braut heimzuführen, sobald es ihm gelungen war, genug Geld zu beschaffen, um einen Hausstand zu gründen. Das hatte Anders auch. Aber Kalle zweifelte nicht daran, dass sie ihn, Kalle, vorziehen würde! Ein Detektiv mit vielleicht so ungefähr vierzehn aufgeklärten Morden – das würde wohl etwas mehr ziehen als ein Lokomotivführer! Lokomotivführer! Das wollte Anders nämlich werden.
Eva-Lotta schaukelte und sang und sah aus, als ob sie überhaupt nicht wüsste, dass sie beobachtet wurde.
»Eva-Lotta!«, rief Kalle.
»Das Einz'ge, was sie hatte, das war 'ne Nähmaschin, Nähmaschin-schin-schin, Nähma-Nähma-Nähmaschin«, sang Eva-Lotta unbekümmert weiter.
»Eva-Lotta!«, schrien Kalle und Anders gleichzeitig.
»Ach, ihr seid's!«, sagte Eva-Lotta sehr erstaunt. Sie sprang von der Schaukel und kam gnädig zum Zaun, der ihren Garten von Kalles trennte. Ein Brett fehlte – Kalle hatte es selbst herausgenommen. Eine ausgezeichnete Idee, die es möglich machte, sich ungehindert durch die Öffnung zu unterhalten und auch in Bäckermeisters Garten zu schlüpfen, ohne einen Umweg machen zu müssen.
Es war Anders' heimlicher Kummer, dass Kalle so nahe bei Eva-Lotta wohnte. Das war irgendwie ungerecht.

Er selbst wohnte weit weg in einer anderen Straße in einem Zimmer mit Küche über Vaters Schuhmacherwerkstatt, zusammengedrängt mit seinen Eltern und kleinen Geschwistern.

»Eva-Lotta, willst du ein bisschen mit uns in die Stadt gehen?«, fragte Kalle.

Eva-Lotta schluckte mit Genuss den letzten Bissen von ihrer Zimtwecke hinunter.

»Kann ich machen«, sagte sie. Sie wischte einen Krümel von ihrem Kleid. Und dann gingen sie los.

Es war Samstag. Fredrik mit dem Fuß war bereits betrunken und stand wie gewöhnlich vor der Gerberei in einem Kreis von Zuhörern. Kalle und Anders und Eva-Lotta stellten sich dazu, um zu hören, wie Fredrik von seinen Heldentaten erzählte, die er vollbracht hatte, als er als Bahnarbeiter in Nordschweden gewesen war.

Während Kalle zuhörte, schweiften seine Augen herum. Er hatte nicht einen Augenblick lang seine Pflicht vergessen. Nichts Verdächtiges? Nein, musste er zugeben, nichts Verdächtiges! Doch wie oft hatte man gelesen, dass vieles, was unschuldig aussah, genau das Gegenteil davon war. Auf alle Fälle muss man auf der Hut sein! Da kam zum Beispiel ein Mann mit einem Sack auf dem Rücken die Straße heraufgestiefelt.

»Nimm mal an«, sagte Kalle und stieß Anders in die Seite, »nimm mal an, dass der Sack voll mit gestohlenem Silber ist!«

»Nimm mal an, dass es *nicht* so ist«, sagte Anders ungeduldig, denn er wollte Fredrik mit dem Fuß zuhören. »Nimm mal an, dass du eines schönen Tages überschnappst mit all deinen Detektivideen.«

Eva-Lotta lachte. Und Kalle schwieg. Er war daran gewöhnt, nicht verstanden zu werden.

Schließlich kam die Polizei, auf die man schon gewartet hatte, um Fredrik mit dem Fuß zu holen. Es war üblich, dass er die Samstagnächte im Gefängnis zubrachte.

»Isses denn nich längst Zeit?«, sagte Fredrik vorwurfsvoll, als Wachtmeister Björk ihn freundlich am Arm nahm. »Da steht man hier eine Stunde und wartet! Haltet ihr keine Ordnung in dieser Stadt mit euren Strolchen?«

Wachtmeister Björk lachte und zeigte seine schönen weißen Zähne.

»Na, komm, jetzt gehen wir«, sagte er.

Die Zuhörerschar verlief sich. Kalle und Anders und Eva-Lotta gingen mit zögernden Schritten davon. Sie hätten gern etwas mehr von Fredriks Geschichten gehört.

»Wie schön die Kastanien sind«, sagte Eva-Lotta und

betrachtete die lange Reihe Kastanienbäume, die die Hauptstraße säumten.

»Ja, sie sind hübsch, wenn sie blühen«, sagte Anders. »Sie sehen aus wie Kerzen.«

Alles war ruhig und still. Man konnte beinah fühlen, dass es Sonntag werden wollte. Hier und da sah man Leute in den Gärten sitzen und Abendbrot essen. Sie hatten sich schon den Arbeitsstaub abgewaschen und sonntäglich gekleidet. Sie redeten und lachten und sahen aus, als ob sie sich in ihren Gärtchen, wo die Obstbäume gerade in voller Blüte standen, sehr wohlfühlten.

Anders und Kalle und Eva-Lotta warfen begehrliche Blicke über jeden Gartenzaun, an dem sie vorbeigingen. Es hätte ja sein können, dass irgendeine freundliche Seele sie zu einem Butterbrot oder zu etwas anderem Guten einladen würde. Aber es sah nicht so aus.

»Wir müssen uns was einfallen lassen, was wir jetzt machen«, sagte Eva-Lotta.

In dem Augenblick hörte man irgendwo in der Ferne das schrille Pfeifen einer Lokomotive.

»Jetzt kommt der Sechsuhrzug«, sagte Anders.

»Ich weiß, was wir machen«, sagte Kalle. »Wir setzen uns hinter die Fliederhecke in Eva-Lottas Garten und legen ein Paket mit einer Schnur dran auf die Straße. Wenn jemand kommt und das Paket sieht und es nehmen will, dann ziehen wir an der Schnur. Die werden vielleicht Gesichter machen!«

»Ja, das scheint die richtige Beschäftigung für einen Samstagabend zu sein«, sagte Anders.

Eva-Lotta sagte nichts. Aber sie nickte zustimmend.

Ein Paket war schnell zurechtgemacht. Alles, was man brauchte, gab es ja in Viktor Blomquists Lebensmittelgeschäft.

»Es sieht aus, als ob was Interessantes drin wäre«, sagte Eva-Lotta zufrieden.

»Ja, nun wollen wir mal sehen, wer nach dem Bissen schnappt«, sagte Anders.

Das Paket lag auf dem Pflaster und sah sehr inhaltsreich und verlockend aus. Dass eine Schnur daran festgebunden war und dass die Schnur hinter der Fliederhecke des Bäckermeisters verschwand, war auf den ersten Blick nicht zu erkennen. Ein aufmerksamer Fußgänger hätte natürlich Kichern und Tuscheln hinter der Hecke hören können. Frau Petronella Apelgren, die Inhaberin des größten Fleischerladens der Stadt, die gerade die Straße heraufkam, war aber nicht so aufmerksam, dass sie etwas Verdächtiges gesehen oder gehört hätte. Doch das Paket sah sie. Sie bückte sich mit großer Mühe und streckte die Hand danach aus.

»Zieh!«, flüsterte Anders Kalle zu, der die Schnur hielt. Und Kalle zog. Blitzschnell verschwand das Paket hinter der Fliederhecke. Und jetzt konnte Frau Apelgren das unterdrückte Gekicher nicht mehr überhören. Sie brach in einen Wortschwall aus. Die Kinder konnten nicht alles verstehen, was sie sagte, aber sie hörten, dass sie mehrere Male das Wort »Erziehungsanstalt« nannte als einen passenden Aufenthalt für missratene Kinder.

Hinter der Hecke war es nun ganz still. Nach einer letzten Schimpfkanonade ging Frau Apelgren brummend davon.

»Das war prima«, sagte Eva-Lotta. »Ich bin gespannt, wer jetzt kommt. Hoffentlich jemand, der sich genauso ärgert.«

Aber es schien, als ob die Stadt plötzlich ausgestorben wäre. Niemand kam, und die drei hinter der Hecke waren nahe daran, das ganze Unternehmen aufzugeben.

»Nein, wartet, da kommt wieder jemand«, flüsterte Anders schnell.

Und da kam jemand. Er bog gerade um die Straßenecke und ging mit raschen Schritten direkt auf Bäckermeisters Gartenzaun zu, eine lange Gestalt in grauem Anzug, ohne Hut und mit einem großen Reisekoffer in der einen Hand.

»Achtung!«, flüsterte Anders, als der Mann vor dem Paket stehen blieb.

Und Kalle passte auf. Aber es half nichts. Man hörte den Mann einen leisen Pfiff ausstoßen, und im nächsten Augenblick hatte er den Fuß auf das Paket gesetzt.

2. KAPITEL

»Und wie heißt du, meine schöne junge Dame?«, fragte der Mann eine Weile später Eva-Lotta, die mit ihren beiden Begleitern hinter der Hecke hervorgekrochen war.

»Eva-Lotta Lisander«, sagte Eva-Lotta furchtlos.

»Das hab ich mir doch gedacht«, sagte der Mann. »Wir sind alte Bekannte, musst du wissen. Ich hab dich gesehen, als du so klein warst, dass du noch in der Wiege gelegen und gespuckt und den ganzen Tag geschrien hast.«

Eva-Lotta warf den Kopf zurück. Sie konnte nicht glauben, dass sie jemals so klein gewesen war.

»Wie alt bist du jetzt?«, fragte der Mann.

»Dreizehn Jahre«, sagte Eva-Lotta.

»Dreizehn Jahre! Und zwei Kavaliere hast du schon! Einen hellen und einen dunklen. Du scheinst die Abwechslung zu lieben«, sagte der Mann mit einem kleinen spöttischen Lachen.

Eva-Lotta warf noch einmal den Kopf zurück. Sie hatte es nicht nötig, sich Gemeinheiten von jemand anzuhören, den sie nicht kannte.

»Wer sind Sie denn?«, fragte sie.
»Wer ich bin? Ich bin Onkel Einar, ein Cousin von deiner Mutter, meine schöne junge Dame!« Er zog Eva-Lotta an ihren blonden Locken. »Und wie heißen deine Kavaliere?«
Eva-Lotta stellte Anders und Kalle vor, und ein dunkler und ein blonder Schopf neigten sich in einer tadellosen Verbeugung.
»Nette Jungen«, sagte Onkel Einar anerkennend. »Aber heirate sie nicht! Heirate lieber mich«, fuhr er fort und stieß ein wieherndes Gelächter aus. »Ich werde ein Schloss für dich bauen, wo du den ganzen Tag herumlaufen und spielen kannst.«
»Sie sind ja viel zu alt für mich«, sagte Eva-Lotta schnippisch.
Anders und Kalle fühlten sich etwas überflüssig. Was war das eigentlich für eine klapprige Bohnenstange, die hier plötzlich einfach so auftauchte? Personenbeschreibung – wollen mal sehen, dachte Kalle. Aus Prinzip merkte er sich das Aussehen aller unbekannten Personen, die ihm über den Weg liefen. Wer weiß, wie viele von ihnen wirklich anständige Menschen waren! Personenbeschreibung: braunes, hochgekämmtes Haar, braune Augen, zusammengewachsene Augenbrauen, gerade Nase, leicht vorstehende Zähne, kräftiges Kinn, grauer Anzug, braune

Schuhe, kein Hut, brauner Reisekoffer, nennt sich Onkel Einar. Das war wohl alles. Nein – er hatte ja eine kleine rote Narbe auf der rechten Wange. Kalle merkte sich alle Einzelheiten. Und spöttisch wie kaum ein anderer, fügte er für sich selbst hinzu.

»Ist deine Mutter zu Hause, du kleiner Naseweis?«, fragte Onkel Einar.

»Ja, da kommt sie.«

Eva-Lotta zeigte auf eine Frau, die gerade durch den Garten kam. Sie hatte die gleichen lustigen blauen Augen und das gleiche blonde Haar wie Eva-Lotta.

»Habe ich das Vergnügen, wiedererkannt zu werden?« Onkel Einar verbeugte sich.

»Was in aller Welt – bist du es, Einar? Es ist wahrhaftig eine Weile her, seit man dich zuletzt gesehen hat. Wo kommst du her?« Frau Lisanders Augen waren ganz groß vor Überraschung.

»Vom Mond«, sagte Onkel Einar. »Um euch in eurem ruhigen Nest etwas aufzuheitern.«

»Er kommt gar nicht vom Mond«, sagte Eva-Lotta ärgerlich. »Er ist mit dem Sechsuhrzug gekommen.«

»Der gleiche alte Spaßmacher«, sagte Frau Lisander. »Aber warum hast du nicht geschrieben, dass du kommst?«

»Nein, kleine Cousine, schreibe niemals etwas, was du persönlich ausrichten kannst, das ist mein Wahlspruch.

Du weißt, ich bin einer, der tut, was ihm gerade einfällt. Und jetzt fand ich, dass es schön wäre, eine Zeit lang Urlaub zu machen, und da erinnerte ich mich plötzlich, dass ich eine ungewöhnlich nette Cousine habe, die in einer ungewöhnlich netten kleinen Stadt wohnt. Willst du mich aufnehmen?«

Frau Lisander überlegte schnell. Es war nicht so leicht, stehenden Fußes Gäste aufzunehmen. Na ja, er konnte das Giebelzimmer haben.

»Und eine ungewöhnlich nette kleine Tochter hast du«, sagte Onkel Einar und kniff Eva-Lotta in die Wange.

»Aua, lass das«, sagte Eva-Lotta, »das tut ja weh!«

»Das sollte es auch«, sagte Onkel Einar.

»Ja, natürlich bist du willkommen«, sagte Frau Lisander. »Wie lange hast du Urlaub?«

»Nja, das ist noch nicht entschieden. Offen gesagt, ich habe die Absicht, bei meiner Firma aufzuhören. Ich überlege, ob ich ins Ausland gehe. In diesem Land hat man keine Zukunft. Hier treten alle auf der Stelle.«

»Das ist nicht wahr«, sagte Eva-Lotta aufgebracht.

»Dieses Land ist das beste Land.«

Onkel Einar legte den Kopf auf die Seite und schaute Eva-Lotta an.

»Wie du gewachsen bist, kleine Eva-Lotta«, sagte er

und ließ gleich darauf wieder sein wieherndes Gelächter hören. Eva-Lotta merkte schon, dass sie es herzlich verabscheute.
»Die Jungen können dir helfen«, sagte Frau Lisander mit einem Nicken zum Reisekoffer hin.
»Nee, nee, den trage ich lieber selbst«, sagte Onkel Einar.

In dieser Nacht wurde Kalle durch eine Mücke geweckt, die ihn in die Stirn gestochen hatte. Und da er nun sowieso wach war, hielt er es für klug, nachzusehen, ob vielleicht einige Schurken und Banditen ihr verbrecherisches Spiel in der Nähe trieben. Zuerst sah er durchs Fenster auf die Hauptstraße hinaus. Da war alles öde und leer. Dann ging er ans andere Fenster und guckte durch die Gardine in Bäckermeisters Garten. Das Haus lag dunkel und schlafend zwischen blühenden Apfelbäumen. Nur im Giebelzimmer war Licht. Und gegen das Rollo zeichnete sich der dunkle Schatten eines Mannes ab.
»Onkel Einar, ph, wie blöd der ist«, sagte Kalle zu sich selbst.
Der dunkle Schatten wanderte hin und her, hin und her ohne Unterbrechung. Er war sicher eine unruhige Natur, der Onkel Einar!
Warum trabt er bloß so herum?, dachte Kalle, und im

nächsten Augenblick sprang er mit einem Satz in sein eigenes schönes Bett.

Schon um acht Uhr am Sonntagmorgen hörte er Anders' Pfeifen vor dem Fenster. Sie hatten ein gemeinsames Signal, Anders und er und Eva-Lotta. Kalle schlüpfte schnell in seine Sachen. Ein neuer, herrlicher Ferientag lag vor ihm, ohne Sorgen, ohne Schule und ohne andere Pflichten, als die Erdbeeren zu gießen und ein Auge auf eventuelle Mörder in der Umgebung zu haben. Nichts davon war besonders anstrengend. Das Wetter war strahlend. Kalle trank ein Glas Milch und aß ein Butterbrot und stürzte zur Tür, bevor seine Mutter dazu kam, auch nur die Hälfte der Ermahnungen vorzubringen, die sie ihm gleichzeitig mit dem Frühstück servieren wollte.

Jetzt kam es nur darauf an, Eva-Lotta herauszuholen. Aus irgendeinem Grund fanden Kalle und Anders es nicht ganz passend, hineinzugehen und direkt nach ihr zu fragen. Streng genommen war es ja nicht einmal passend, dass sie mit einem Mädchen spielten. Aber da war nichts zu machen. Alles war viel lustiger, wenn Eva-Lotta dabei war. Sie war übrigens nicht diejenige, die vor einem Spaß zurückscheute. Sie ging genauso drauflos und war genauso schnell wie irgendein Junge. Als der Wasserturm umgebaut wurde, war sie wie Anders und Kalle genauso hoch auf das Holzgerüst

geklettert, und als Wachtmeister Björk sie bei ihrem Unternehmen entdeckte und ihnen zurief, dass es wohl am sichersten wäre, augenblicklich herunterzukommen, setzte sie sich ganz ruhig vorn auf ein Brett, wo jedem anderen schwindlig geworden wäre, und sagte lachend:
»Kommen Sie rauf und holen Sie uns!«
Sie hatte wohl nicht gedacht, dass Wachtmeister Björk sie beim Wort nehmen würde. Aber Wachtmeister Björk war der Beste im Sportklub, und er brauchte nicht viele Sekunden, um zu Eva-Lotta heraufzukommen.
»Bitte deinen Vater, dass er dir ein Trapez kauft, an dem du rumklettern kannst«, sagte er. »Denn wenn du von dem runterfällst, hast du wenigstens eine kleine Chance, dir nicht den Hals zu brechen.«
Dann packte er sie und kletterte mit ihr hinunter. Anders und Kalle hatten sich schon mit bemerkenswerter Geschwindigkeit hinunterbegeben. Seitdem mochten sie Wachtmeister Björk gern. Und – wie gesagt – sie mochten Eva-Lotta auch gern, ganz abgesehen davon, dass beide sie heiraten wollten.
»Denn das war ja wirklich mutig von ihr«, sagte Anders, »so etwas zu einem Polizisten zu sagen. Das hätten nicht viele Mädchen getan. Viele Jungen übrigens auch nicht!«
Und an dem dunklen Herbstabend, als sie vor dem

Haus des giftigen Bürochefs, der immer so böse zu seinem Hund war, auf der Harzgeige spielten, da war Eva-Lotta vor seinem Fenster stehen geblieben und hatte mit ihrem Harzstück auf dem Draht herumgerieben, bis der Bürochef herausgelaufen kam und sie beinahe auf frischer Tat ertappt hätte. Aber Eva-Lotta war schnell über den Zaun geschossen und in die Bootsmannsgasse verschwunden, wo Anders und Kalle auf sie warteten. Nein, an Eva-Lotta war nichts auszusetzen, darüber waren sich Anders und Kalle einig.

Anders stieß einen neuen Pfiff aus in der Hoffnung, dass es Eva-Lotta drinnen hören würde. Das tat sie auch. Sie kam heraus. Aber zwei Schritte hinter ihr kam Onkel Einar.

»Darf dieser kleine artige Junge auch mitspielen?«, fragte er.

Anders und Kalle schauten ihn etwas verlegen an.

»Räuber und Gendarm zum Beispiel«, wieherte Onkel Einar. »Ich will am liebsten Räuber sein.«

»Ph!«, machte Eva-Lotta.

»Oder wollen wir zur Schlossruine gehen?«, schlug Onkel Einar vor. »Die gibt's doch wohl immer noch?«

Natürlich gab's die Schlossruine noch. Das war ja die größte Sehenswürdigkeit der Stadt, die sich alle

Touristen ansehen sollten, noch bevor sie die Deckenmalereien in der Kirche gesehen hatten. Obwohl natürlich nicht so viele Touristen kamen. Die Ruine lag auf einer Anhöhe und schaute auf die kleine Stadt hinunter. Ein mächtiger Herr hatte einmal in vergangenen Zeiten dieses Schloss gebaut, und nach und nach war in dessen Nähe eine Stadt entstanden. Die kleine Stadt blühte und gedieh immer noch, aber von dem früheren Schloss war nur noch eine schöne Ruine übrig.

Kalle und Anders und Eva-Lotta hatten nichts dagegen, zur Ruine zu gehen. Sie war einer ihrer liebsten Aufenthaltsorte. Man konnte in den alten Sälen Verstbauen oder die Burg gegen anstürmende Feinde verteidigen.

Onkel Einar ging rasch den steilen Weg hinauf, der sich zur Ruine schlängelte. Kalle, Anders und Eva-Lotta trabten hinterher. Sie warfen sich von Zeit zu Zeit verstohlene Blicke zu und blinzelten vielsagend.

»Ich hätte Lust, ihm Eimer und Schaufel zu geben, dann könnte er irgendwo für sich allein sitzen und damit spielen«, flüsterte Anders.

»Und du glaubst, dass er das tun würde?«, fragte Kalle.

»Nee, du, wenn erwachsene Leute sich vornehmen, mit Kindern zu spielen, dann kann sie nichts daran hindern, merk dir das!«

»Sie sind vergnügungssüchtig, daran liegt es«, entschied Eva-Lotta. »Aber da er Mamas Cousin ist, müssen wir wohl versuchen, ein bisschen mit ihm zu spielen, sonst wird er bloß quengelig.« Eva-Lotta kicherte vergnügt.
»Das kann ja langweilig werden, wenn er lange Urlaub hat«, sagte Anders.
»Ach, er reist sicher bald ins Ausland«, meinte Eva-Lotta. »Du hast ja gehört, was er gesagt hat – in diesem Land hier kann man es nicht aushalten.«
»Ja, ich für meinen Teil werd ihm keine Träne nachweinen«, sagte Kalle.
Die Heckenrosen blühten in dichten Büschen rings um die ganze Ruine. Die Hummeln summten. Die Luft zitterte in der Wärme. Aber drinnen in der Ruine war es kühl. Onkel Einar sah sich zufrieden um.
»Schade, dass man nicht runter in den Keller gehen kann«, sagte Anders.
»Warum kann man das nicht?«, fragte Onkel Einar.
»Nee, sie haben eine dicke Tür davorgesetzt«, sagte Kalle. »Und die ist abgeschlossen. Da unten sind sicher viele Gänge und Kellerlöcher, und es ist kalt und feucht, und deswegen wollen sie nicht, dass man runtergeht. Der Bürgermeister hat bestimmt den Schlüssel.«
»Früher sind die Leute hingefallen und haben sich da unten die Beine gebrochen«, sagte Anders. »Und ein

Kind hätte sich beinah verlaufen, und deswegen darf jetzt niemand mehr runter. Aber das ist verdammt schade.«
»Wollt ihr gern runtergehen?«, fragte Onkel Einar.
»Das ließe sich vielleicht machen.«
»Wie das denn?«, fragte Eva-Lotta.
»So!«, sagte Onkel Einar und zog einen kleinen Gegenstand aus der Tasche. Er beschäftigte sich eine Weile mit dem Schloss, und gleich danach schwang die Tür quietschend in ihren Angeln. Die Kinder starrten voll Staunen abwechselnd Onkel Einar und die Tür an. Das war ja die reinste Zauberei.
»Wie hast du das gemacht, Onkel Einar? Darf ich mal sehen?«, fragte Kalle eifrig.
Onkel Einar hielt ihm den kleinen Metallgegenstand hin.
»Ist das – ist das ein Dietrich?«, fragte Kalle.
»Richtig geraten«, sagte Onkel Einar.
Kalle war überglücklich. Er hatte so oft von Dietrichen gelesen, aber er hatte noch nie einen gesehen.
»Darf ich den mal haben?«, fragte er.
Er durfte, und er fühlte, dass dies ein großer Augenblick in seinem Leben war. Dann kam ihm ein Gedanke. Nach dem, was er gelesen hatte, waren es meist zwielichtige Typen, die Dietriche besaßen. Das erforderte eine Erklärung.

»Warum hast du einen Dietrich, Onkel Einar?«, fragte er.

»Weil ich keine geschlossenen Türen mag«, sagte Onkel Einar kurz.

»Wollen wir nicht runtergehen?«, fragte Eva-Lotta.

»Ein Dietrich ist ja nicht die Welt«, fügte sie hinzu, als ob sie niemals etwas anderes getan hätte, als Schlösser mit dem Dietrich aufzumachen.

Anders war schon die ausgetretene Treppe, die in den Keller führte, hinuntergelaufen. Seine braunen Augen leuchteten vor Abenteuerlust. Das war spannend! Nur Kalle fand, dass ein Dietrich etwas Merkwürdiges war. Nein, aber alte Kerker, das war etwas! Mit einem bisschen Phantasie konnte man beinah das Rasseln der Ketten hören, mit denen man die armen Gefangenen vor vielen Hundert Jahren hier unten gefesselt hatte.

»Hu, hoffentlich spukt es nicht«, sagte Eva-Lotta und stieg mit scheuen Seitenblicken die Treppe hinunter.

»Sei nicht allzu sicher«, sagte Onkel Einar. »Stell dir bloß vor, wenn ein altes, bemoostes Gespenst kommt und dich kneift. So, zum Beispiel!«

»Au!«, schrie Eva-Lotta. »Kneif mich doch nicht! Jetzt krieg ich einen blauen Fleck auf dem Arm, das weiß ich.« Sie rieb wütend ihren Arm.

Kalle und Anders schnüffelten überall herum wie zwei Spürhunde.

»Wenn man hier so oft sein dürfte, wie man möchte«, sagte Anders begeistert. »Und alles kartografieren und sein Versteck hier haben könnte!« Er sah in die dunklen Gänge hinein, die sich nach allen Seiten hin verzweigten. »Hier könnten sie einen zwei Wochen lang suchen, ohne auch nur eine Feder zu entdecken. Wenn man was ausgefressen hätte und sich verstecken müsste, dann wäre so ein Kerker ein großartiges Versteck!«
»Meinst du wirklich?«, fragte Onkel Einar.
Kalle ging herum und schnüffelte mit der Nase beinahe auf der Erde.
»Was machst du denn da?«, fragte Onkel Einar.
Kalle wurde etwas rot. »Ich wollte bloß mal sehen, ob noch Spuren von den Kerlen da sind, die hier gefangen gesessen haben.«
»Ach, seitdem sind ja so viele Menschen hier gewesen, du Blödmann«, sagte Eva-Lotta.
»Weißt du denn nicht, dass Kalle Detektiv ist, Onkel Einar?«
Anders' Stimme klang etwas belustigt und überlegen, als er das sagte.
»Du lieber Himmel, nein, das wusste ich nicht«, sagte Onkel Einar.
»Ja, wirklich, einer der besten, die es im Augenblick gibt.«

Kalle sah Anders wütend an.

»Das bin ich nicht«, sagte er. »Aber ich finde, es macht Spaß, sich damit zu beschäftigen. Mit Schurken, die im Gefängnis landen. Da ist doch nichts dabei!«

»Absolut nicht, mein Junge! Ich hoffe, du fängst bald einen ganzen Haufen, den du zusammenbinden und der Polizei schicken kannst.« Onkel Einar wieherte. Kalle war wütend. Niemand nahm ihn ernst.

»Bilde dir nichts ein«, sagte Anders. »In dieser Stadt ist nie ein anderer Schurkenstreich vorgekommen, als dass Fredrik mit dem Fuß eines Sonntags in der Sakristei die Kollekte geklaut hat. Mehr nicht. Übrigens hat er sie am nächsten Tag zurückgebracht, als er wieder nüchtern war.«

»Und jetzt sitzt er immer über Samstag und Sonntag im Loch, damit er es nicht noch mal machen kann«, sagte Eva-Lotta lachend.

»Sonst hättest du dich in den Hinterhalt legen und ihn das nächste Mal auf frischer Tat ertappen können, Kalle«, sagte Anders. »Dann hättest du wenigstens *einen* erwischt!«

»Jetzt wollen wir aber nicht boshaft sein zu dem Herrn Meisterdetektiv«, sagte Onkel Einar. »Ihr werdet sehen, eines Tages kommt er groß raus und setzt einen fest, der eine Tafel Schokolade im Laden von seinem Vater geklaut hat.«

Kalle kochte vor Wut. Anders und Eva-Lotta mochten sich vielleicht über ihn lustig machen, aber kein anderer. Am allerwenigsten dieser grinsende Onkel Einar.
»Ja, kleiner Kalle«, sagte Onkel Einar, »du wirst sicher gut, wenn du fertig bist. – Nein, lass das sein!«
Das Letzte war an Anders gerichtet, der einen Bleistift hervorgeholt hatte und seinen Namen auf eine glatte Steinwand schreiben wollte.
»Warum denn?«, fragte Eva-Lotta. »Lasst uns unsere Namen und das Datum hinschreiben! Vielleicht kommen wir noch mal hierher, wenn wir ganz, ganz alt sind, fünfundzwanzig Jahre oder so. Das wäre doch lustig, wenn wir dann unsere Namen hier finden würden.«
»Ja, das würde uns an unsere verflossene Jugend erinnern«, sagte Anders.
»Na ja, macht, was ihr wollt«, sagte Onkel Einar.
Kalle maulte ein bisschen. Er wollte erst nicht mitmachen, aber schließlich besann er sich, und bald standen alle drei Namen in einer ordentlichen Reihe da: Eva-Lotta Lisander, Anders Bengtsson, Kalle Blomquist.
»Willst du deinen Namen nicht auch hinschreiben?«, fragte Eva-Lotta.
»Du kannst Gift drauf nehmen, dass ich das nicht tu«, sagte Onkel Einar. »Im Übrigen ist es hier kalt und feucht, und das ist nicht gut für meine alten Knochen. Jetzt gehen wir wieder raus in die Sonne!«

»Und nun noch etwas«, fuhr er fort, als die Tür wieder hinter ihnen zugefallen war. »Wir sind *nicht* hier gewesen, versteht ihr? Kein Gerede!«

»Was? Dürfen wir nicht davon reden?«, fragte Eva-Lotta missvergnügt.

»Nein, meine schöne junge Dame! Das ist ein Staatsgeheimnis«, sagte Onkel Einar. »Und vergiss es nicht! Sonst kneif ich dich vielleicht wieder.«

»Wag das bloß nicht!«, sagte Eva-Lotta.

Die Sonne blendete sie, als sie aus dem dunklen Ruinengewölbe heraustraten, und die Wärme erschien ihnen beinah überwältigend.

»Soll ich mich mal ein bisschen bei euch beliebt machen?«, fragte Onkel Einar. »Soll ich euch zu Brause und Kuchen in den Konditoreigarten einladen?«

Eva-Lotta nickte gnädig.

»Manchmal hast du ganz vernünftige Ideen!«

Sie bekamen einen Tisch direkt am Geländer unten am Fluss. Man konnte den kleinen Barschen, die hungrig angeschwommen kamen und nah unter der Oberfläche warteten, Krümel zuwerfen. Ein paar Linden gaben einen angenehmen Schatten. Und als Onkel Einar eine große Platte Kuchen und drei Flaschen Brause bestellte, fing sogar Kalle an, seine Anwesenheit in der Stadt ganz erträglich zu finden. Onkel Einar wippte mit seinem Stuhl, warf den Fischen Krümel zu, trommelte mit den Fingern auf dem Tisch und pfiff ein bisschen. Und dann sagte er: »Esst, soviel ihr reinkriegt, aber beeilt euch! Wir können nicht den ganzen Tag hier sitzen.«

Wie komisch er ist, dachte Kalle. Er will nie lange bei einer Sache bleiben.

Und er war immer mehr davon überzeugt, dass Onkel Einar eine unruhige Natur war. Er selbst hätte wer weiß wie lange hier im Konditoreigarten sitzen und den Kuchen und die Fische und die Sonne und die Musik genießen mögen. Er konnte nicht verstehen, dass ein Mensch es so eilig haben konnte, von hier wegzukommen.

Onkel Einar sah auf seine Uhr.

»Um diese Zeit muss wohl schon die ›Stockholmer Zeitung‹ gekommen sein«, sagte er. »Du, Kalle, du bist jung und gesund, lauf zum Kiosk und hol mir eine!«

Klar, dass gerade ich laufen soll, dachte Kalle.

»Anders ist bedeutend jünger und gesünder«, sagte er.

»Wirklich?«

»Ja, er ist fünf Tage später als ich geboren. Wenn er natürlich auch nicht so diensteifrig ist wie ich«, sagte Kalle und fing die Geldmünze auf, die Onkel Einar ihm zuwarf.

»Aber dann will ich wenigstens ein bisschen reingucken«, sagte er zu sich, als er die Zeitung bekommen

hatte. »Wenigstens die Überschriften. Und die Bildgeschichten.« Es war ungefähr wie immer. Erst eine ganze Menge über Atombomben und dann ein Haufen Politik, was keinen Menschen interessieren konnte. Und »Zusammenstoß zwischen Autobus und Zug«, »Brutaler Überfall auf einen alten Mann«, »Wütende Kuh verursacht Panik«, »Großer Juwelendiebstahl« und »Warum so hohe Steuern?«. Nichts besonders Spannendes, fand Kalle.
Aber Onkel Einar griff eifrig nach der Zeitung. Er blätterte sie schnell durch, bis er zu der Seite kam, wo die letzten Neuigkeiten standen. Dort vertiefte er sich in einen Artikel, sodass er nicht hörte, als Eva-Lotta fragte, ob sie noch ein Stück Kuchen nehmen dürfe. Was kann das sein, was ihn so furchtbar interessiert?, dachte Kalle. Er hätte sich gern hinter Onkel Einar gestellt, aber er war nicht sicher, ob Onkel Einar das gefallen würde. Offenbar war es nur *eine* Sache, die er las, denn er ließ die Zeitung liegen, als sie bald darauf gingen.
Auf der Hauptstraße trafen sie Wachtmeister Björk, der auf Streifengang war.
»Hallo, Onkel Björk!«, rief Eva-Lotta.
»Hallo«, sagte der Wachtmeister und legte die Hand an die Mütze. »Bist du noch nirgends runtergefallen und hast dir das Genick gebrochen?«

»Noch nicht ganz«, sagte Eva-Lotta. »Aber morgen will ich auf den Aussichtsturm im Stadtpark steigen, vielleicht wird es da was. Natürlich nur, wenn Sie nicht kommen und mich runterholen.«

»Ich will's versuchen«, sagte der Wachtmeister und grüßte noch einmal.

Onkel Einar kniff Eva-Lotta ins Ohr.

»Soso, du bist mit der Polizeimacht verbündet«, sagte er.

»Ach, lass das doch sein«, sagte Eva-Lotta. »Ist er übrigens nicht todschick?«

»Wer? Ich?«

»Ach was«, sagte Eva-Lotta. »Wachtmeister Björk natürlich!«

Vor einem Eisenwarengeschäft blieb Onkel Einar stehen.

»Auf Wiedersehen, Kinder«, sagte er. »Ich geh mal hier rein.«

»Schön«, sagte Eva-Lotta, als er verschwunden war. »Ja, denn selbst wenn er uns zu Kuchen einlädt, es bringt doch keinen Spaß, wenn er die ganze Zeit dabei ist«, sagte Anders.

Dann vergnügten sich Anders und Eva-Lotta damit, von der Brücke in den Fluss zu spucken, um zu sehen, wer es am weitesten konnte. Kalle beteiligte sich nicht. Er setzte sich plötzlich in den Kopf, rauszukriegen, was Onkel Einar im Eisenwarengeschäft kaufte.

Reine Routinearbeit, sagte er sich. Aber man kann eine ganze Menge über einen Menschen erfahren, wenn man weiß, was er in einem Eisenwarengeschäft kauft. Wenn er ein elektrisches Bügeleisen kauft, dachte Kalle, dann ist er häuslich, und wenn er einen Schlitten kauft – ja, wenn er einen Schlitten kauft, dann ist er nicht ganz bei Trost! Bei den augenblicklichen Schneeverhältnissen dürfte er wirklich wenig Nutzen davon haben. Aber ich geh jede Wette ein, dass es kein Schlitten ist, den er da kaufen will.

Kalle stellte sich vor das Schaufenster und schaute in den Laden. Da drinnen stand Onkel Einar. Der Verkäufer war gerade dabei, etwas zu zeigen. Kalle legte die Hand über die Augen und versuchte zu sehen, was es war. Es war – es war eine Taschenlampe!

Kalle dachte nach, dass es nur so krachte. Wozu brauchte Onkel Einar eine Taschenlampe? Mitten im Sommer, wo es beinahe die ganze Nacht über hell war! Erst einen Dietrich und dann eine Taschenlampe? Was war es sonst, wenn nicht im höchsten Grade geheimnisvoll? Onkel Einar war eine im höchsten Grade geheimnisvolle Person, entschied Kalle. Und er, Kalle Blomquist, war nicht der, der geheimnisvolle Personen ohne Überwachung herumlaufen ließ. Onkel Einar würde sofort unter Kalle Blomquists besondere Aufsicht gestellt werden.

Plötzlich fiel ihm etwas ein. Die Zeitung! Wenn eine geheimnisvolle Person so auffallend an etwas interessiert ist, was in der Zeitung steht, so ist auch das geheimnisvoll und bedarf näherer Untersuchung. Reine Routinearbeit!
Er lief zurück in den Konditoreigarten. Die Zeitung lag noch auf dem Tisch. Kalle nahm sie und steckte sie unter sein Hemd. Er wollte sie behalten. Selbst wenn er jetzt nicht herauskriegen konnte, was Onkel Einar so eifrig gelesen hatte, konnte sie später vielleicht einen Hinweis geben.
Meisterdetektiv Blomquist ging nach Hause und goss die Erdbeeren, sehr zufrieden mit sich selbst.

Die Geschichten in diesem Buch stammen aus:

Astrid Lindgren, Katrin Engelking: Pippi zieht in die Villa Kunterbunt ein, Pippi wird Sachensucher und gerät in eine Prügelei und Pippi spielt Fangen mit Polizisten
aus: *Pippi Langstrumpf*
(© 1987 Verlag Friedrich Oetinger GmbH)

Astrid Lindgren, Björn Berg: Als Michel die kleine Ida an der Fahnenstange hochzog
aus: *Michel in der Suppenschüssel*
(© 1964 Verlag Friedrich Oetinger GmbH)

Astrid Lindgren, Katrin Engelking: Unser letzter Schultag, Wir verziehen Rüben und bekommen drei junge Katzen, Die Jungen können kein Geheimnis haben, Wir schlafen auf dem Heuboden, Wir bauen uns eine Hütte und Ich habe es ja gesagt: Jungen können kein Geheimnis haben!
aus: *Die Kinder aus Bullerbü*
(© 1954 Verlag Friedrich Oetinger GmbH)

Astrid Lindgren, Ilon Wikland: Karlsson vom Dach und Karlsson baut einen Turm
aus: *Karlsson vom Dach*
(© 1956 Verlag Friedrich Oetinger GmbH)

Astrid Lindgren, Ilon Wikland: Nils Karlsson-Däumling
aus: *Im Wald sind keine Räuber*
(© 1952 Verlag Friedrich Oetinger GmbH)

Astrid Lindgren, Ilon Wikland: Ein Sommertag auf Birkenlund und Lisabet steckt sich eine Erbse in die Nase
aus: *Madita*
(© 1961 Verlag Friedrich Oetinger GmbH)

Astrid Lindgren: Rudern, rudern zur Fischerinsel und Verirrt im Nebel
aus: *Ferien auf Saltkrokan*
(© 1992 Verlag Friedrich Oetinger GmbH)
Illustrationen von Katrin Engelking
aus: Astrid Lindgren: *Von Bullerbü bis Lönnneberga*
(© 2010 Verlag Friedrich Oetinger GmbH)

Astrid Lindgren, Ilon Wikland: Lotta ist noch klein und dumm, Wir spielen ganze Tage lang, Lotta ist eigensinnig wie eine alte Ziege, Tante Berg ist die Beste, die es gibt und Wir machen einen Ausflug
aus: *Die Kinder aus der Krachmacherstraße*
(© 1957 Verlag Friedrich Oetinger GmbH)

Astrid Lindgren, Ilon Wikland: Im Wald sind keine Räuber
aus: *Im Wald sind keine Räuber*
(© 1952 Verlag Friedrich Oetinger GmbH)

Astrid Lindgren: Kapitel 1 und 2
aus: *Kalle Blomquist Meisterdetektiv*
(© 1950 Verlag Friedrich Oetinger GmbH)
Titelvignette von Jutta Bauer

Weitere Geschichten-Sammlungen von Astrid Lindgren

Erzählungen

Im Wald sind keine Räuber

Klingt meine Linde

Märchen

Pelle zieht aus und andere Weihnachtsgeschichten

Sammelaugust und andere Kinder

Von Bullerbü bis Lönneberga

Weihnachten mit Astrid Lindgren

Astrid Lindgren (1907–2002), im südschwedischen Småland geboren und aufgewachsen, gehört zu den bekanntesten Schriftstellerinnen der Welt. Sie hat viele liebenswerte Kinderbuchfiguren geschaffen, wie Pippi Langstrumpf, die Kinder aus Bullerbü, Michel aus Lönneberga, Lotta und Madita. Astrid Lindgren wurde vielfach ausgezeichnet, u.a. mit dem Friedenspreis des Deutschen Buchhandels und dem Alternativen Nobelpreis. In ihrem Gedenken stiftet die schwedische Regierung seit 2002 jährlich den »Astrid-Lindgren-Gedächtnispreis« für Werke, die – so heißt es in den Richtlinien – »von dem tief humanistischen Geist geprägt sind, der mit Astrid Lindgren verknüpft ist«.

Die Geschichten von Astrid Lindgren sind
zudem als Hör-CD und zum Teil als Kinofilm auf
DVD bei Oetinger erschienen.

Limitierte Sonderausgabe
© 2016 Verlag Friedrich Oetinger GmbH
Poppenbütteler Chaussee 53, 22397 Hamburg
Alle Rechte für die deutschsprachige Ausgabe vorbehalten
© Saltkråkan AB / Astrid Lindgren (Text)
Einzelne Quellenangaben zu Text und Illustrationen auf Seite 396 f.
Umschlag- und Innenillustrationen von Jutta Bauer,
Björn Berg, Katrin Engelking und Ilon Wikland
Satz: Arnold & Domnick GbR, Leipzig
Druck und Bindung: SIA Livonia print,
Ventspils iela 50, LV-1002, Riga, Latvia
Printed 2016
ISBN 978-3-7891-0459-6

www.astrid-lindgren.de
www.oetinger.de

FSC
www.fsc.org
MIX
Papier aus verantwor-
tungsvollen Quellen
FSC® C014496